资产评估机构执业质量和内部治理自查指导手册

2025年

中国资产评估协会 著

中国财经出版传媒集团
经济科学出版社
Economic Science Press
·北京·

图书在版编目（CIP）数据

资产评估机构执业质量和内部治理自查指导手册.
2025年／中国资产评估协会著. -- 北京：经济科学出
版社，2025.5. （2025.8重印） -- ISBN 978-7-5218-7018-3
Ⅰ. F123.7-62

中国国家版本馆CIP数据核字第202565Z6U1号

责任编辑：孙丽丽　胡蔚婷
责任校对：蒋子明
责任印制：范　艳

资产评估机构执业质量和内部治理自查指导手册（2025年）
中国资产评估协会　著
经济科学出版社出版、发行　新华书店经销
社址：北京市海淀区阜成路甲28号　邮编：100142
总编部电话：010-88191217　发行部电话：010-88191522
网址：www.esp.com.cn
电子邮箱：esp@esp.com.cn
天猫网店：经济科学出版社旗舰店
网址：http://jjkxcbs.tmall.com
北京季蜂印刷有限公司印装
710×1000　16开　15.5印张　260000字
2025年5月第1版　2025年8月第2次印刷
ISBN 978-7-5218-7018-3　定价：62.00元
(图书出现印装问题，本社负责调换。电话：010-88191545)
(版权所有　侵权必究　打击盗版　举报热线：010-88191661
QQ：2242791300　营销中心电话：010-88191537
电子邮箱：dbts@esp.com.cn)

前　言

资产评估工作的质量，不仅直接影响资产价值判断的公允性，而且影响着全社会对资产评估价值发现与价值尺度功能的认可度与信任度，影响着社会诚信和市场经济的健康发展。资产评估执业的专业性、操作的规范性与评估结论的合理性，是资产评估行业自身发展的基石，也是国家经济社会发展对行业的基本要求。

为促进资产评估行业切实提高执业质量，2021年，财政部印发《加强资产评估行业联合监管若干措施的通知》，建立了行政监管和行业自律监管相结合的联合监管机制，明确"六个统一""三个并重""一查双罚"等基本原则，充分发挥行政监管的制度优势和资产评估行业自律监管的基础条件优势，实现了行政监管与行业自律监管融合促进。联合监管实施以来，成效显著，震慑作用突出，充分体现了联合检查的规范性、专业性和权威性，推动了资产评估机构内部治理、风险防控及执业质量的提升。

联合检查坚持专业标准，以法规准则为执业准绳，以事实逻辑为判断依据，形成了一套较为完整的操作手册。经过几年的使用、调整和修订，操作手册内容逐步完善，已较为成熟。为更好地发挥操作手册的规范指引作用，中国资产评估协会组织专家对操作手册中的检查要点及近几年资产评估行业受到的行政处罚、行政监管、自律惩戒案例进行了适当的归集梳理，现结集出版，以期为各资产评估机构提供自查依据与整改方向，进一步促进行业提高执业质量、完善内部治理、加强风险防控。

本手册共六章十七节，分别为：资产评估行业监督管理、机构内部治理及质量控制体系、企业价值评估业务自查要点、以财务报告为目的的评估业务自查要点、无形资产评估业务自查要点及单项资产评估业务自查要点。

第一章，资产评估行业监督管理，介绍了资产评估行业监督管理负责部门及监管原则，概述了财政部、省级财政部门负责的主要工作，以及资产评估行业自律检查工作内容，说明了对资产评估机构实施的自律监管措施和违反法律规定的有关责任。

第二章，机构内部治理及质量控制体系，涵盖了评估机构内部管理制度建设、治理结构和组织结构、持续满足设立条件、分支机构管理、资产评估师管理、财务管理及从事证券服务业务备案等七个方面内容；质量控制体系自查要点，包括质量控制体系制度建设、风险防范机制及职业道德三个方面。

第三章～第六章，选取了企业价值评估、以财务报告为目的的评估、无形资产评估及单项资产评估等四种常见的评估业务，分别介绍了四种评估业务在履行资产评估八大程序方面评估工作底稿规范性和完备性的自查要点；撰写评估报告方面资产评估报告内容规范性和完备性的自查要点；简要列举了常见问题；收集了近几年财政部门、证监会与行业协会对四种评估业务的行政处罚、行政监管案例和行业自律惩戒案例。

希望通过本手册为资产评估机构对执业质量及内部治理进行自查提供有益指导，也希望读者对手册的进一步修订提出意见或建议，共同为资产评估行业的高质量发展贡献智慧与力量。

目　录

第一章　资产评估行业监督管理 ……………………………………… 1
　　第一节　资产评估行业行政监督管理 ……………………………… 1
　　第二节　资产评估行业自律监督管理 ……………………………… 2
　　第三节　自律惩戒与法律责任 ……………………………………… 3

第二章　机构内部治理及质量控制体系 ……………………………… 6
　　第一节　机构内部治理 ……………………………………………… 6
　　第二节　质量控制体系 ……………………………………………… 10

第三章　企业价值评估业务自查要点 ………………………………… 18
　　第一节　自查要点 …………………………………………………… 18
　　第二节　常见问题 …………………………………………………… 54
　　第三节　相关案例 …………………………………………………… 57

第四章　以财务报告为目的的评估业务自查要点 …………………… 89
　　第一节　自查要点 …………………………………………………… 89
　　第二节　常见问题 …………………………………………………… 118
　　第三节　相关案例 …………………………………………………… 119

第五章　无形资产评估业务自查要点 ………………………………… 153
　　第一节　自查要点 …………………………………………………… 153
　　第二节　常见问题 …………………………………………………… 175
　　第三节　相关案例 …………………………………………………… 178

第六章　单项资产评估业务自查要点……196
第一节　自查要点……196
第二节　常见问题……215
第三节　相关案例……216

附录　法律法规制度一览表……236

第一章

资产评估行业监督管理

根据《中华人民共和国资产评估法》(以下简称《资产评估法》)的规定,国务院有关评估行政管理部门按照各自职责分工,对评估行业进行监督管理。评估行业可以按照专业领域依法设立行业协会,实行自律管理,并接受有关评估行政管理部门的监督和社会监督。评估机构应当建立健全内部管理制度,对本机构的评估专业人员遵守法律、行政法规和评估准则的情况进行监督,并对其从业行为负责。

第一节 资产评估行业行政监督管理

财政部负责全国资产评估行业的行政管理。财政部门对资产评估行业的监督管理,实行行政监管、行业自律与机构自主管理相结合的原则。财政部加强对资产评估行业执业质量的监督,规范行业秩序,促进行业健康发展。财政部依照法律法规要求,制定有关监督管理办法和资产评估基本准则,对资产评估机构从事证券服务业务实施监督管理,并负责监督检查资产评估机构从事证券服务业务情况。其中,资产管理司承担资产评估管理有关工作,监督评价局承担监督检查资产评估行业执业质量有关工作。财政部监督评价局与中国资产评估协会(以下简称中评协)建立了资产评估行业联合监管工作机制,将财政部门的行政监管和行业自律监管有机结合。在对从事证券服务业务的资产评估机构开展年度执业质量联合检查时,财政部监督评价局和中评协对检查发现的问题进行联合审理,并分别作出行政处罚和行业自律惩戒，实行"一查双罚"。

财政部统一部署对资产评估行业的监督检查，主要负责以下工作：（1）制定资产评估专业人员、资产评估机构、资产评估协会和相关资产评估业务监督检查的具体办法；（2）组织开展资产评估执业质量专项检查；（3）监督检查资产评估机构从事证券期货相关资产评估业务情况；（4）检查中国资产评估协会履行资产评估法第三十六条规定的职责情况，并根据工作需要，对地方资产评估协会履行职责情况进行抽查；（5）指导和督促地方财政部门对资产评估行业的监督检查，并对其检查情况予以抽查。对从事证券期货相关资产评估业务进行监督检查，必要时，财政部可以会同其他有关部门进行。

省级财政部门开展监督检查，包括年度检查和必要的专项检查，对本行政区域内资产评估机构包括分支机构下列内容进行重点检查，并将检查结果予以公开，同时向财政部报告：（1）资产评估机构持续符合资产评估法第十五条规定条件的情况；（2）办理备案情况；（3）资产评估执业质量情况。对资产评估机构资质进行检查，必要时，有关财政部门可以会同其他相关评估行政管理部门进行。

证监会依照法律法规和国务院授权，对资产评估机构从事证券服务业务实行监督管理。证监会会计司、各派出机构、会内相关司局等共同构建了包括备案管理、日常监管、监督检查、稽查执法等在内的资产评估机构从事证券服务业务综合监管体系。

第二节 资产评估行业自律监督管理

中评协接受财政部的业务指导、监督，承担着《资产评估法》赋予的法定职责和协会章程赋予的行业自律管理职责，通过建立和完善行业自律监管体制机制，制定资产评估执业准则和职业道德准则并组织实施，对资产评估机构和资产评估专业人员执业行为予以规范，并定期对从事证券服务业务的资产评估机构出具的资产评估报告进行检查。对自律检查中发现的问题，由中评协惩戒委员会审议，根据自律监管规定对相关资产评估机构和资产评估专业人员进行自律惩戒。

省级财政部门对地方资产评估协会实施监督检查,地方资产评估协会依照法律、法规、《资产评估行业财政监督管理办法》和其协会章程的规定,负责本地区资产评估行业的自律管理。

自律检查是由资产评估协会对资产评估机构和资产评估师遵守资产评估有关法律、法规、规章、制度及资产评估准则等情况实施的检查。主要包括年度检查和专项检查。

资产评估协会根据自律检查工作安排,确定被检查对象。有以下情形之一的资产评估机构可以作为重点检查对象:(1)被投诉举报或涉及有关部门移交案件的;(2)受到公众质疑,被有关媒体披露的;(3)上年度受到刑事处罚、行政处罚或行业自律惩戒的;(4)内部管理混乱,可能对执业质量造成影响的;(5)以恶性压价等不正当手段争揽业务的;(6)通过网络平台或者其他方式售卖资产评估报告的;(7)出具资产评估报告数量异常的;(8)一年内新设立并已出具资产评估报告的,或当年首次出具资产评估报告的;(9)首次完成从事证券服务业务备案的;(10)法定代表人(执行事务合伙人)变更的;(11)累计持有百分之五十以上股份的股东或百分之五十以上合伙人变更的;(12)资产评估师流动过于频繁的;(13)发生合并、分立的;(14)资产评估协会认为需要重点检查的其他情形。

自律检查一般包括以下内容:(1)资产评估机构及其资产评估师遵守资产评估行业相关法律法规和规章制度情况;(2)资产评估机构及其资产评估师遵守资产评估准则情况;(3)资产评估机构内部治理情况;(4)资产评估师专业胜任能力;(5)资产评估协会认为需要检查的其他内容。

自律检查一般采取现场检查,必要时也可以采取其他适当的检查方式。现场检查程序包括检查前期准备、进驻检查现场、实施检查并形成检查底稿、交换检查意见并形成检查报告、向资产评估协会汇报、检查材料移交等。

第三节 自律惩戒与法律责任

一、自律惩戒

中评协和地方资产评估协会对会员(包括个人会员和单位会员)的违

法违规行为实施自律惩戒，自律惩戒的种类包括：警告、严重警告、通报批评、公开谴责、除名。同时规定了减轻惩戒和加重惩戒的各种情形。资产评估协会理事会应当设立惩戒委员会，负责资产评估行业自律惩戒的实施。

对资产评估机构实施的纪律处分种类包括：通报批评、公开谴责、暂不受理专业机构或者其从业人员出具的相关业务文件、收取惩罚性违约金等。

二、法律责任

资产评估专业人员若有违法行为，根据其违法行为性质和严重程度，应承担的法律责任种类有：由有关省级财政部门予以警告，可以责令停止从业六个月以上一年以下；有违法所得的，没收违法所得；情节严重的，责令停止从业一年以上五年以下；构成犯罪的，移送司法机关处理。

资产评估机构若有违法行为，根据其违法行为性质和严重程度，应承担的法律责任种类有：由对其备案的省级财政部门对资产评估机构予以警告，可以责令停业一个月以上六个月以下；有违法所得的，没收违法所得，并处违法所得一倍以上五倍以下罚款；情节严重的，通知工商行政管理部门依法处理；构成犯罪的，移送司法机关处理。

资产评估机构违反以下规定的，由资产评估机构所在地省级财政部门责令改正，并予以警告。（1）未建立健全质量控制制度和内部管理制度。内部管理制度包括资产评估业务管理制度、业务档案管理制度、人事管理制度、继续教育制度、财务管理制度等。（2）未指定一名取得资产评估师资格的本机构合伙人或者股东专门负责执业质量控制。（3）未根据业务需要建立职业风险基金管理制度，或者自愿购买职业责任保险，完善职业风险防范机制。（4）实行集团化发展的资产评估机构，在质量控制、内部管理、客户服务、企业形象、信息化等方面，对设立的分支机构未实行统一管理，或者对集团成员未实行统一政策。（5）资产评估机构的名称、执行合伙事务的合伙人或者法定代表人、合伙人或者股东、分支机构的名称或者负责人发生变更，以及发生机构分立、合并、转制、撤销等重大事项，自变更之日起15个工作日内，未向有关省级财政部门办理变更手续。需要变更工商登记的，自工商变更登记完成之日起15个工作日内未向有关省级财政部门办理变更手续。（6）资产评估机构跨省级行政区划迁移经营场所，未书面告知迁出地省级财政部门。资产评估机构未在办理完迁入地工商登记手续后15个工作日内，比照有关规定向迁入地省级财政部门办理迁入备案手续。

资产评估机构和分支机构违反规定，未在每年3月31日之前，分别向所加入的资产评估协会报送下列材料：（1）资产评估机构或分支机构基本情况；（2）上年度资产评估项目重要信息；（3）资产评估机构建立职业风险基金或者购买职业责任保险情况。造成不良后果的，由其分支机构所在地的省级财政部门责令改正，对资产评估机构及其法定代表人或执行合伙事务的合伙人分别予以警告；没有违法所得的，可以并处资产评估机构1万元以下罚款；有违法所得的，可以并处资产评估机构违法所得1倍以上3倍以下、最高不超过3万元的罚款；同时通知资产评估机构所在地省级财政部门。

资产评估机构未按照规定备案或者备案后不符合资产评估法规定条件的，由资产评估机构所在地省级财政部门责令改正；拒不改正的，责令停业，可以并处1万元以上5万元以下罚款，并通报工商行政管理部门。

资产评估机构未按照规定办理分支机构备案的，由其分支机构所在地的省级财政部门责令改正，并对资产评估机构及其法定代表人或者执行合伙事务的合伙人分别予以警告，同时通知资产评估机构所在地的省级财政部门。

第二章

机构内部治理及质量控制体系

内部治理与质量控制在资产评估机构管理中相互关联。内部治理为质量控制提供了框架和指导，确保公司内部的权责划分和决策机制的有效运行。质量控制是内部治理的一部分，通过具体的控制措施和程序来支持内部治理的实现。

资产评估机构在发挥中介机构执业监督作用中，要严格依法履行资产评估职责，确保独立、客观、公正、规范执业。需切实加强对执业质量的把控，完善内部控制制度，建立内部风险防控机制，加强风险分类防控，提升内部管理水平，规范承揽和开展业务，建立健全事前评估、事中跟踪、事后评价管理体系，强化质量管理责任。持续提升中介机构一体化管理水平，实现人员调配、财务安排、业务承接、技术标准、信息化建设的实质性一体化管理。

第一节 机构内部治理

一、内部管理制度建设

《资产评估法》《资产评估行业财政监督管理办法》规定评估机构应当建立健全内部管理制度，对本机构的评估专业人员遵守法律、行政法规和评估准则的情况进行监督，并对其从业行为负责。内部管理制度包括资产评估业务管理制度、业务档案管理制度、人事管理制度、继续教育制度、财务管理制度、业务报备制度等。

在行业检查和自律检查中发现，机构内部治理常见的问题主要有：（1）内部管理制度不健全，执行不到位。（2）员工业绩评价标准不全面，未涉及对执业质量、职业道德等方面的要求。

二、治理结构和组织结构

根据《公司法》《合伙企业法》和中国资产评估协会《评估机构内部治理指引》等相关规定，评估机构内部治理主要是指以股东会、董事会、监事会、经理层等内设机构为主体的责任明确、有效制衡的组织架构以及科学合理的股东及合伙人进退机制、激励约束机制、内部决策机制、利益分配机制、质量管理机制、风险控制机制、机构文化建设机制等。

评估机构内部治理应当以维护公众利益为宗旨，以增进内部和谐为重点，合理规范和有效协调评估机构股东（合伙人）之间、股东（合伙人）与评估师及其他从业人员之间以及其他各相关方面的关系，充分发挥评估机构各层次管理机构的职能作用，保障评估机构及各利益相关者的合法权益。

资产评估机构应当依法采用合伙或者公司形式。

在行业检查和自律检查中发现，治理结构和组织结构常见的问题主要有：（1）实际控制人不是评估机构股东（合伙人）。（2）章程或协议对股东（合伙人）的权利、义务约定不明。（3）未约定设立、撤销分支机构等事项的表决程序。

三、持续满足设立条件

《资产评估法》对评估机构股东（合伙人）、拥有资产评估师最低数量、向财政部门申请资产评估备案等关于设立条件明确规定，合伙形式的评估机构，应当有两名以上评估师；其合伙人三分之二以上应当是具有三年以上从业经历且最近三年内未受停止从业处罚的评估师；公司形式的评估机构，应当有八名以上评估师和两名以上股东，其中三分之二以上股东应当是具有三年以上从业经历且最近三年内未受停止从业处罚的评估师；评估机构的合伙人或者股东为两名的，两名合伙人或者股东都应当是具有三年以上从业经历且最近三年内未受停止从业处罚的评估师；评估机构应当自领取营业执照之日起三十日内向有关评估行政管理部门备案。

在行业检查和自律检查中发现，持续满足设立条件常见的问题主要有：（1）评估机构未按规定及时办理变更备案。（2）资产评估师数量不符合持续条件规定。

四、分支机构管理

《资产评估行业财政监督管理办法》对分支机构管理规定，资产评估机构设立分支机构的，应当由资产评估机构向其分支机构所在地省级财政部门备案。实行集团化发展的资产评估机构，应当在质量控制、内部管理、客户服务、企业形象、信息化等方面，对设立的分支机构实行统一管理，或者对集团成员实行统一政策。分支机构应当在资产评估机构授权范围内，依法从事资产评估业务，并以资产评估机构的名义出具资产评估报告。

在行业检查和自律检查中发现，分支机构管理常见的问题主要有：（1）评估机构对分支机构未能实施有效的统一管理。（2）分支机构未按规定向财政部门办理备案。（3）分支机构实际控制人不是分支机构负责人或员工。

五、资产评估师管理

《资产评估法》《资产评估行业财政监督管理办法》规定，评估专业人员从事评估业务，应当加入评估机构，并且只能在一个评估机构从事业务。资产评估专业人员应当与资产评估机构签订劳动合同，建立社会保险缴纳关系，按照国家有关规定办理人事档案存放手续。

在行业检查和自律检查中发现，资产评估师管理常见的问题主要是资产评估师存在挂靠情况。

六、财务管理

评估机构应当根据有关法律法规，建立规范的会计制度；评估机构应当按照有关法律法规和评估机构自身发展需要，建立完善规范的内部财务制度；评估机构应当建立健全货币资金、实物资产、对外投资、成本费用和内部薪酬分配的会计控制规范；评估机构应当根据国家有关规定提取各项基金，缴纳各项税款、协会会费、劳动保险金及其他应缴款项；评估机构应当定期向董事会、股东会提交财务报告。

在行业检查和自律检查中发现，财务管理常见的问题主要有：（1）合并报表抵销不充分，故意虚报收入虚增规模。（2）税前费用列支不符合制度要求，偷逃税款。（3）提取职业风险基金余额或购买职业责任保险累计赔偿限额不符合相关规定。

七、资产评估业务报备

资产评估机构出具的全部资产评估报告，依据《中华人民共和国资产评估法》《中国资产评估协会资产评估业务报备管理办法》等有关规定，需向中评协进行备案；对于出具的价值类咨询报告采取自愿进行备案。珠宝类业务直接向中评协备案。资产评估机构应及时、规范进行业务报备。资产评估机构应保证业务报备信息准确、完整，与业务档案保持一致。资产评估机构应建立业务报备内部管理制度，指定专人负责业务报备工作，并将其姓名和联系方式报所在地地方协会备案。报告备案回执仅证明此报告已在业务报备管理系统进行了备案，不作为协会对该报告认证、认可的依据，也不作为资产评估机构及其签字资产评估专业人员免除相关法律责任的依据。

在行业检查和自律检查中发现，资产评估业务报备常见的问题主要是：（1）业务报备管理制度不健全。（2）资产评估报告编号不规范。（3）部分资产评估报告误报。（4）资产评估报告漏报。（5）业务报备专人工作不到位等。

八、从事证券服务业务备案

资产评估机构从事证券服务业务，应当向证监会和财政部备案，并保证备案信息的真实、准确、完整、及时。资产评估机构从事证券服务业务备案，按照业务环节分为首次备案、重大事项备案、年度备案。资产评估机构首次从事证券服务业务前，应当通过财政部资产评估行业管理统一信息平台、中国证监会政务服务平台资产评估机构备案系统向财政部、中国证监会申请备案。证监会和财政部通过网站等方式公告备案资产评估机构名单及相关基本信息。资产评估机构从事证券服务业务备案，不代表对其从事证券服务业务执业能力的认可。证券业务活动中使用的资产评估报告，应当由符合备案办法规定的资产评估机构出具。

在行业检查和自律检查中发现，从事证券服务业务备案常见的问题主要是资产评估机构承做证券服务业务未按照《备案管理规定》规定向中国证监会和财政部备案。

第二节 质量控制体系

一、质量控制体系制度建设

为规范资产评估机构的业务质量控制行为，明确资产评估机构及其人员的质量控制责任，保护资产评估当事人合法权益和公共利益，中评协在财政部等部门的指导下，制定并于2010年12月印发了《评估机构业务质量控制指南》。2017年，中评协对《评估机构业务质量控制指南》进行修订，形成《资产评估机构业务质量控制指南》。《资产评估机构业务质量控制指南》规定，资产评估机构应当结合自身规模、业务特征、业务领域等因素，建立质量控制体系，保证评估业务质量，防范执业风险。

质量控制体系包括为实现质量控制目标而制定的质量控制政策，以及为政策执行和监控而设计的必要程序。资产评估机构制定的质量控制政策和程序，应当形成书面文件。政策和程序的执行情况应当有适当的记录。

质量控制体系包含的控制政策和程序通常包括以下八个方面：

（1）质量控制责任：资产评估机构应当合理界定和细分质量控制体系中控制主体承担的质量控制责任，并建立责任落实和追究机制。控制主体通常包括：最高管理层、首席评估师、项目负责人、项目审核人员、项目团队成员以及资产评估机构其他人员。

①最高管理层对业务质量控制承担最终责任。最高管理层应当在股东会（或者合伙人会议）授权的或者章程（或者合伙人协议）规定的范围内行使

职权，并承担以下职责：第一，树立质量管理意识，让全体人员充分认识到业务质量控制的重要性，全员参与，以达到质量控制目标；第二，制定资产评估机构的服务宗旨，使全体人员理解服务宗旨的内涵，并评审其持续适宜性；第三，在相关职能部门层次上建立质量目标，质量目标应当具体、可测量和可实现，并与服务宗旨保持一致；第四，策划组织架构和质量控制体系，并对其进行定期评审，使其处于适宜、充分和有效的状态；第五，合理授权分支机构的业务权限，对分支机构的业务开展实施控制。

资产评估机构应当强化董事会或合伙管理委员会在制定和组织实施质量控制政策与程序中的责任，建立对重大项目、高风险业务、重大事项等的审议决策制度。

②资产评估机构应当建立首席评估师制度。首席评估师由最高管理层指定并授予其管理权限，直接对最高管理层负责。首席评估师承担以下职责：第一，建立、实施和保持质量控制体系；第二，监控质量控制体系的运行情况，向最高管理层报告并提出改进的建议和方案；第三，组织制定机构内部的技术标准；第四，组织对业务疑难问题或者争议事项进行处理；第五，组织评估人员的业务培训；第六，促进全体人员不断提高业务质量意识；第七，承办最高管理层交办的其他工作。

③资产评估机构应当制定评估业务项目负责人制度。资产评估机构应当根据业务特征对每项资产评估业务委派项目负责人，法定评估业务的项目负责人应当为资产评估师。项目负责人承担以下职责：第一，评估计划的制订和组织实施；第二，评估业务实施中的协调和沟通；第三，按照程序报告与评估业务相关的重要信息；第四，组织复核项目团队人员的工作；第五，合理利用专家工作及工作成果；第六，组织编制资产评估报告，并审核相关内容；第七，在出具的资产评估报告上签名；第八，组织处理资产评估报告提交后的反馈意见；第九，组织整理归集资产评估档案。

④项目审核人员承担以下职责：第一，审核评估程序执行情况；第二，审核拟出具的资产评估报告；第三，审核工作底稿；第四，综合评价项目风险，提出出具资产评估报告的明确意见。

⑤项目团队成员通常包括承担或者参与资产评估业务项目工作的资产评估专业人员、业务助理人员等。项目团队成员承担以下职责：第一，接受项目负责人的领导，了解拟执行工作的目标，理解项目负责人的工作指令；第

二，按照资产评估机构质量控制政策和程序的要求从事具体评估业务工作，形成工作底稿；第三，汇报执行业务过程中发现的重大问题；第四，复核已经完成的工作底稿并接受审核。

⑥处于质量控制体系中的其他人员通常包括业务洽谈人员、业务部门负责人、分支机构负责人、人力资源管理人员、信息管理人员、档案管理人员、文秘人员等，资产评估机构应当明确该类人员的职责。

（2）职业道德：资产评估机构应当制定政策和程序，以利于全体人员遵守资产评估职业道德准则。资产评估机构制定的政策和程序，应当强调遵守资产评估职业道德准则的重要性。资产评估机构可以采用管理层的示范、教育和培训、监控以及对违反资产评估职业道德准则行为的处理等方式予以强化。资产评估机构应当按照资产评估职业道德准则的要求，坚持独立、客观、公正的原则。资产评估机构可以针对具体评估业务特点采用适当的处理方式保持独立性。资产评估机构制定的保密政策，应当要求资产评估专业人员及其他人员对国家秘密、委托人和其他相关当事人的商业秘密、所在资产评估机构的商业秘密负有保密义务。

（3）人力资源：资产评估机构应当配置必需的人力资源，并根据业务的变化，对人力资源进行调整和更新。资产评估机构可以从人力资源规划、岗位职责和任职要求、招聘与选拔、教育与培训、绩效考评、薪酬制度等方面考虑制定人力资源政策和程序。在制定项目团队成员配备政策和程序时，可以重点考察项目团队成员是否具备必要的职业道德素质、专业知识和实践经验，以及遵守资产评估机构业务质量控制政策和程序的意识。资产评估机构聘请专家和外部人员协助工作的，其承担的工作也应符合项目质量要求。

（4）资产评估业务受理：资产评估机构应当谨慎地选择客户和业务，在与委托人正式签订资产评估委托合同之前，对拟委托事项进行必要了解，并通过考虑与资产评估业务有关的要求、风险、胜任能力等因素，正确理解拟委托内容，初步识别和评价风险，以确定是否受理评估业务。业务洽谈人员在洽谈业务时，可以重点关注下列事项：资产评估业务基本事项；法律、行政法规、资产评估准则规定；拟委托内容；被评估单位的情况。

资产评估机构应当根据业务风险，包括来自委托人和其他相关当事人的风险、来自评估对象的风险、来自资产评估机构及其人员的风险、资产评估报告使用不当的风险等，对资产评估业务进行分类，并建立业务质量控制的分类管理制度，对一般风险业务、重大风险业务以及是否涉及公众利益的业务制定不同的质量控制标准和程序。

当发生资产评估委托合同变更、中止、终止情形时，资产评估机构应当采取措施进行处置，并保持记录。采取的措施通常包括：对变更、中止、终止的情形进行重新审核；就拟采取的行动及原因与委托人沟通；将信息传达到相关人员。

（5）资产评估业务计划：资产评估机构制定资产评估业务计划的控制政策和程序等，主要为了达成以下目的：一是项目团队成员了解工作内容、工作目标、重点关注领域；二是项目负责人有效组织和管理资产评估业务；三是管理层人员有效监控资产评估业务；四是使委托人和其他相关当事人了解资产评估计划的内容，配合项目团队工作。

资产评估机构制定资产评估业务计划控制政策和程序，通常可以按照计划编制的流程分别考虑：在计划编制前对资产评估业务基本事项进一步明确；资产评估计划编制和批准的参与者；计划的内容和繁简程度；计划的编制、审核和批准流程。资产评估机构应当要求资产评估项目负责人组织必要资源编制资产评估计划并开展后续工作，在编制资产评估计划时需考虑是否对委托人和其他相关当事人进行必要的业务指导，是否对项目团队成员进行适当的培训，并确定是否开展初步评估活动。

（6）资产评估业务实施和资产评估报告出具：资产评估机构应当针对以下事项制定资产评估业务实施和资产评估报告出具环节的控制政策和程序，以保证法律、行政法规和资产评估准则得以遵守，满足出具资产评估报告的要求。针对事项包括：①项目团队组建及工作委派；②现场调查、评估资料收集和评定估算；③资产评估报告编制；④利用专家工作及相关报告；⑤疑难问题或者争议事项的解决；⑥项目负责人的指导与监督；⑦内部审核；⑧资产评估报告签发及提交。

资产评估机构在制定不同特征资产（企业）的现场调查、收集评估资料、评定估算以及编制资产评估报告的控制政策和程序时，通常考虑以下要素：①现场调查方案的可行性；②评估资料的真实性、完整性和合法性；③评估方法的恰当性、评估参数的合理性；④资产评估报告的合规性。

资产评估机构制定的解决疑难问题或者争议事项的控制政策和程序，通常包括：①疑难问题的内部报告及处理；②处理项目执行过程中的意见分歧。只有对分歧意见形成结论，资产评估机构才能出具资产评估报告。

资产评估机构制定的项目负责人对项目团队成员的工作进行指导、监督的控制政策和程序通常包括：①项目团队的组建和管理；②业务时间进度；③业务沟通；④业务风险。

资产评估机构应当设置专门部门或者专门岗位实施资产评估业务的内部审核，内部审核政策和程序的目标是未经审核合格的事项不进入下一程序。内部审核的政策和程序，通常包括：①内部审核流程；②项目审核人员的专业能力要求；③审核的时间、范围和方法。

资产评估机构应当制定资产评估报告签发政策和程序。资产评估报告签发政策和程序应当规定，一旦发现已经提交的资产评估报告存在瑕疵、错误等问题时，资产评估机构为挽回不良影响，根据问题的严重程度或者潜在影响程度应当采取相应的措施。

（7）监控和改进：资产评估机构应当根据本机构的管理特点，对质量控制体系是否符合准则要求、是否符合本机构实际情况，是否达到了质量目标，以及是否得到有效的实施和保持等情况实施监控。监控措施通常包括：①收集、管理和利用不同渠道来源的相关信息，为评价和改进质量控制体系提供依据；②对质量控制体系运行的过程进行监控；③对质量控制体系的运行情况进行定期检查和评价。

资产评估机构应当根据监控和其他方面的信息对质量控制体系的适当性和有效性进行评价，并提出改进意见。对监控中发现的问题和隐患，质量控制体系中的相关控制主体应当采取适当的纠正和预防措施，并对所采取措施的有效性和效率进行评价。

（8）文件和记录：资产评估机构应当根据重要性和必要性设计评估业务工作底稿、监控和改进记录、质量控制体系评审记录等内容，明确记录的标识、储存、保护、检索、保存期限和超期后处置要求，保持业务质量控制的相关记录，及时归档，并确保质量控制体系各过程中使用的文件均为有效版本。资产评估机构应当建立和完善业务工作底稿的归档、管理和使用制度。

资产评估机构应当按照质量控制准则的要求，制定实施科学、严谨的业务质量控制政策和程序，建立质量控制制度体系，强化风险管理，保障质量控制落到实处。资产评估机构制定的质量控制政策和程序，应当形成书面文件，政策和程序的执行情况应当有适当的记录。

在行业检查和自律检查中发现，质量控制体系制度建设方面常见的问题主要有：①评估机构有关职业道德的政策和程序未得到有效执行。②评估机构受理具体业务时未能合理考虑胜任能力、独立性等。③评估机构存在重大分歧事项未解决而出具报告的情况。④质量控制复核程序实施不到位，流于形式。

二、风险防范机制

为加强和规范资产评估机构职业风险基金的管理，完善资产评估机构职业责任保障机制，财政部制定并于2009年2月印发了《资产评估机构职业风险基金管理办法》。财政部2021年资产评估行业专项整治工作要求对资产评估机构职业风险基金管理制度不健全，没有按规定计提职业风险基金或购买职业责任保险的，进行整治并责令改正。

《资产评估机构职业风险基金管理办法》规定，资产评估机构应当根据业务需要建立职业风险基金管理制度，或者自愿购买职业责任保险，完善职业风险防范机制，提高抵御职业责任风险的能力。

（1）资产评估机构建立职业风险基金管理制度的，按照财政部的具体规定提取、管理和使用职业风险基金。资产评估机构应当于每一个会计年度终了前，以本年度评估业务收入为基数，按照不低于5%的比例从管理费用中提取职业风险基金，并设立专户核算。

资产评估机构因赔付造成职业风险基金余额低于近5年评估业务收入总和5%的，应当于本会计年度终了前提取补足职业风险基金。

从事证券服务业务的资产评估机构，因补提职业风险基金导致净资产不足200万元的，股东或合伙人应当在三个月内注资补足净资产。

（2）资产评估机构购买职业责任保险的，应当与保险公司签订书面保险合同。保险合同除了符合有关法律规定外，还应当约定以下事项：①投保范围为资产评估机构的评估业务收入；②赔偿范围应当与本办法第四条第一款规定的职业风险基金支出范围一致；③追溯期应当追溯至首次购买保险年度；④累计赔偿限额不得低于已购买保险年度评估业务收入总和的5%。

从事证券服务业务的资产评估机构应当将职业责任保险保单复印件、经会计师事务所审计的累计职业风险基金账户信息，随同资产评估机构基本情况表等资料一并报财政部、证监会、中国资产评估协会备案。

在行业检查和自律检查中发现，风险防范机制方面常见的问题主要有：①未建立风险防范制度。②承办了与自身规模、执业能力、风险承担能力不匹配的业务。③未按要求足额提取职业风险基金或购买职业保险。④项目承做期间及完成后规定时限内持有或买卖相关上市公司股票。

三、职业道德规范

为规范资产评估机构及其资产评估专业人员职业道德行为，提高职业素质，维护职业形象，中评协在财政部的指导下，先后制定印发了《资产评估职业道德准则——基本准则》（2004年）、《资产评估职业道德准则——独立性》（2012年）。2017年，中评协根据《资产评估基本准则》修订并形成《资产评估职业道德准则》。

《资产评估职业道德准则》规定，资产评估机构及其资产评估专业人员开展资产评估业务应当遵守法律、行政法规和资产评估准则，坚持独立、客观、公正的原则，履行资产评估委托合同规定的义务，不得出具或者签署虚假资产评估报告或者有重大遗漏的资产评估报告。

资产评估机构及其资产评估专业人员开展资产评估业务，应当遵守法律、行政法规和资产评估准则，履行资产评估委托合同规定的义务。

资产评估机构及其资产评估专业人员应当诚实守信，勤勉尽责，谨慎从业，遵守职业道德规范，自觉维护职业形象，不得从事损害职业形象的活动。

《资产评估职业道德准则》主要从四个方面提出了规范要求：

（1）专业能力。资产评估机构及其资产评估专业人员应当具备相应的评估专业知识和实践经验，能够胜任所执行的证券评估业务，保持和提高专业能力，并如实声明其具有的专业能力和执业经验，不得对其专业能力和执业经验进行夸张、虚假和误导性宣传。当执行某项特定业务缺乏特定的专业知识和经验时，应当采取弥补措施，包括利用专家工作及相关报告等。

（2）独立性。资产评估机构不得受理与自身有利害关系的资产评估业务。资产评估专业人员与委托人、其他相关当事人和评估对象有利害关系的，应当回避。资产评估机构不得分别接受利益冲突双方的委托，对同一评估对象进行评估。

资产评估机构及其资产评估专业人员开展资产评估业务，应当识别可能影响独立性的情形，合理判断其对独立性的影响。可能影响独立性的情形通常包括资产评估机构及其资产评估专业人员或者其亲属与委托人或者其他相关当事人之间存在经济利益关联、人员关联或者业务关联。

（3）与委托人和其他相关当事人的关系。资产评估机构及其资产评估专业人员不得以恶性压价、支付回扣、虚假宣传，或者采用欺骗、利诱、胁迫等不正当手段招揽业务；不得利用开展业务之便，为自己或者他人谋取不正当利益，不得向委托人或者其他相关当事人索要、收受或者变相索要、收受资产评估委托合同约定以外的酬金、财物等；资产评估专业人员不得私自接受委托从事资产评估业务并收取费用。

资产评估机构及其资产评估专业人员执行资产评估业务，应当保持公正的态度，以客观事实为依据，实事求是地进行分析和判断，拒绝委托人或者其他相关当事人的非法干预，不得直接以预先设定的价值作为评估结论；应当与委托人进行必要沟通，提醒资产评估报告使用人正确理解评估结论；应当遵守保密原则，对评估活动中知悉的国家秘密、商业秘密和个人隐私予以保密，不得在保密期限内向委托人以外的第三方提供保密信息，除非得到委托人的同意或者属于法律、行政法规允许的范围。

（4）与其他资产评估机构及资产评估专业人员的关系。资产评估机构不得允许其他资产评估机构以本机构名义开展资产评估业务，或者冒用其他资产评估机构名义开展资产评估业务。资产评估专业人员不得签署本人未承办业务的资产评估报告，也不得允许他人以本人名义从事资产评估业务，或者冒用他人名义从事资产评估业务。资产评估机构及其资产评估专业人员在开展资产评估业务过程中，应当与其他资产评估专业人员保持良好的工作关系。资产评估机构及其资产评估专业人员不得贬损或者诋毁其他资产评估机构及资产评估专业人员。

在行业检查和自律检查中发现，职业道德规范方面常见的问题主要有：①执行特定业务缺乏相应的专业知识和经验。②签署本人未承办业务的资产评估报告。③在限制期内买卖股票。

第三章

企业价值评估业务自查要点

本章节按照国有资产评估项目的评估要求撰写。非国有资产评估项目自查时,按照评估准则等相关规定进行删减。

第一节 自查要点

一、资产评估工作底稿自查要点

(一)明确业务基本事项

1. 资产评估业务基本事项记录。
(1)资产评估业务的基本事项记录清晰、明确。
(2)资产评估业务基本事项包括:
①委托人、产权持有人和委托人以外的其他资产评估报告使用人;
②评估目的;
③评估对象和评估范围;
④价值类型;
⑤评估基准日;
⑥资产评估项目所涉及的需要批准的经济行为的审批情况;
⑦资产评估报告使用范围;
⑧资产评估报告提交期限及方式;

⑨评估服务费及支付方式；

⑩委托人、其他相关当事人与资产评估机构及其资产评估专业人员工作配合和协助等需要明确的重要事项。

（3）资产评估业务基本事项记录应当由业务洽谈人签字并经评估机构相关负责人审核、签字。

2. 专业能力分析和评价。

（1）在决定承接评估业务之前，评估机构应当对自身专业能力进行分析和评价并做出清晰的记录。

（2）对自身专业能力进行分析和评价时应当考虑以下事项：

①评估机构是否有与评估业务相应执业经验；

②资产评估专业人员是否有与评估业务相关的专业知识和执业经验；

（3）专业能力分析和评价过程应当由评价人签字并经评估机构相关负责人审核、签字。

3. 独立性分析和评价。

（1）在决定承接评估业务之前，评估机构应当对自身独立性进行分析和评价并做出清晰的记录。

（2）对自身独立性进行分析和评价应当考虑以下事项：

①评估机构及拟承担该项业务的评估专业人员或其亲属是否存在拥有委托人或者相关当事方的股权、债权、有价证券、债务，或者存在担保等可能影响独立性的经济利益关系；

②评估机构及拟承担该项业务的评估专业人员或其亲属是否存在在委托人或者相关当事方担任董事、监事、高级管理人员或者其他可能对评估结论施加重大影响的特定职务；

③评估机构和评估专业人员或其亲属是否存在为委托人或相关当事方编制属于该项业务对象的数据或其他记录；

④评估机构和评估专业人员或其亲属是否存在为委托人或相关当事方提供直接影响该项业务对象的其他服务；

⑤评估机构和评估专业人员或其亲属是否与委托人或相关当事方从事的业务之间可能存在的其他利益输送或者利益冲突关系情形；

（3）独立性分析和评价过程应当由评价人签字并经评估机构相关负责人审核、签字。

4. 业务风险分析和评价。

（1）根据调查了解的资产评估业务基本事项，对业务可能面临的主要风险进行了分析评价。

（2）业务主要风险主要分析评价应当考虑以下方面：

①来自委托人、产权持有者、被评估单位及其他相关当事人的风险；如相关方面（委托人、产权持有者、被评估单位）是否能积极配合评估人员开展评估工作、委托人对项目操作时间要求是否紧迫、委托人和被评估单位的诚信度及评估资料的可信度等。

②来自评估对象的风险；如评估对象和评估范围是否明确、评估对象和重要资产的法律权属状况是否清晰或存在法律纠纷等。

③评估报告使用中的风险；如评估目的是否清晰、明确；评估报告的使用人是否能够明确、经济行为所涉及的交易各方是否存在纠纷、诉讼等情况等。

④本次拟委托评估目的在一系列产权变动或对价中逻辑的一致性、拟确定的评估目的与经济行为文件表述的一致性。

⑤本次拟受托评估对象对审计工作的依赖性，如从审计报告类型、审计报告结论等对项目风险的判断。

（3）根据资产评估项目风险评价情况，对相关风险情况应当制订清晰、明确的风险控制措施。

（4）业务风险分析和评价过程应当由评价人签字并经评估机构相关负责人审核、签字。

5. 利用专家工作分析和评价。

（1）资产评估业务涉及特殊专业知识和经验，评估机构评估专业人员存在特殊专业知识和经验欠缺时，可以聘请某一领域中具有专门知识、技能和经验的专家个人协助评估工作。

（2）利用专家工作主要分析评价应当考虑以下方面：

①从专业特长、职称、专业资格、声望等方面对专家的专业能力进行分析和评价；

②分析专家是否存在与委托人或其他相关当事人存在关联关系等可能影响独立性的情况；

③拟聘请的专家是否了解资产评估相关规定的分析；

④利用专家工作是否需要征得委托人的同意。

（3）利用专家工作时，对利用专家工作制订的风险控制措施。

（4）利用专家工作分析和评价过程应当由评价人签字并经评估机构相关负责人审核、签字。

6. 评估业务承接综合分析和评价。

（1）资产评估业务在分别完成上述影响因素的分析和评价后，应当对专业能力、独立性、业务风险、利用专家工作等各影响评估业务风险要素进行综合分析和评价。

（2）对影响评估业务风险要素进行综合分析和评价后，应当按照评估机构内部管理制度规定的程序履行审批手续。

（3）评估业务承接综合分析和评价过程应当由评价人签字并经评估机构具有审批权的负责人审核、签字。

（二）订立业务委托合同

1. 资产评估委托合同应当由评估机构的法定代表人（或者执行合伙事务合伙人）或其授权人签字并加盖评估机构印章；

2. 资产评估委托合同应当包括下列基本内容：

（1）评估机构和委托人的名称、住所、联系人及联系方式；

（2）评估目的；

（3）评估对象和评估范围；

（4）评估基准日；

（5）评估报告使用范围；

（6）评估报告提交期限和方式；

（7）评估服务费总额或支付标准、支付时间及支付方式；

（8）评估机构和委托人的其他权利和义务；

（9）违约责任和争议解决；

（10）合同当事人签字或盖章时间；

（11）合同当事人签字或盖章地点。

3. 资产评估委托合同订立后发现相关事项存在遗漏、约定不明确，或者在合同履行中约定内容发生变化的，资产评估机构可以要求与委托人订立补充合同或者重新订立资产评估委托合同，或者以法律允许的其他方式对资产评估委托合同的相关条款进行变更。

(三）编制资产评估计划

1. 资产评估计划的内容应当根据资产评估业务具体情况编制，并合理确定资产评估计划的繁简程度。

2. 资产评估计划应当包括以下基本内容：

（1）资产评估业务实施的主要过程；

（2）时间进度；

（3）人员安排。

3. 资产评估计划应当由评估机构相关负责人审核、签字，并签署日期；应当符合机构内部关于评估计划审批流程及相应权限的规定。

（四）进行评估现场调查

1. 选择与评估项目相适应的现场调查方式。

（1）根据评估项目具体情况，确定合理的现场调查方式，包括询问、访谈、核对、监盘、勘查等；

（2）现场调查应当在评估对象或评估业务涉及的主要资产所在地进行；

（3）应当对评估业务涉及的主要资产进行资产勘查；

（4）对无法实施在主要资产所在地的现场调查及勘查，应进行合理的分析及判断。

2. 可以根据重要性原则采用逐项或者抽样的方式进行现场调查。

（1）利用重要性原则确定各项资产现场抽查的范围和比例时，应形成重要性水平的确定过程；

（2）采用逐项的方式进行现场调查的，应形成完整的现场调查与盘点记录；

（3）采用抽样的方式进行现场调查的，应形成专门的抽样过程记录和现场抽样调查与盘点记录。

3. 采用询问、访谈方式进行现场调查。

（1）根据项目具体情况进行必要的询问、访谈；

（2）询问、访谈记录应形成书面资料。

4. 采用核对、监盘、勘查等方式进行现场调查。

（1）对于采取函证方式的，函证的对象、数量、金额应由评估专业人员确定，函证的回函地址应为评估机构的单位地址；（特殊情形下，获得审计机构的函证回函文件（应当满足评估专业人员对函证目标的覆盖），应当有资产评估专业人员对审计机构的函证回函文件分析、复核的相关记录）；函证回函金额有差异的，应当实施追加程序作进一步分析和核实；实施了函证而未能收到回函的，应作出书面记录并实施替代程序；

（2）采用监盘、勘查等方式对主要资产的现状进行现场勘察，并记录现场勘察结果；

（3）现场勘查记录应有评估人员和被评估单位配合人员签字及签字日期。

5. 经营和会计核算查阅记录。

（1）获取被评估单位提供的相关经营资料和会计核算资料；

（2）获取被评估单位和可比企业经审计后的财务报表或者公开财务资料；

（3）对企业经营和会计核算资料进行查阅，并记录查阅结果。

6. 现场调查受到客观限制时采取的其他适用方法和记录。

（1）如未实施现场勘察，需判断被评估对象是否确属因法律法规规定、客观条件限制而无法实施现场勘察；

（2）当无法实施现场勘察时，需采取措施弥补程序缺失，并确定采用其他适当方法对有关资产的数量、质量进行确认，且未对评估结论产生重大影响。

（五）收集整理评估资料

1. 收集评估对象、被评估单位的信息资料及与其相关的其他信息资料，并进行审慎分析，确信信息来源是可靠的和适当的；当相关资料对相关事项存在不一致时，应当审慎核实，补充和完善相关资料。

（1）评估对象权益状况相关的协议、章程、股权证明等有关法律文件。

①收集分析有关反映评估基准日评估对象权益状况的法律文件，如出资协议、股权证书、被评估单位公司章程、营业执照、税务登记证、企业代码等，并确信信息来源是可靠的和适当的；

②收集分析有关股权取得和变动过程方面的信息资料或法律文件，如股东清单、股权买卖协议、股权回购协议等，并确信信息来源是可靠的和适

当的。

（2）被评估单位历史沿革、控股股东及股东持股比例、经营管理结构和产权架构资料。

①收集分析被评估单位历史沿革的资料，如企业成立和经营的时间，股权变动情况，控股股东及股东持股比例等，并确信信息来源是可靠的和适当的；

②收集分析被评估单位现状的资料，如企业的主要描述，包括：子公司股权结构图，企业自身组织机构图等。

（3）被评估单位的业务、资产、财务、人员及经营状况资料。

①收集被评估单位评估基准日及历史年度财务报表、审计报告、主要资产明细表等。

②收集被评估单位主要经营业务资料、产品及销售状况、成本费用构成资料；主要销售市场及销售方式、子公司分布及业务构成、企业经营效益情况分析资料等。

③收集被评估单位拥有的各项核心技术研发资料及特许经营权资料。

④收集被评估单位经营特点、优劣势情况资料。

⑤被评估单位劳动保障、社会保险、人员退休政策等文件；人力资源情况资料，包括员工人数，各职能部门分布情况；被评估单位管理层构成等资料，如年龄、职务、服务时间长短等情况。

（4）被评估单位经营计划、发展规划和收益预测资料。

①收集被评估单位近期的经过董事会或经理办公会通过的经营计划文件、长期发展规划文件；

②收集最近若干年度的纳税记录，了解企业的税务政策及税收优惠政策；

③收集分析被评估单位发展前景的资料，如关于未来的财务预算或可行性研究报告，或者通过现场访谈了解企业自身对未来经营的发展规划；

④被评估单位在行业中的相对竞争地位以及企业独特生存的因素、市场开拓文件、竞争对手情况等；

⑤收集被评估单位结合经营计划提交的财务未来收益预测资料。

（5）评估对象涉及的主要资产权属证明资料。

①对于实行登记制度的评估对象涉及主要资产的法律权属证明文件进行查验，并取得完整、有效的证书复印件；

②对于其他资产的法律证明文件进行关注,并取得重大资产的产权证明文件(合同、发票等)复印件;

③如果出现产权资料瑕疵情况,应当取得委托人及相关当事方提供的说明、证明和承诺。

(6)评估对象、被评估单位以往的评估及交易资料。

①收集分析评估对象以往的交易情况资料,包括交易目的、交易次数以及交易定价依据;

②收集分析评估对象以往的评估报告。

(7)影响被评估单位经营的宏观、区域经济因素资料。

对可能影响被评估单位生产经营状况的宏观经济分析应收集当前宏观经济的形势、政策法律法规、经济增长速度、区域或国际经济发展趋势等资料。

(8)被评估单位所在行业现状与发展前景资料。

对被评估单位企业所在行业的发展状况及发展前景分析应收集行业特点、准入制度、市场分割状况以及行业整体发展等方面资料。

(9)证券市场、产权交易市场等市场的有关资料。

应收集证券市场、产权交易市场的有关信息,并确信其来源的可靠性。

(10)可比企业的经营情况、财务信息、股票价格或者股权交易价格等资料。

①收集分析可比企业的财务信息,并合理确信其来源的可靠性;

②收集可比企业股票价格或股权交易价格等市场信息,并合理确信其来源的可靠性;

(11)评估目的对应的经济行为文件。

①经济行为实施主体的申请文件;

②评估目的对应的经济行为批准文件;

③经济行为对应的实施方案等资料。

(12)被评估单位所申报的资产和负债明细表。

①评估申报明细表中填列的各资产科目完整;

②各科目评估申报明细表的填列内容准确、完整;

③评估申报明细表中提供方盖章确认。

(13)收集的有关询价资料、参数资料等。

①主要资产的询价记录;

②与确定资产重置成本相关的取价依据、取费依据等资料；

③与确定资产成新率或各贬值因素相关的资料。

2. 对所采用的被评估单位和可比企业财务报表或者公开财务资料进行分析和判断。

（1）应当根据所采用评估方法对财务报表的使用要求对其进行分析和判断。

（2）采用资产基础法评估，应当对所采用的被评估单位于评估基准日的资产及负债账面值的真实性进行分析和判断。

（3）采用收益法或者市场法评估，应当对所采用的被评估单位和可比企业财务指标的合理性进行分析和判断。如对被评估单位历史年度财务指标进行计算、分析，并形成结论；将被评估单位的历史年度财务指标与可比企业进行分析比较，并形成结论。

3. 采用收益法或市场法进行企业价值评估时，可以对被评估单位和可比企业财务报表进行分析和必要的调整（对历史财务数据的调整通常包括以下事项）。

（1）调整被评估单位和可比企业财务报表的编制基础。

①了解被评估单位和参考企业的财务报表编制基础；

②对重大的会计准则差异进行调整，使得被评估单位和参考企业财务报表的编制基础是一致的、可比的。

（2）调整非经常性收入和支出。

①了解被评估单位不具有代表性的收入和支出的内容；

②对不具有代表性的收入和支出进行调整。

（3）调整非经营性资产、负债和溢余资产及与其相关的收入和支出。

①了解被评估单位非经营性资产、负债和溢余资产及与其相关的收入和支出的内容；

②对非经营性资产、负债和溢余资产进行调整。

4. 在与委托人、相关当事方沟通基础上的，对企业资产配置和使用的情况，以及非经营性资产、负债和溢余资产情况的分析或说明。

是否收集了委托人、资产占有方关于被评估单位资产配置和使用情况的说明，包括对非经营性资产、负债、溢余资产情况说明；评估专业人员对非经营性资产、负债和溢余资产情况的分析或说明。

5. 对评估活动中使用的资料进行核查验证。

（1）应当依法对资产评估活动中使用的有关文件、证明和资料的真实性、准确性、完整性进行核查和验证，并记录核查验证的执行情况与结论；

（2）根据评估活动中使用有关文件、证明和资料的具体情况，确定合理的核查验证方式，通常包括观察、询问、书面审查、实地调查、查询、函证、复核等；

（3）超出资产评估专业人员专业能力范畴的核查验证事项，资产评估机构应当委托或者要求委托人委托其他专业机构或者专家出具意见；

（4）因法律法规规定、客观条件限制无法实施核查验证的事项，资产评估专业人员应当在工作底稿中予以说明，分析其对评估结论的影响程度，并在资产评估报告中予以披露。

（六）评定估算

1. 评估方法（三种评估方法）选择的适用性分析。

（1）评估方法适用条件的分析，应当根据评估目的、评估对象、价值类型、资料收集情况等相关条件做出判断，分析收益法、市场法、成本法（资产基础法）三种基本方法的适用性，选择评估方法。

（2）对于适合采用不同评估方法进行企业价值评估的，资产评估专业人员应当采用两种以上评估方法进行评估。

2. 收益法。

（1）收益法具体方法选择的适当性。

①收益法常用的具体方法包括股利折现法和现金流量折现法。

②股利折现法是将预期股利进行折现以确定评估对象价值的具体方法，通常适用于缺乏控制权的股东部分权益价值评估。

③现金流量折现法通常包括企业自由现金流折现模型和股权自由现金流折现模型。

④股利折现法的预期股利一般应当体现市场参与者的通常预期，适用的价值类型通常为市场价值；预测现金流量，既可以从市场参与者角度进行，也可以选择特定投资者的角度。从特定投资者的角度预测现金流量时，适用的价值类型通常为投资价值。

（2）对委托人和其他相关当事人提供的企业未来收益资料，并从以下方面进行必要的分析、判断和调整，合理确定评估假设，形成未来收益预测：

①结合被评估单位的人力资源、技术水平、资本结构、经营状况、历史业绩、发展趋势，考虑宏观经济因素、所在行业现状与发展前景。

重点考察和评价企业经营业务的稳定性及其发展趋势，关注企业生存和发展的决策，以确信相关预测基础的合理性。

②对所采用的被评估单位和可比企业财务指标的合理性进行分析和判断。

无论财务报表是否经过审计，资产评估专业人员都应当根据所采用评估方法对财务报表的使用要求对其进行分析和判断，以确信相关预测指标的合理性。

③与委托人和其他相关当事人进行沟通，了解被评估单位资产配置和使用情况，谨慎识别非经营性资产、负债和溢余资产，并根据相关信息获得情况以及对评估结论的影响程度，确定是否单独评估。

a. 了解被评估单位非经营性资产、负债和溢余资产及与其相关的收入和支出的内容；

b. 根据相关信息获得情况以及对评估结论的影响程度，对非经营性资产、负债和溢余资产是否单独评估。

④收集被评估单位所涉及交易、收入、支出、投资等业务合法性和未来预测可靠性的证据。

⑤分析预测的支持证据充分性、恰当性。

关注分析预测的支持证据的充分性，基本假设的恰当性，是否有滥用假设，或设定明显不合理、没有充分依据支持的假设。

⑥结合企业自身与行业状况，考虑未来发展可能出现的不同情况进行合理评估假设。

关注分析影响评估假设是否符合被评估单位自身内在发展逻辑和外部现实状况条件约束，没有通过人为编造脱离现实与逻辑的特别设定，为评估"创造"数量依据与环境条件。

⑦各主要预测数据计算方法的恰当性，测算过程的合理性。

关注企业资产负债结构、收入来源、成本费用支出、投资（资本性支出）、纳税情况、营运资金、利润或自由现金流等的分析和测算过程的恰当性、合理性。

（3）当委托人和其他相关当事人未提供收益预测时，资产评估专业人员应当收集和利用形成未来收益预测的相关资料，并履行核查验证程序，在具备预测条件的情况下编制收益预测表。

①收集和利用形成未来收益预测的相关资料；

②对相关资料进行核查验证；

③对相关资料进行分析和判断，且具备预测条件。

（4）关注未来收益预测中经营管理、业务架构、主营业务收入、毛利率、营运资金、资本性支出、资本结构等主要参数与评估假设、价值类型的一致性。

①未来收益预测中各主要参数与评估假设的一致性；

②未来收益预测中各主要参数与价值类型的一致性。

（5）当预测趋势与历史业绩和现实经营状况存在重大差异时，资产评估专业人员应当在资产评估报告中予以披露，并对产生差异的原因及其合理性进行说明。

①分析产生差异的原因，对不合理的地方提出调整意见；

②应当在资产评估报告中予以披露，并对产生差异的原因及其合理性进行说明。

（6）恰当确定收益期。

重点关注收益预测期限要根据企业的经营政策、资源条件等因素进行判断为永续经营还是为有限期经营。收益期应当按照法律、行政法规规定，以及被评估单位企业性质、企业类型、所在行业现状与发展前景、协议与章程约定、经营状况、资产特点和资源条件等进行分析确定并说明确定理由。

（7）合理确定详细预测期。

重点关注企业经营达到相对稳定前的时间区间的主要因素，详细预测期应当在对企业产品或者服务的剩余经济寿命以及替代产品或者服务的研发情况、收入结构、成本结构、资本结构、资本性支出、营运资金、投资收益和风险水平等综合分析的基础上，结合宏观政策、行业周期及其他影响企业进入稳定期的因素进行分析确定并说明确定理由。

（8）合理确定折现率。

关注折现率参数选取过程的合理性，折现率的确定应当综合考虑评估基准日的利率水平、市场投资收益率等资本市场相关信息和所在行业、被评估单位的特定风险等相关因素。

（9）折现率计算的正确性。

关注资本化率或折现率计算的正确性。如无风险报酬率（依据、过程、结果）、市场收益率（依据、参数、过程、结果）、Beta（贝塔）系数的测算正确性。

（10）考虑收益预测期后的收益情况及相关终值计算的恰当性。

①考虑被评估单位的实际情况，合理确定详细预测期后的价值。

②根据企业提供产品或者服务的剩余经济寿命期情况、进入稳定期的因素分析详细预测期后的收益趋势、终止经营后的处置方式等，选择恰当的方法估算详细预测期后的价值。重点检查以下内容：

a. 对预计企业在详细预测期后将会以一定的稳定的增长率发展的，其详细预测期后的价值计算公式的合理性；

b. 对于经营期限为有限期的企业，其详细预测期后的价值计算公式的合理性。

（11）折现率与预期收益的口径保持一致。

①资产评估专业人员应当根据评估项目的具体情况选择恰当的预期收益口径，如自由现金流、会计利润或现金红利等形式表示。

②确信折现率与预期收益的口径应当一致，如，企业自由现金流与加权平均资本成本相对应；股权自由现金流与权益资本成本相对应；如果预期收益考虑了通货膨胀因素，则资本化率或折现率也应当考虑通货膨胀因素。

（12）收益折现模型（公式）运用的正确性。

①对评估口径的一致性、所运用的具体模型与公式内容的正确性进行判断；

②对相关参数进行解释与说明。

3. 市场法。

（1）市场法适用性分析及具体方法的选择合理性。

在采用市场法进行企业价值评估时应对市场法的适用性进行分析，同时还应就具体采用的可比上市公司法或可比交易案例法进行适用性分析。

（2）所选择的可比公司与被评估单位可比性分析。

参考企业通常应当与被评估单位属于同一行业，或受相同经济因素的影响。着重考虑所选择企业的相似性：

①业务结构、经营模式；

②企业规模、资产配置和使用情况；

③企业所处经营阶段、成长性；

④经营风险、财务风险。

（3）对被评估单位和可比企业之间的相似性和差异性进行分析比较。

对可比上市公司或并购案例的具体情况进行详细的研究分析，选取例如业务结构、经营模式、企业规模、企业所处经营阶段、成长性、目标市场、销售规模、收入构成、收益水平、定价能力、研发能力、经营风险、财务风险等其中某些因素指标将其与被评估单位之间的相似性和差异性进行分析比较。

（4）评估专业人员在选择、计算、使用价值比率时，应当考虑以下内容：

①选择的价值比率应当有利于合理确定评估对象的价值。

所选择的价值比率有利于合理确定评估对象的价值。具体而言，企业的类型、发展程度及其业务成熟度是选择价值比率的关键因素。

②用于价值比率计算的相关数据口径和计算方式应当一致。

③应用价值比率时对可比企业和被评估单位间的差异进行合理调整。

a. 对被评估单位与可比公司的财务核算基础之间的差异进行调整；

b. 对被评估单位与可比公司在非经常性收入与支出方面的差异进行调整；

c. 对被评估单位与可比公司在非经营性资产及负债、溢余资产等差异进行调整；

d. 其他方面的差异调整，如：被评估单位与可比公司在员工福利政策差异导致的对经营成果调整；被评估单位与可比公司之间存在的、可以单独计量某一项业务及资产等。

④合理将可比企业或交易案例的价值比率应用于被评估单位。

在计算并调整可比企业的价值比率后，与评估对象相应的财务数据或指标进行乘积或其他算法的计算得到相应的企业整体价值或权益价值；

⑤评估结论应当考虑控制权、流动性对评估对象价值的影响。

⑥如因客观条件限制无法考虑控制权和流动性对评估对象价值的影响，应当在资产评估报告中披露其原因以及可能造成的影响。

4. 资产基础法。

（1）应当根据会计政策、企业经营等情况，要求被评估单位对资产负债表表内及表外的各项资产、负债进行识别。

①对被评估单位识别表内及表外的各项资产、负债进行核实，但资产评估专业人员应当知晓并非每项资产和负债都可以被识别并单独评估；

②识别出的表外资产与负债应当纳入评估申报文件；

③识别出的表外资产与负债应要求委托人或者其指定的相关当事方确认评估范围；

④当存在对评估对象价值有重大影响且难以识别和评估的资产或者负债时，应当考虑资产基础法的适用性。

在评估实务中，还应关注资产负债表的其他表外项目，这些项目包括但不限于：①未履行完毕的合同；②尚未完工的工程项目；③或有负债；④抵押、担保事项。

（2）各项资产的价值应当根据其具体情况选用适当的具体评估方法得出。各种资产的评估方法选取依据充分，各种资产的具体评估方法恰当；各种评估方法所涉及的公式和参数无误；分析、计算和判断无误；对持续经营前提下的企业价值进行评估时，单项资产或者资产组合作为企业资产的组成部分，其价值通常受其对企业贡献程度的影响。

①流动资产（非实物部分），负债的评估方法的选择及评估过程；

②存货的评估方法、参数的确定和评估过程；

③投资性房地产的评估依据、评估方法和评估参数的确定和评估过程；

④固定资产的评估依据、评估方法和评估参数的确定和评估过程；

⑤在建工程的评估依据、评估方法和评估参数的确定和评估过程；

⑥土地使用权的评估依据、评估方法和评估参数的确定和评估过程；

⑦矿业权的评估依据、评估方法和评估参数的确定和评估过程；

⑧其他资产的评估依据、评估方法和评估参数的确定和评估过程。

（3）对长期股权投资项目进行分析，根据被评估单位对长期股权投资项目的实际控制情况以及对评估对象价值的影响程度等因素，确定是否将其单独评估。

①对于控股的长期股权投资企业，需要对其进行单独评估；

②对于非控股的长期股权投资企业，资产评估师应当根据相关项目的具体资产、盈利状况及其对评估对象价值的影响程度等因素做出合理判断；

③如果该项投资发生时间不长，被投资企业资产账实基本相符，则可根

据核实后的被投资企业资产负债表上净资产数额与投资额应占的份额确定长期投资的评估值；

④对专门从长期股权投资获取收益的控股型企业的子公司单独进行评估时，应当考虑控股型企业管理机构分摊管理费对企业价值的影响。

（4）被评估单位所申报的资产和负债明细表。

①评估申报明细表中填列的各资产科目完整；

②各科目评估申报明细表的填列内容准确、完整；

③评估申报明细表提供方盖章确认。

（5）资产评估明细表。

①采用成本法评估企业价值，应当编制评估明细表；

②评估明细表应当包括各被评估资产科目的评估明细表和各级汇总表；

③各科目评估明细表的格式和内容应当符合基本要求（可参考《企业国有资产评估报告指南》中对评估明细表格式和内容的要求）；

④各科目评估明细表反映的信息应该完整、计算结果正确；

⑤各科目评估明细表和各级汇总表的勾稽关系正确。

5. 采用收益法或者市场法进行企业价值评估，在适当及切实可行的情况下，应当对评估企业的非经营性资产、负债和溢余资产进行单独分析和评估。

6. 具有多种业务类型、涉及多种行业的企业进行评估时，能够根据业务关联性合理界定业务单元，并根据业务单元的具体情况，采用适宜的财务数据口径进行评估。

7. 重要的利用专家工作及相关报告情况。

（1）说明重要的利用专家工作及相关报告情况；

（2）利用相关专业机构出具的专业报告作为资产评估依据，应当在资产评估报告中披露以下内容：

①专业机构名称、专业报告名称、专业报告编号以及出具日期；

②专业报告结论及其相关补充性或者解释性说明；

③其他需要披露的重要事项。

（3）引用单项资产评估报告作为资产评估报告的组成部分，应当在资产评估报告中披露以下内容：

①引用单项资产评估报告的评估机构名称、报告名称、报告编号、出具日期等；

②引用单项资产评估报告的资产、数量、产权权属等；

③引用单项资产评估报告的评估方法、假设前提、使用限制以及相关事项；

④引用单项资产评估报告的评估结论；

⑤其他需要披露的重要事项。

8. 评定估算过程和结果正确。

（1）在使用资产基础法、市场法和收益法评估资产的过程中，各项公式、模型应用正确，各项参数、比率确定正确，各种逻辑关系勾稽正确；

（2）数学计算过程和结果正确；

（3）当两种以上评估方法得出的结果差异较大时，应当分析较大差异的价值影响因素及其合理性，以使评估结论的确认有合理的支持。

（七）评估机构内部复核工作

1. 复核记录所反映的复核程序应当与评估机构内部质量控制制度规定的内部审核制度相一致。

2. 复核意见清晰、具体，体现实质性复核内容。

3. 项目组对复核意见有清晰、明确的答复。

4. 复核记录有审核人员和项目组人员签名和日期。

5. 各级复核记录保存完整。

（八）整理归集评估档案

1. 各种形式的归档底稿内容是否完整、一致。

（1）资产评估报告包括初步资产评估报告和正式资产评估报告；

（2）归档的管理类工作底稿内容是否清晰、完整，包括：资产评估业务基本事项的记录、资产评估委托合同、资产评估计划、资产评估业务执行过程中重大问题处理记录、资产评估报告的审核意见等；

（3）归档的操作类工作底稿内容是否清晰、完整，包括：现场调查记录与相关资料、收集的评估资料、评定估算过程记录等；

（4）评估机构取得的需委托人或者其他相关当事人签字、盖章或者以法律允许的其他方式确认的资料（如资产评估明细表、关于进行资产评估有关事项说明及其他重要资料等）；

(5) 资产评估项目所涉及的经济行为需要批准的，批准文件是否归档；

(6) 各级审核记录（包括外审记录）是否归档；

(7) 归档工作底稿记录的字迹是否清晰，是否编制了工作底稿目录，建立了必要的索引号。

2. 资产评估档案的归集。

(1) 工作底稿归档时间是否符合《资产评估准则——资产评估档案》的相关规定；

(2) 电子文档或者其他介质的评估业务档案信息是否一致、匹配；

(3) 归档目录中是否注明文档介质形式；

(4) 电子文档或者其他介质形式的重要工作底稿，如资产评估委托合同、资产评估报告应当同时形成纸质文档，评估明细表、评估说明可以是纸质文档、电子文档或者其他介质形式的文档。

3. 资产评估档案的管理。

(1) 在法定保存期内妥善保存资产评估档案；

(2) 资产评估档案由资产评估机构集中统一管理，不得由原制作人单独分散保存；

(3) 资产评估档案的管理应当严格执行保密制度，除国家机关、资产评估协会、其他依法调阅等情形外，资产评估档案不得对外提供。

二、资产评估报告自查要点

(一) 资产评估报告基本内容与格式

资产评估报告由①标题及文号②目录③声明④摘要⑤正文⑥附件（含评估明细表和评估说明）构成。

(1) 关注评估报告构成的完备性，缺一不可。

(2) 关注标题、声明、摘要内容的规范性、充分性和完整性。

(3) 资产评估报告标题应当简明清晰，一般采用"企业名称＋经济行为关键词＋评估对象＋评估报告"的形式。

(4) 资产评估专业人员应当声明遵循法律法规，恪守资产评估准则，并对评估结论合理性承担相应的法律责任。评估报告声明应当提醒评估报告使用人关注评估报告特别事项和使用限制等内容。

（5）评估报告摘要应当简明扼要地反映经济行为、评估目的、评估对象和评估范围、价值类型、评估基准日、评估方法、评估结论及其使用有效期、对评估结论产生影响的特别事项等关键内容；评估报告摘要应当采用下述文字提醒评估报告使用人阅读全文："以上内容摘自评估报告正文，欲了解本评估项目的详细情况和正确理解评估结论，应当阅读评估报告正文。"

（二）资产评估报告正文内容的完整性

评估报告正文应当包括：绪言；委托人、被评估单位（或者产权持有单位）及资产评估委托合同约定的其他资产评估报告使用人；评估目的；评估对象和评估范围；价值类型；评估基准日；评估依据；评估方法；评估程序实施过程和情况；评估假设；评估结论；特别事项说明；评估报告使用限制说明；资产评估报告日；签字盖章。

（三）委托人、被评估单位（或者产权持有单位）及资产评估委托合同约定的其他资产评估报告使用人

委托人及资产评估委托合同约定的其他资产评估报告使用人概况一般包括名称、法定住所及经营场所、法定代表人、注册资本及主要经营范围等。

被评估单位（或者产权持有单位）概况一般包括：名称、法定住所及经营场所、法定代表人、主要经营范围、注册资本、公司控股股东及股东持股比例、股权变更情况及必要的公司产权和经营管理结构、历史情况等；近三年资产、财务、经营状况。

委托人和被评估单位（或者产权持有单位）之间的关系（如产权关系、交易关系）。

存在交叉持股的，应当列示交叉持股图并简述交叉持股关系及是否属于同一控制的情形；存在关联交易的，应当说明关联方、交易方式等基本情况。

（四）评估目的

评估报告应当说明本次资产评估的目的及其所对应的经济行为，经济行为需要批准的需说明该经济行为的审批情况。

应当关注评估报告与资产评估委托合同中的评估目的是否一致。

（五）评估对象与评估范围

1. 评估对象和评估范围说明是否清晰、准确。
2. 评估报告与资产评估委托合同中的评估对象和评估范围是否一致。
3. 委托评估对象和评估范围与经济行为涉及的评估对象和评估范围是否一致，不一致的应当说明原因，并说明是否经过审计。
4. 企业申报的表外资产的类型、数量。
5. 引用其他机构出具的报告结论所涉及的资产类型、数量和账面金额（或者评估值）。

（六）价值类型

说明选择价值类型的理由及其定义。

（七）评估基准日

应当说明评估基准日及确定评估基准日所考虑的主要因素。关注评估报告与资产评估委托合同中的评估基准日是否一致。

（八）评估依据

1. 评估依据应当完整，包括法律法规、评估准则、权属、取价等依据。
2. 资产评估项目所涉及需要批准的经济行为依据应当为有效批复文件。
3. 评估依据的表述应当明确、具体。
4. 评估依据应当满足相关性、合理性、可靠性和有效性。
5. 评估依据不存在引用错误。

（九）评估方法

1. 评估报告应当说明所选用的评估方法，以及选择评估方法的理由。
2. 采用两种以上方法进行企业价值评估，应当分别说明两种评估方法选取的理由以及评估结论确定的方法。
3. 因适用性受限或者操作条件受限等原因而选择一种评估方法的，应当在资产评估报告中披露并说明原因。

（十）评估程序实施的过程和情况

评估报告应当说明自接受评估项目委托起至出具评估报告的主要评估工作过程。包括接受项目委托，确定评估目的、评估对象与评估范围、评估基准日，拟定评估计划等过程；指导被评估单位清查资产、准备评估资料，核实资产与验证资料等过程；选择评估方法、收集市场信息和估算等过程；评估结果汇总、评估结论分析、撰写报告和内部审核等过程。

（十一）评估假设

是否完整、清晰、恰当披露评估假设及其对评估结论的影响。

（十二）评估结论

1. 评估报告应当以文字和数字形式清晰说明评估结论，并明确评估结论的使用有效期。

2. 评估结论通常是确定的数值，经与委托人沟通，评估结论可以是区间值或者其他形式的专业意见。评估结论为区间值的，应当在区间之内确定一个最大可能值，并说明确定依据。

3. 采用资产基础法进行企业价值评估，应当以文字形式说明资产、负债、所有者权益（净资产）的账面价值、评估价值及其增减幅度，并同时采用评估结果汇总表反映评估结论。

4. 采用两种以上方法进行企业价值评估，除单独说明评估价值和增减变动幅度外，应当说明两种以上评估方法结果的差异及其原因和最终确定评估结论的理由。

5. 存在多家被评估单位的项目，应当分别说明评估价值。

（十三）特别事项说明

1. 引用其他机构出具报告结论的情况，并说明承担引用不当的相关责任。
（1）利用专业报告时应当在资产评估报告中披露以下内容：
①专业机构名称、专业报告名称、专业报告编号以及出具日期；
②专业报告结论及其相关补充性或者解释性说明；
③其他需要披露的重要事项。

（2）引用单项资产评估报告时应当在资产评估报告中披露以下内容：

①引用单项资产评估报告的评估机构名称、报告名称、报告编号、出具日期等；

②引用单项资产评估报告的资产、数量、产权权属等；

③引用单项资产评估报告的评估方法、假设前提、使用限制以及相关事项；

④引用单项资产评估报告的评估结论；

⑤其他需要披露的重要事项。

（3）说明承担引用不当的相关责任。

（4）提示评估报告使用人关注其对经济行为的影响。

2. 权属资料不全面或者存在瑕疵的情形。

（1）产权瑕疵特别事项，产权瑕疵事项包括权属资料不全面或者存在瑕疵的情形，即法律权属证明文件中记载的事项与实际情况不符和未取得法律权属证明文件的情况。

（2）说明对特别事项的处理方式。

（3）说明特别事项对评估结论可能产生的影响。

（4）提示评估报告使用人关注其对经济行为的影响。

3. 评估程序受限的有关情况、评估机构采取的弥补措施及对评估结论影响的情况。

（1）说明评估程序受限的有关情况，例如：a. 资产性能、资产置放地点限制现场清查；b. 涉及商业、国家秘密，限制现场清查；c. 清查技术手段限制现场清查；d. 诉讼保全限制；等等；

（2）应当说明评估机构采取的弥补措施；

（3）说明特别事项对评估结论可能产生的影响；

（4）提示评估报告使用人关注其对经济行为的影响。

4. 委托人未提供的其他关键资料情况。

（1）委托人未提供的其他关键资料具体情况；

（2）应当说明对特别事项的处理方式；

（3）说明特别事项对评估结论可能产生的影响；

（4）提示评估报告使用人关注其对经济行为的影响。

5. 评估基准日存在的法律、经济等未决事项。

（1）评估基准日存在的法律、经济等未决事项，主要指对评估结果产生重大影响所涉及的未决诉讼、未执行判决事项、法律纠纷、仲裁、司法强制执行等重大争议或者存在妨碍权属转移的其他情况及影响生产经营活动和财务状况的重大合同、重大诉讼事项等。

（2）应当说明对特别事项的处理方式；

（3）说明特别事项对评估结论可能产生的影响；

（4）提示评估报告使用人关注其对经济行为的影响。

6. 担保、租赁及其或有负债（或有资产）等事项的性质、金额及与评估对象的关系。

（1）担保、租赁及其或有负债（或有资产）等事项的性质、金额、期限、对应的具体资产（或负债）、及与评估对象的关系的情况；

（2）应当说明对特别事项的处理方式；

（3）说明特别事项对评估结论可能产生的影响；

（4）提示评估报告使用人关注其对经济行为的影响。

7. 评估基准日至资产评估报告日之间可能对评估结论产生影响的事项。

（1）评估基准日至资产评估报告日之间可能对评估结论产生影响的事项，例如国家调整税收政策、中央银行调整存贷款利率、自然灾害或企业经营事故导致的资产数量的损失等；

（2）应当说明对特别事项的处理方式；

（3）说明特别事项对评估结论可能产生的影响；

（4）提示评估报告使用人关注其对经济行为的影响。

8. 本次资产评估对应的经济行为中，可能对评估结论产生重大影响的瑕疵情形。

（1）本次资产评估对应的经济行为中，可能对评估结论产生重大影响的瑕疵情形；

（2）应当说明对特别事项的处理方式；

（3）说明特别事项对评估结论可能产生的影响；

（4）提示评估报告使用人关注其对经济行为的影响。

（十四）资产评估报告使用限制

评估报告使用限制通常包括下列事项：

1. 评估报告只能用于评估报告载明的评估目的和用途；

2. 评估报告只能由评估报告载明的评估报告使用人使用；

3. 评估报告的全部或者部分内容被摘抄、引用或者披露于公开媒体，需评估机构审阅相关内容，法律、法规规定以及相关当事方另有约定的除外；

4. 资产评估报告使用人应当正确理解和使用评估结论；

5. 评估结论不等同于评估对象可实现价格，评估结论不应当被认为是对评估对象可实现价格的保证。

（十五）资产评估报告日

资产评估报告载明的资产评估报告日通常为评估结论形成的日期，可以不同于资产评估报告的签署日。若评估报告日距离日历时间有较长时间，期间市场环境、评估对象可能出现明显影响评估结论的事项，评估报告中评估结论是否考虑了这些事项对评估价值的可能影响应当明确声明。

（十六）签字盖章

法定资产评估业务的资产评估报告应当由至少两名承办该项业务的资产评估师签名并加盖资产评估机构印章。

（十七）资产评估报告附件

1. 评估报告附件内容应当与评估目的、评估方法、评估结论相关联，通常包括：（1）资产评估项目所涉及需要批准的经济行为有效批准文件；（2）被评估单位专项审计报告；（3）委托人和被评估单位法人营业执照；（4）委托人和被评估单位产权登记表；（5）评估对象所涉及的主要权属证明资料；（6）委托人和其他相关当事人的承诺函；（7）签名资产评估师的承诺函；（8）资产评估机构及签名资产评估专业人员的备案文件或者资格证明文件；（9）资产评估汇总表或者明细表；（10）资产评估委托合同；（11）资产账面价值与评估结论存在较大差异的说明；（12）其他重要文件。

2. 评估报告附件内容及其所涉及的签章应当清晰、完整，相关内容应当与评估报告摘要、正文一致。

3. 评估报告附件为复印件的，应当与原件一致。

4. 按有关规定需要进行专项审计的，应当将企业提供的与经济行为相对应的评估基准日专项审计报告（含会计报表和附注）作为评估报告附件；

按有关规定无须进行专门审计的,应当将企业确认的与经济行为相对应的评估基准日企业财务报表作为评估报告附件。

5. 存在引用单项资产评估报告结论的,所引用的报告应当作为评估报告的附件。根据现行有关规定,所引用的报告如需经相应主管部门批准(备案)的,应当将相应主管部门的相关批准(备案)文件同时作为评估报告的附件。

三、资产评估说明自查要点

(一)企业关于进行资产评估有关事项的说明

1. 《企业关于进行资产评估有关事项的说明》,应当由委托人单位负责人和被评估单位(或者产权持有单位)负责人签字,加盖相应单位公章并签署日期。

2. 《企业关于进行资产评估有关事项的说明》内容包括:委托人与被评估单位(或者产权持有单位)概况;关于经济行为的说明;关于评估对象与评估范围的说明;关于评估基准日的说明;可能影响评估工作的重大事项说明;资产负债情况、未来经营和收益状况预测说明;资料清单等。

(二)评估对象与评估范围说明

1. 评估对象与评估范围内容:说明委托评估的评估对象与范围,说明委托评估的资产类型和账面金额,说明委托评估的资产权属状况(含应当评估的相关负债)。

2. 实物资产的分布情况及特点:说明实物资产的类型、数量、分布情况和存放地点,说明实物资产的技术特点、实际使用情况、大修理及改扩建情况等。

3. 企业申报的账面记录或者未记录的无形资产情况。

4. 企业申报的表外资产(如有申报)的类型、数量。

5. 引用其他机构出具的报告的结果所涉及的资产类型、数量和账面金额(或者评估值)。

重点关注评估对象与评估范围说明是否完整、清晰;引用其他机构出具的报告内容与本次资产评估业务评估目的、评估基准日、评估范围、价值类型、评估方法及评估假设等分析披露的全面性、准确性等。

（三）资产核实情况总体说明

资产核实情况总体说明包括：资产核实人员组织、实施时间和过程；影响资产核实的事项及处理方法；核实结论。

重点关注资产核实情况总体说明是否完整、清晰，特别是是否存在资产评估专业人员认为重要的但资产占有方未申报的表外资产和负债情况；影响资产核实的事项披露的准确性及处理方法的合理性。

（四）成本法评估说明

1. 流动资产（非实物部分）、负债的清查核实方法、过程结论；评估具体方法、过程、结论。

应当包含流动资产和流动负债的内容和金额、核实方法、评估值确定的方法和结果等基本内容，以及清查与评估值确定处理的合理性。

重点关注是否包含上述内容以及清查与评估值确定处理的合理性。

2. 存货的清查方法、过程和结论，评估方法、参数确定和评估结论。

评估说明应当说明：

（1）存货的种类、金额等。应当分别按材料采购（在途物资）、原材料、在库周转材料、委托加工物资、产成品（库存商品）、在产品（自制半成品）、发出商品、在用周转材料等进行说明；

（2）存货数量和品质核实的方法、过程和结果；

（3）外购存货账面记录的构成，并分析构成的合理性，说明市场价格的查询情况；

（4）自制存货的销售成本费用率及相关税费额或者比率的确定方法和数额；

（5）对外销售存货的适销程度及判断理由；

（6）在用存货成新率的确定方法；

（7）失效、变质、残损、无用等存货的可变现价值的判断过程和结论，或者技术鉴定（如需要）情况及可变现价值的判断情况。技术鉴定应当说明鉴定方法及鉴定结论。

3. 长期股权投资的清查核实方法和结论；具体的评估方法（根据具体

资产、盈利状况及其对评估对象价值的影响程度等因素，合理确定是否进行单独评估）。

评估说明应当包括：

（1）长期股权投资的内容和金额；

（2）长期股权投资核实的内容（投资日期、持股比例、投资协议等）、方法和结果；

（3）控股长期股权投资，应当说明对被投资企业的企业价值进行评估的情况以及评估结果，并说明控股长期股权投资评估值确定的方法和结果；

（4）非控股长期股权投资，应当按投资项目分别说明非控股长期股权投资评估值确定的方法和结果。

4. 投资性房地产的清查核实方法、过程、结论；具体评估方法和评估参数的确定以及评估结论。

评估说明应当包括：

（1）投资性房地产的种类、内容和金额。

（2）投资性房地产核实的方法和结果。并应当说明投资性房地产权属资料的查验情况、租赁合同约定的租金、租赁期限等内容。

（3）采用收益法评估投资性房地产，应当说明现实租赁合同约定的租金、租赁期限，租赁合同到期后租金的确定方法，折现率确定方法和结果，评估值确定的方法和结果；采用市场法评估投资性房地产，应当说明可比交易实例的选取、可比因素比较调整、评估值确定的方法和结果。

（4）公允价值计量的投资性房地产，应当说明评估值与公允价值及其变动的差异及原因。

5. 固定资产的清查核实方法、过程、结论；具体评估方法、评估参数确定以及评估结论；评估举例参数确定的合理性。

（1）机器设备类固定资产评估说明应当包括：

①机器设备类固定资产的数量、账面原值、账面净值、减值准备等。

②机器设备类固定资产的特点、购置日期、类别、工艺流程、技术状况、日常维护和管理制度、折旧及计提减值政策等。

③机器设备类固定资产核实的方法和结果。

④评估方法选取的依据和理由，并列示主要计算公式、参数涵义及参数确定的方法。

⑤采用成本法评估,应当说明重置全价的构成、各费用项目的测算过程、采用的价格和费用标准等;说明设备成新状况(或者增值贬值因素)以及进行量化的方法及依据。对于待修理设备,应当说明修复的可能性及预计费用。

⑥采用收益法(对可单独获利的机器设备)评估,应当说明其收益状况及收益额预测过程和结果,折现率确定的方法及结果。

⑦采用市场法(对存在活跃二手设备市场的机器设备)评估,应当说明交易价格的基本内涵、交易时间等情况。

⑧根据评估项目的具体情况,应当选择典型设备(一般指单台金额大、技术典型的设备)举例说明评估参数的测算和判断以及评估值确定的方法、过程和结果。

⑨对于精密、大型、高价的设备,应当说明技术和使用状况;对于报废的设备,应当说明变现的可能性。

⑩对于国家强制淘汰、报废的设备,受火灾、水灾浸泡或者地震等其他因素导致设备严重毁损的情况,应当特别提示,并说明改变用途使用和原用途继续使用的可能性。

⑪大型或者重型设备的建筑基础,按房屋建筑物类固定资产评估说明的要求编写。

(2) 房屋建筑物类固定资产评估说明应当包括:

①房屋建筑物类固定资产的类型、数量、账面原值、账面净值、减值准备等。

②房屋建筑物类固定资产购建日期、结构型式、权属状况、日常维护和管理制度、最近一次大修或者装潢情况、折旧及计提减值政策,以及房屋建筑物类固定资产所占用土地的情况。

③房屋建筑物类固定资产核实的方法和结果。对于复杂、大型、独特、高价的房屋建筑物,应当说明已进行现场勘查以及勘查情况;对于国家强制报废的房屋建筑物,受腐蚀、过火、水灾浸泡或者地震等其他因素导致建筑物严重毁损的情况,应当特别提示,并说明核实情况。

④评估方法选取的依据和理由,并列示主要计算公式、参数含义及参数确定的方法。

⑤采用成本法评估,应当说明重置全价的构成、各费用项目的测算过程、采用的价格和费用标准等;说明房屋建筑物类资产成新状况(或者增

值贬值因素）以及进行量化的方法及依据；对于待修理房屋建筑物，应当说明修复的可能性及预计费用。

⑥采用市场法评估，应当说明选取交易实例的依据或者理由、交易实例的基本情况、成交时间、交易状况及交易价格内涵等，对所选取的交易实例，应当全面介绍比较因素、比较结果以及评估值确定的方法。

⑦采用收益法评估，应当说明其租金预测情况，以及折现率确定的方法和结果。

⑧根据评估项目的具体情况，应当选择典型房屋建筑物举例说明评估参数的测算和判断以及评估值确定的方法和过程。典型房屋建筑物应当选择能代表不同的结构型式（一般包括框架结构、框剪结构、全现浇结构、排架结构、钢排架、砖混结构、砖木结构、简易结构、钢棚结构等）、不同的分布地点、不同的建筑年代，且金额较大的房屋建筑物类资产。

⑨房屋建筑物中含大型附属设备的，应当按机器设备类固定资产评估的要求编写评估说明。

⑩对于在房屋建筑物科目核算的投资性房地产，应当按投资性房地产的要求编写评估说明。

6. 在建工程的清查核实方法；在建工程情况的说明；具体评估方法。

在建工程评估说明应当包括：

（1）在建工程的内容、账面价值、减值准备、开工日期和预计完工日期。

（2）在建工程项目的合规性文件核实情况。一般包括：项目可行性研究报告及批复、初步设计及批复、建设用地规划许可证、建设工程规划许可证、建筑工程施工许可证等。对于停建和缓建等在建项目，应当说明已进行现场勘查以及勘查情况。

（3）在建工程账面记录的明细构成，并分析相关费用支出是否正常。

（4）在建工程的形象进度、合同签订情况、已支付工程款和应付（未付）工程款情况，并说明对评估价值的影响。

（5）参照房屋建筑物、机器设备类固定资产的要求编写评估说明。

7. 土地使用权评估说明。

（1）自行评估情形下的评估说明。

说明内容应包括：

①土地的宗数、面积、土地使用权取得方式、性质、原始入账价值、摊

销政策、摊余价值等。

②土地的登记状况、权利状况、利用状况。土地的登记状况和权利状况，以土地登记、土地使用证和土地使用权出让合同中的有关内容为准，土地利用状况以建筑物、地上附着物等产权登记内容和实际勘查与调查的内容为准。

③土地的一般因素、区域因素和个别因素（一般包括：城市资源状况、房地产制度与房地产市场概况、产业政策、城市规划与发展目标、城市社会经济状况等；区域概况、交通条件、基础设施条件、环境条件、产业集聚状况和规划限制等；土地位置、面积、用途、宽度、临街状况、深度、形状、地质、地形、地势、容积率、基础设施以及评估对象现状利用或者规划利用等影响地价水平的因素）。

④土地使用权核实的方法和结果。

⑤土地使用权评估价值内涵，所选取评估方法的依据或者理由。

⑥采用市场法评估，应当说明所选交易实例的基本状况（名称、坐落、四至、面积、用途、产权状况、土地形状、土地使用期限、建筑物建成日期、建筑结构、周围环境等）、成交日期、成交价格（包括总价、单价及计价方式、付款方式）、交易情况（交易目的、交易方式、交易税费负担方式、交易人之间的特殊利害关系、特殊交易动机等）等内容，并说明交易情况、交易日期等修正情况。

⑦采用收益法评估，应当说明收益期限、净收益与折现率确定的过程和结果。

⑧采用成本逼近法评估，应当说明费用项目的构成、各费用项目的测算过程、采用的价格和费用标准等；说明与地上建筑物费用项目的划分；说明评估对象的开发期限、开发状况和相应的开发费用标准及依据；说明土地增值标准的确定方法和依据；说明修正的因素及修正过程。

⑨采用基准地价修正法评估，应当说明基准地价的公布时间，批准机关和文号，基准地价的内涵，利用基准地价估算宗地价格的公式；说明宗地位置、用途及评估对象所在级别或者区域的基准地价和对应的因素修正系数；说明评估对象的价值内涵与基准地价内涵的差异，以及修正的内容（土地级别、用途、权益性质、交易日期修正、区域因素修正、个别因素修正、使用年期修正和开发程度等）。

⑩采用假设开发法评估时，应当说明开发完成后的不动产价值、后续开

发建设的必要支出和应得利润等的确定方法、过程和结果。

（2）引用结论情形下的评估说明。

引用土地估价报告评估结论，应当说明引用报告的评估机构名称、报告名称、报告编号、出具日期等，引用的土地宗数、面积、产权权属、土地使用权取得方式、性质、原始入账价值、摊销政策、摊余价值等；说明所引用土地评估结论的地价定义、评估方法、假设前提、使用限制以及相关事项、评估结果、需要披露的重要事项及调整使用的情况。

8. 矿业权评估说明。

（1）自行评估情形下的评估说明。

说明内容应当包括：

①矿业权人的基本情况。

②矿床勘查、矿山建设规划或者矿山建设和生产经营等基本情况。

③矿业权取得时间、方式和以往矿业权价款（或者价值）评估、处置或者交易等情况。

④有效的勘查许可证、采矿许可证的主要信息（探矿权主要包括勘查许可证号、探矿权人、勘查项目名称、勘查范围、各拐点地理坐标、勘查面积、有效期限等。采矿权主要包括采矿许可证号、采矿权人、矿山名称、开采矿种、开采方式、生产规模、矿区面积、有效期限、各拐点地理坐标、开采深度等）。

⑤评估对象的矿产资源勘查和开发概况。

⑥选择评估方法的依据和理由，并列示主要计算公式及参数含义。

⑦参数确定情况，包括所依据或者参考资料的来源出处；各评估参数的确定原则、依据、过程和结果。

（2）引用结论情形下的评估说明。

引用矿业权评估报告评估结论，应当说明引用报告的评估机构名称、报告名称、报告编号、出具日期等，应当说明引用的矿业权名称、产权权属、矿业权取得方式、性质、原始入账价值、摊销政策、摊余价值等；说明所引用矿业权评估结论的价值内涵、评估方法、假设前提、使用限制以及相关事项、评估结果、需要披露的重要事项以及引用处理情况，同时说明矿业权价款评估、备案及价款缴纳情况。

9. 其他资产和负债的评估说明。

各资产负债评估技术说明应当包含资产负债的内容和金额、核实方法、评估值确定的方法和结果等基本内容。

（五）收益法评估说明

1. 说明评估对象，即企业整体价值、股东全部权益和股东部分权益。

（1）应当根据评估目的，明确评估对象，即企业整体价值、股东全部权益价值和股东部分权益价值；

（2）委托评估对象和评估范围与经济行为涉及的评估对象和评估范围是否一致，不一致的应当说明原因，并说明是否经过审计。

2. 收益法的应用前提及选择的理由和依据。

（1）收益法的定义和原理；

（2）收益法的应用前提；

（3）收益法选择的理由和依据。

3. 收益预测的假设条件。

（1）收益预测的假设条件应当结合评估项目的具体情况确定，重点关注假设是否合理、是否全面、是否与收益预测相关，并关注描述的清晰性、准确性；

（2）应提示：这些假设条件在评估基准日时成立，当未来经济环境发生较大变化时，将不承担由于假设条件改变而推导出不同评估结论的责任。

4. 影响企业生产经营的经济因素、行业状况、业务、资产及财务分析。

（1）影响企业经营的宏观、区域经济因素分析。

①国家、地区有关企业经营的法律、行政法规和其他相关文件；

②国家、地区经济形势及未来发展趋势；

③有关财政、货币政策等。

（2）所在行业现状与发展前景分析。

①行业主要政策规定；

②行业竞争情况；

③行业发展的有利和不利因素；

④行业特有的经营模式，行业的周期性、区域性和季节性特征等；

⑤企业所在行业与上下游行业之间的关联性，上下游行业发展对本行业发展的有利和不利影响。

（3）企业的业务情况分析。

①主要产品或者服务的用途；

②企业主要产品或者服务的经济寿命情况以及预期替代产品或者服务的情况；

③经营模式、生产经营的历史情况；

④企业内部管理制度、人力资源、核心技术、研发状况、销售网络、特许经营权、管理层构成等经营管理状况；

⑤企业在行业中的地位、竞争优势及劣势；

⑥企业的发展战略及经营策略等。

（4）企业的资产分析、财务分析和调整情况分析。

①资产配置和使用的情况；

②历史年度财务资料的分析总结，一般包括历史年度财务分析、与所在行业或者可比企业的财务比较分析等，主要包括但不限于收入、成本和费用分析，盈利能力、偿债能力和营运能力分析以及成长性分析等；

③对财务报表及评估中使用的资料的重大或者实质性调整；

④被评估单位经营性资产、非经营性资产、溢余资产及与其相关的收入和支出内容的分析等。

5. 评估计算及分析过程。

（1）收益模型的选取。

①选取收益法的具体测算方法及模型；

②列示计算公式并对参数进行解释与说明。

（2）收益年限的确定。

重点关注收益年限确定的过程，理由充分性、分析内容的完整性。

（3）未来收益的确定（营业收入、成本费用；投资收益；资本性支出；营运资金预测、营运资金增加额的确定）。

①生产经营模式与收益主体、口径的相关性；

②收入、营业成本、销售费用、管理费用、财务费用、营业税金及附加、折旧与摊销的预测；

③折旧与摊销、资本性支出的预测；

④营运资金、营运资金增加额的确定，包括企业历史年度有关资金营运指标的分析和营运资金增加额计算。

（4）折现率的确定。

①所选折现率的模型（公式与参数定义）；

②模型中有关参数的选取过程,如无风险报酬率(依据、过程、结论)、市场收益率(依据、参数、过程、结论)、Beta(贝塔)系数的测算;

③折现方式(期中、期末等)与评估假设、行业分析和企业分析中分析逻辑的一致性。

6. 评估值测算过程与结论。

(1) 列表说明公式中的各参数值以及测算过程,列示评估结论。

(2) 终值的估算。

①关注分析确定内容是否完整;

②终值确定中,收益确定分析是否充分;

③清算价值估算内容是否完整、是否与预测年期矛盾。

7. 其他资产和负债的评估(非经营性资产、负债和溢余资产)价值。

(1) 关注分析确定其他资产和负债评估范围是否重复或遗漏;

(2) 清查核实的方法、评估值确定方法与相关参数是否合理;

(3) 结论计算正确。

8. 收益法测算表格。

(1) 测算表格中的数据应当与评估报告相应内容一致;

(2) 关注测算表格是否齐全。

(六) 市场法评估说明

1. 评估对象(企业整体价值、股东权益价值)明示;市场法应用前提及选择的理由和依据。

(1) 说明评估对象,包括企业整体价值、股东全部权益价值、股东部分权益价值。

(2) 市场法原理。

①交易案例比较法的定义、原理、应用前提及评估选用交易案例比较法的理由;

②上市公司比较法的定义、原理、应用前提及评估选用上市公司比较法的理由;

③选取具体评估方法的理由。

2. 基本步骤说明。

(1) 搜集相关资料、对评估对象基本情况进行阐述;

（2）对被评估单位（或者产权持有单位）所在行业发展状况与前景进行分析；

（3）对被评估单位提供的评估对象财务状况进行分析、调整；

（4）分析、确定上市公司和交易案例；

（5）对上市公司或者交易案例的可比因素进行分析、调整，确定可比因素数值；

（6）估算评估对象价值。

3. 影响企业生产经营的经济因素、行业状况、业务、资产及财务分析。详见收益法相关部分。

4. 上市公司和交易案例的选择及与评估对象的可比性分析。

（1）有无相关分析；

（2）分析内容与评估实际是否吻合，如是否对业务结构、经营模式、企业规模、资产配置和使用情况、企业所处经营阶段、成长性、经营风险、财务风险等因素；

（3）恰当选择与被评估单位进行比较分析的可比企业。

5. 确定可比因素的方法和过程（特别说明对可比因素分析时考虑的主要方面），价值比率的确定过程，分析、调整评估对象财务状况的内容。

内容是否合理。

6. 评估值确定的方法、过程和结果。

（1）列表说明公式中各参数值及测算过程，列示评估结论。

①列表说明公式中的各参数值以及测算过程；

②列示评估结论。

（2）关于具有控制权和缺乏控制权等因素产生的溢价或折价的考虑情况。

①上市公司比较法中在切实可行的情况下，评估结论应当考虑控制权对评估对象价值的影响。

②控制权可能影响交易案例比较法中的可比企业交易价格。交易案例比较法在切实可行的情况下，应当考虑评估对象与交易案例在控制权方面的差异及其对评估对象价值的影响。

③交易案例比较法中如因客观条件限制无法考虑控制权对评估对象价值的影响，应当在资产评估报告中披露其原因以及可能造成的影响。

（3）关于流动性对评估价值影响的考虑情况。

①上市公司比较法中在切实可行的情况下，评估结论应当考虑流动性对评估对象价值的影响。

②交易数量可能影响交易案例比较法中的可比企业交易价格。交易案例比较法在切实可行的情况下，应当考虑评估对象与交易案例在流动性方面的差异及其对评估对象价值的影响。

③交易案例比较法中如因客观条件限制无法考虑流动性对评估对象价值的影响，应当在资产评估报告中披露其原因以及可能造成的影响。

（4）其他资产和负债的评估（非收益性/经营性资产和负债）价值。

①关注分析确定其他资产和负债评估范围是否重复或遗漏。

②清查核实的方法、评估值确定方法与相关参数是否合理。

③结论计算正确。

（5）终值的估算。

重点关注终值计算是否正确。

7. 市场法测算表格。

（1）测算表格中的数据应当与评估报告相应内容一致；

（2）测算表格是否齐全。

（七）评估结论及分析

1. 评估结论计算正确。

（1）在使用资产基础法、市场法和收益法评估资产的过程中，各项公式、模型应用正确，各项参数、比率确定正确，各种逻辑关系勾稽正确；

（2）数学计算过程和结果正确。

2. 评估结论。

（1）用文字叙述账面价值和评估价值，采用两种或者两种以上方法进行企业价值评估，应当分别说明其评估价值，以及不同评估方法结论的差异及其原因和最终确定评估结论的理由；

（2）含有"评估结论根据以上评估工作得出"的字样；

（3）对于存在多家被评估单位的情况，应当分别说明评估价值；

（4）对于不纳入评估汇总表的评估结果，应当单独列示。

3. 评估价值与账面价值比较变动情况及原因。

（1）说明评估价值与账面价值比较变动情况，包括绝对变动额和相对变动率；

（2）分析评估价值与账面价值比较变动原因。

（八）评估明细表

1. 评估明细表包括按会计科目设置的资产、负债评估明细表和各级汇总表。

2. 表头应当含有被评估资产负债类型（会计科目）名称、被评估单位（或者产权持有单位）、评估基准日、表号、金额单位、页码；表中应当含有资产负债的名称（明细）、经营业务或者事项内容、技术参数、发生（购、建、创）日期、账面价值、评估价值、评估增减幅度等基本内容。必要时，在备注栏对技术参数或者经营业务、事项情况进行注释。表尾应当标明被评估单位（或者产权持有单位）填表人员、填表日期和评估人员。

3. 评估明细表按会计明细科目、一级科目逐级汇总，并编制资产负债表（方式）的评估汇总表及以人民币万元为金额单位的评估结果汇总表。

4. 收益法评估时，评估明细表应当包括资产负债和利润调整表（如果有调整时）、现金流量测算表、收入预测表、成本及各项费用预测表、营业税金及附加预测表、营运资金预测表、折旧和摊销预测表、资本性支出预测表、折现率计算表、溢余资产和非经营性资产负债分析表等。

5. 市场法评估时，评估明细表应当包括：市场法评估结论计算表、可比上市公司或可比交易案例分析确定明细表、可比上市公司或可比交易案例相关初始价值比率明细表、比上市公司或可比交易案例相关价值比率修正过程计算表等。

第二节　常见问题

一、资产评估工作底稿中常见问题

（一）明确业务基本事项

1. 缺少相关要件，例如缺少独立性分析及评价、专业能力分析及评价；缺少评估计划或评估计划编制过于简单、针对性不强。

2. 要件未履行公司制定的审批流程。

3. 要件缺少签字或缺少日期。

……

（二）现场调查、收集资料

1. 未采用与评估项目相适应的现场调查方式的情况，例如对存货未按照倒扎方式进行盘点、存货盘点日期与评估基准日间无出入库记录及相关的检查。

2. 缺少必要现场勘查记录或现场勘查记录不完整，例如缺少主要资产房屋和设备的盘点表、照片等。

3. 采用函证程序时，无函证资料，或者函证结果与企业申报数据不符，且未对不符情况进行分析说明。

4. 主要资产无询价记录，或者询价记录不支持评估作价。

5. 无访谈记录，或访谈记录内容过于简单或针对性不强，无实质性内容。

6. 收集资料不齐全，或所收集的资料不支持评估结果；例如评估底稿中对企业经营状况、历史业绩、发展趋势、资产配置和使用情况等资料不完整、不详细，未来收益预测缺乏宏观和微观数据的支撑资料。

7. 资产评估申报明细表无申报方盖章确认。

8. 收益法评估底稿中预测依据、取值过程分析较少。

9. 市场法对比较案例信息描述不充分。

10. 评估程序受限，未采取替代措施。

……

（三）评定估算

1. 收益法。

（1）非经营性资产、负债和溢余资产识别有误，例如：对应付账款中工程性质款项未进行识别剔除。

（2）未对收集的收益法资料进行必要分析，如收入预测增长率远高于行业增长率，未进行合理性分析。

（3）主要参数取值无支撑资料，如简单将企业前三季度的收入平均值作为第四季度收入预测值，缺少支撑依据。

（4）营运资金公式错误，如：营运资金公式＝最低货币资金保有量＋应收账款＋存货＋应付账款，该公式中应付账款处理错误，正确应为：最低货币资金保有量＋应收账款＋存货－应付账款；计算评估基准日最低货币资金保有量时，未考虑折旧摊销金额的影响；如评估基准日为2023年6月30日非整年时，第一期追加额＝2023年7～12月营运资金－评估基准日营运资金，公式错误，正确应为：第一期追加额＝2023年整年营运资金－评估基准日营运资金。

（5）主营业务成本及三项费用中的折旧摊销数据加总与折旧摊销明细表中汇总数据不一致。

（6）所得税计算错误，如未考虑弥补亏损；未考虑研发加计扣除；合并口径测算时，未说明实际所得税税率取值依据。

（7）折现率计算有误，如可比公司贝塔剔除财务杠杆时未考虑所得税因素影响。

（8）折现期限计算有误，如评估基准日2023年3月31日，采用年中折现，第一期折现期限为0.375，第二期折现期按照1＋0.38计算，正确应为第一期折现期限为0.375，第二期折现期按照1.25。

2. 市场法。
（1）选取的可比公司、可比案例与标的公司不具可比性。
（2）价值比率计算的相关数据口径和计算方式不一致。
（3）市场法公式链接错误。

3. 资产基础法。
（1）未能合理识别对评估对象价值有重大影响的表外资产、负债，如表外商标权、著作权、域名、专利。
（2）对各项资产评估时，未考虑其价值受其对企业贡献程度的影响。
（3）各项资产评估中存在公式错误。

二、资产评估报告中常见问题

1. 评估目的与经济行为文件、委托合同中评估目的不一致，评估目的过于笼统。

2. 缺少必要的评估依据，或错误使用评估依据。如国有资产股权转让项目缺少《企业国有资产交易监督管理办法》等文件；使用的评估依据文件已失效或作废。

3. 评估方法选择不当或依据不充分。评估方法适用性分析与实际评估测算选取的评估方法不一致；采用的评估方法未完全体现资产价值；方法选用的理由不充分等。

4. 评估假设不合理。如评估假设现金流均匀流入流出，收益法测算时采用年末折现；风电、光伏等有限期经营企业，评估假设中按照企业持续经营假设。

5. 特别事项披露不完整。如引用或利用专业报告的，未按照评估准则要求披露相关内容；评估程序受限时，未说明评估程序受限情况及采取的弥补措施，未说明程序受限对评估结论的影响；未披露未决事项、法律纠纷等不确定因素。

6. 资产评估报告附件不完备，例如缺少评估对象所涉及的主要权属证明资料；资产账面价值与评估结论有较大差异却未作说明。

第三节　相关案例

一、行政处罚案例

（一）财政部门行政处罚

1. 财政部行政处罚事项决定书（财监法〔202×〕××号）

当事人：××房地产资产评估事务所有限公司

地址：……

根据《中华人民共和国资产评估法》等法律的规定，我部组织检查组，于202×年×月至×月对你公司202×年度执业质量等情况开展了检查。检查发现的主要问题和行政处罚决定如下：

一、检查发现的主要问题

检查发现，你公司出具的《GS产业投资集团有限公司拟以其持有的ZL公司股权作为对GL公司的出资所涉及的ZL公司股东全部权益价值资产评估报告》（××评报字〔202×〕第1030号，以下称第1030号报告）、《WL公司拟增资扩股所涉及的其股东全部权益价值资产评估报告》（××评报字〔202×〕第1009号，以下称第1009号报告）等2份报告存在以下问题：

（一）第1030号报告存在收益法部分参数计算错误。

1. 营运资金预测中未考虑出口退税尚未收到对营运资金占用的影响，导致评估结论差异5074.39万元（在其他条件不变的情况下，造成评估结论高估），差异率为17.96%。

2. 现金流中加回的折旧摊销金额与利润表预测的折旧摊销金额不一致，导致评估结论差异498.86万元（在其他条件不变的情况下，造成评估结论高估），差异率为1.77%。

3. 人工成本费用计算错误，导致评估结论差异325.77万元（在其他条件不变的情况下，造成评估结论高估），差异率为1.15%。

（二）第1009号报告存在土地使用权评估容积率修正系数计算错误。

土地使用权评估容积率修正系数计算中，未按照评估报告列示的公式进行计算，导致评估结论差异6516.5万元（在其他条件不变的情况下，造成评估结论高估），差异率为9.44%。

二、行政处罚决定

依据《资产评估行业财政监督管理办法》第四十六条，我部认定上述事项构成重大遗漏，违反了《中华人民共和国资产评估法》第十四条、第二十条，《资产评估基本准则》第五条，《资产评估执业准则——企业价值》第五条等有关规定。

上述事实，有检查报告、检查工作底稿、当事人签证和反馈意见等证据予以证实。

依据《中华人民共和国资产评估法》第四十七条的规定，我部决定给予你公司警告、责令停业三个月的行政处罚。

财政部

2023年11月30日

2. 财政部行政处罚事项决定书（财监法〔202×〕××号）

当事人：××土地房地产资产评估咨询有限公司

地址：山东省……

根据《中华人民共和国资产评估法》的规定，财政部组织检查组对你公司执业质量进行了检查。检查发现的主要问题和行政处罚决定如下：

检查发现，你公司出具的《CJ 公司核实 YH 公司股东全部权益价值资产评估报告》（××评报字〔202×〕第 035 号），存在未按评估报告中列明的《资产评估专家指引第 3 号——金融企业收益法评估模型与参数确定》实施评估程序，计算模型中未考虑"资本充足率"这一重要参数，营业外收支净额应用错误导致评估结果差异巨大（在其他条件不变的情况下，造成高估），现场调查不规范等问题。

依据《资产评估行业财政监督管理办法》第四十六条，我部认定上述事项构成重大遗漏，违反了《中华人民共和国资产评估法》第二十条、第二十五条，《资产评估基本准则》第五条、第十三条，《资产评估执业准则——资产评估程序》第十九条，《资产评估执业准则——企业价值》第五条等有关规定。

上述事实，有检查工作底稿、当事人签证和反馈意见、听证笔录等相关证据予以证实。

根据《中华人民共和国资产评估法》第四十七条的规定，我部决定给予你公司警告，并责令停业三个月的行政处罚。

如不服本处罚决定，可以在接到本决定书之日起六十日内，依法向我部申请行政复议；或者在接到本决定书之日起六个月内，依法向北京市第一中级人民法院提起行政诉讼。除法律另有规定外，行政复议和行政诉讼期间，本处罚决定不停止执行。

财政部
2022 年 10 月 26 日

3. 财政部行政处罚事项决定书（财监法〔202×〕××号）

当事人：××资产评估事务所（特殊普通合伙）

地址：北京市……

根据《中华人民共和国资产评估法》的规定，财政部组织检查组对你所执业质量进行了检查。现将查出的主要问题和行政处罚决定如下：

检查发现，你所出具的 ZB 房地产开发有限公司（以下称 ZB 公司）增资涉及的全部股权价值的资产评估报告（××评报字〔201×〕第 07-010 号）及底稿中，使用假设开发法计算 ZB 公司主要资产土地的资产评估值时（全部股权价值评估采用资产基础法），测算土地上计划开发住宅楼盘未来预期总收入的核心参数"每平米住宅单价"取值无依据，严重低于评估基准日的市场价值，构成重大遗漏。

上述行为违反了《中华人民共和国资产评估法》第二十条的规定。

上述事实，有检查报告、检查工作底稿、当事人签证和反馈意见等相关证据予以证实。

你所出具上述资产评估报告，对上述问题负有法律责任。根据《中华人民共和国资产评估法》第四十七条规定，我部决定给予你所警告的行政处罚。

如不服本处罚决定，可以在接到本决定书之日起 60 日内，依法向我部申请行政复议；或者在接到本决定书之日起 6 个月内，依法向北京市第一中级人民法院提起行政诉讼。除法律另有规定外，行政复议和行政诉讼期间，本处罚决定不停止执行。

财政部

2020 年 2 月 24 日

4. 财政部行政处罚事项决定书（财监法〔202×〕××号）

当事人：四川×××资产评估有限公司

地址：四川省……

根据《中华人民共和国资产评估法》等法律的规定，我部组织检查组，于 202×年×月至×月对你公司 202×年度执业质量进行了检查。检查发现的主要问题和行政处罚决定如下：

一、检查发现的主要问题

检查发现，你公司出具的《成都 XJ 制造产业投资有限公司拟收购股权涉及的 GB 人寿保险股份有限公司股东全部权益价值评估项目资产评估报告》（×××评报字〔202×〕第 023 号，以下简称第 023 号报告），报告存在以下问题：

（一）第 023 号报告存在市净率计算错误。市场法评估中采用的可比案例 FXLH 健康保险股份有限公司的市净率有误。根据可比案例相关公告中数据，计算出该交易对应的市净率应为 1.77，而评估报告采用的市净率为 3.44。该错误导致评估差异 63600 万元（在其他条件不变的情况下，造成高估），差异率为 18.37%。

（二）略

二、行政处罚决定

依据《资产评估行业财政监督管理办法》第四十六条，我部认定上述事项构成重大遗漏，违反了《中华人民共和国资产评估法》第十四条、第二十条，《资产评估基本准则》第五条，《资产评估执业准则——企业价值》第三十四条，《资产评估执业准则——不动产》第二十条，《资产评估执业准则——资产评估程序》第十九条、第二十一条等有关规定。

上述事实，有检查报告、检查工作底稿、当事人签证和反馈意见等相关证据予以证实。

依据《中华人民共和国资产评估法》第四十七条的规定，我部决定给予你公司警告的行政处罚。

如不服本处罚决定，可以在接到本决定书之日起六十日内，依法向我部申请行政复议；或者在接到本决定书之日起六个月内，依法向北京市第一中级人民法院提起行政诉讼。除法律另有规定外，行政复议和行政诉讼期间，本处罚决定不停止执行。

财政部
2023 年 5 月 16 日

（二）证监会行政处罚

1. 中国证监会行政处罚决定书〔202×〕××号

依据《中华人民共和国证券法》（以下简称《证券法》）的有关规定，我局对某评估所对 ZM 文旅发展有限公司收购 X 公司评估项目执业未勤勉尽责行为进行了立案调查、审理，并依法向当事人告知了作出行政处罚的事实、理由、依据及当事人依法享有的权利。本案现已调查、审理终结。

经查明，某评估所存在以下违法事实：

一、评估项目基本情况

2021年6月8日，某评估所与M文化公司子公司ZM文旅发展有限公司（以下简称ZM文旅）签订《资产评估委托合同》，约定某评估所对M文化公司拟收购X公司股东全部权益价值进行评估并出具报告。202×年×月×日，某评估所出具《ZM文旅收购股权所涉及的X公司股东全部权益价值评估项目资产评估报告》（××评报字〔202×〕第×××号，以下简称《评估报告》）。

二、评估工作存在的问题

（一）《评估报告》存在虚假记载。《评估报告》特别事项中记载，"经评估人员现场走访J市F县国土资源局相关部门负责人，了解到该地块由于自身发展规划未确定的原因导致该土地一直未开发，相关部门对该地块后续开发的态度为待开发时与企业协商具体开发条件，若达成一致企业可继续对该地块正常建设开发"。在上述走访中，被访谈人反馈其无权限回复，也未对X公司土地是否可以正常开发等问题作出明确答复，《评估报告》中上述记载缺乏客观依据，构成虚假记载。《评估报告》所述土地于202×年×月×日被当地人民政府批复同意无偿收回。

（二）未保持应有的职业谨慎，未合理评估、应对项目存在的重大业务风险，重要评估程序未有效执行。

1. 2021年4月28日，X公司原股东L某持有的X公司99%股份工商登记变更为MS文旅。在某评估所承接业务前，评估标的已完成股权转让工商变更。某评估所在开展评估工作过程中，在已关注到评估标的股权已完成工商登记变更的情况下，未对该异常情况保持应有的职业谨慎，未充分识别、评估X公司项目风险。

2. 某评估所在执业过程中，对X公司账面唯一资产即前述土地，取得了《国有建设用地土地使用权出让合同》、出让款缴纳收据、《国有建设用地使用权出让合同变更协议》等资料，关注到X公司该土地长期未办理使用权证、自2012年以来一直未按约定开发，并被当地政府作为闲置土地对外公示的情况下，未进一步核实评估闲置土地存在被无偿收回的重大风险以及该事项对评估结论产生的影响。

3. 某评估所将访谈当地主管部门作为上述土地评估的重要程序。在实际执行过程中，未核实被访谈人员身份，未形成访谈记录，未对访谈结果在《评估报告》中作出真实记载，访谈流于形式。

上述违法事实，有资产评估报告、资产评估工作底稿、资产评估委托合同及收费凭证、相关公告、询问笔录等证据证明，足以认定。

某评估所的上述行为，不符合《资产评估基本准则》第四条、第五条、《资产评估执业道德准则》第四条、第十六条、《资产评估执业准则——资产评估程序》第六条、第十五条、第十六条第二款、《资产评估执业准则——资产评估报告》第四条、第七条、《资产评估执业准则——企业价值》第五条、第七条、《资产评估对象法律权属指导意见》第四条、第八条第一款、第八条第四款的相关规定，违反了《证券法》第一百六十三条的规定，构成《证券法》第二百一十三条第三款所述的违法行为。

某评估所在陈述申辩材料及听证过程中提出：

第一，《评估报告》特别事项关于访谈的记载构成虚假记载的事实不成立。一是评估底稿及相关访谈录音中被访谈人谈话中没有"其无权限回复"的内容；二是由国土部门对该土地是否可以正常开发等问题作出明确回复超出其法定职权；三是被访谈人提及该土地的开发必须在取得土地使用权证后，国土部门可协调取得权证后的开发。

第二，关于《评估报告》所述土地于 2021 年 6 月 4 日被当地人民政府批复同意无偿收回的事实对《评估报告》的影响。一是不能仅依据政府内部批复时间就认定该土地使用权立即被无偿收回的法律事实。二是不能认定土地被当地人民政府收回的法律行为时间是在某评估所做出的《评估报告》之前。某评估所在评估过程中未获知上述信息，根据访谈录音被访谈人也未告知。三是当地人民政府批复同意无偿收回的是 S 市 XY 公司的闲置土地，与《评估报告》所涉土地使用权人 X 公司无直接联系。

第三，对"未保持应有的职业谨慎，未合理评估、应对项目存在的重大业务风险，重要评估程序未有效执行"的认定错误。一是评估标的股权已完成工商登记变更，但股权转让协议未约定股权转让价格，《评估报告》评估目的系为委托人收购目标公司股权提供价值参考，上述相关约定与现行法律规定并无冲突。二是已按评估准则要求履行公开信息渠道查询、访谈等必要核查验证程序，已充分关注闲置土地被无偿收回风险。三是已核实被访谈人身份。《评估报告》所涉土地位于现场走访区域，属于被访谈人职权管辖范围。

综上，某评估所认为不应对其行政处罚。

经复核，对于当事人提出的陈述申辩意见，我局认为：

第一，关于虚假记载事实。某评估所评估底稿中无访谈相关记录。根据某评估所访谈人员询问笔录，被访谈人反馈因管辖权限原因，对某评估所访谈所涉土地是否可以正常开发等问题均未作出明确回复。某评估所在听证会后提交的访谈录音（以下简称访谈录音）证实了上述情况。评估报告特别事项中关于访谈的记载与访谈实际情况不符。

第二，根据某评估所取得的《国有建设用地使用权出让合同变更协议》等评估底稿，《评估报告》所涉土地使用权系 X 公司经当地国土部门同意自 S 市 XY 公司受让取得，与当地人民政府批复同意无偿收回的土地为同块宗地。同时，访谈录音显示被访谈人对于访谈问题多次表示该土地不属于其管辖，并明确告知管辖部门。对访谈所涉土地是否可能被收回问题，被访谈人在录音中并未作出回应。

第三，对"在承接业务前评估标的已完成工商变更登记"这一异常情况，某评估所未将其作为评估业务风险迹象，未按《资产评估准则》要求对业务风险等进行综合分析和评价，未充分识别、评估 X 公司项目风险。针对被访谈人反馈无权限回复、未对访谈问题作出明确答复情况，某评估所未执行进一步程序，未进一步核实评估闲置土地存在被无偿收回的重大风险。

综上，对于当事人的陈述申辩意见我局不予采纳。

根据当事人违法行为的事实、性质、情节与社会危害程度，依据《证券法》第二百一十三条第三款的规定，我局决定：

一、对某评估所责令改正，没收业务收入 11.32 万元，并处以 50 万元罚款。

上述当事人应自收到本处罚决定书之日起 15 日内，将罚没款汇交中国证券监督管理委员会，当事人如果对本处罚决定不服，可在收到本处罚决定书之日起 60 日内向中国证券监督管理委员会申请行政复议，也可在收到本处罚决定书之日起 6 个月内直接向有管辖权的人民法院提起行政诉讼。复议和诉讼期间，上述决定不停止执行。

中国证券监督管理委员会浙江监管局
2023 年 11 月 21 日

2. 中国证监会行政处罚决定书〔202×〕××号

当事人：××资产评估有限公司（以下简称××评估），住所：上海市……。

李某，项目签字注册评估师，住址：上海市……。

杨某，项目签字注册评估师，住址：上海市……。

依据 2005 年修订的《中华人民共和国证券法》（以下简称 2005 年《证券法》）的有关规定，我会对××评估违法违规的行为进行了立案调查、审理，并依法向当事人告知了作出行政处罚的事实、理由、依据及当事人依法享有的权利，应当事人××评估、李某及杨某的申请，我会于 202×年×月××日举行了听证会，听取了当事人及其代理人的陈述和申辩意见。本案现已调查、审理终结。

经查明，当事人存在以下违法事实。

一、评估项目基本情况

2018 年 8 月 20 日，××评估接受 OBT 委托，对 OBT 拟收购的 HX 等标的资产的股东全部权益价值进行评估，评估基准日为 2018 年 6 月 30 日。2018 年 11 月 5 日，××评估出具《OBT 公司拟发行股份及支付现金购买资产所涉及的 HX 公司股东全部权益价值评估报告》（××评报字（20××）第×××号，以下简称《评估报告》）、《OBT 公司拟发行股份及支付现金购买资产所涉及的 HX 公司股东全部权益价值评估说明》（××评报字（20××）第×××号，以下简称《评估说明》），签字注册评估师为李某、杨某。

二、对 HX 公司股东权益价值进行评估时实际使用的统计口径与其出具的评估说明不相符

根据《评估报告》《评估说明》，对 HX 公司营业收入预测是评估测算过程的起点，由于 HG 项目营业收入在 HX 公司营业收入中占比最高，该类业务营业收入预测对评估结果具有重要的影响。HG 业务截至 2018 年 9 月已签订合同或已取得中标通知书项目的金额为 3991.83 万元，××评估据此预

计 2018 年 HG 业务全年合同金额为 3991.83÷9×12＝5322.44（万元），据此预测后续年度该类业务合同金额和营业收入（按合同金额和一定的转换率计算）。

《评估说明》对 HG 业务截至 2018 年 9 月实现 3991.83 万元的表述为"已签订或已取得中标通知书项目""已签订合同金额"，但实际使用的统计口径并不是按照相关合同的签订时间或项目中标时间，而是根据 HX 公司提供的《合同台账－20180908（追加业务分类）》，按其中的合同排序号（该排序号由 HX 公司自行编制）筛选出其中含有"2018"字段的项目，无论这些项目是否实际在 2018 年 1~9 月期间签订合同或中标，均纳入统计范围。但在项目没有合同排序号时，又按照其合同签订或中标时间纳入统计范围，上述统计口径相互矛盾。

××评估在对上述 3991.83 万元进行统计时，编制了一份《3991.83 万元构成表》，表中详细列示了构成上述 3991.83 万元的 61 个 HG 项目的信息。但其中有 3 个项目（金额合计 38.70 万元）合同签订时间早于 2018 年 1 月 1 日，并且在 2018 年之前就已确认收入，这 3 个项目在 2018 年之后已不可能再产生收入，根据××评估测算合同首年转换率的逻辑，不应纳入统计范围；有 4 个项目（金额合计 1114.70 万元）无合同排序号，其合同签订时间或项目中标时间均晚于 2018 年 9 月 30 日，按照《评估说明》相关表述及××评估实际统计口径，均不应纳入统计范围。上述 7 个项目的合同金额合计 1153.40 万元，占 3991.83 万元的比例达 28.89%。

此外，××评估在对评估值具有重大影响的合同转换率、合同增长率、工程测量收入方面存在预测依据不充分的情形。

三、××评估在评估过程中对 HX 公司营运资本金额计算错误

根据《评估说明》，××评估在测算 HX 公司未来年度预计营运资本增加额时，认为 HX 公司 2019 年以后每年营运资本增加额＝(本期收入－上期收入)×营运资本率，其中营运资本率采用固定比率 30%。但××评估在计算 2019 年营运资本增加额时，使用的公式却是 (2019 年收入－2018 年 7 至 12 月收入)×营运资本率，从而计算出 2019 年营运资本增加额为 936 万元，如果根据正确的公式，2019 年营运资本实际增加额应为 (2019 年收入－2018 年收入)×营运资本率，即 108.16 万元。另外，《评估说明》显示其 2022 年、2023 年营运资本增加额分别为 756.60 万元、407.40 万元，按照

公式计算的实际增加额应分别为407.40万元、349.20万元。

我会按照《评估说明》中列示的评估过程，使用HG业务调整后合同金额以及2019年、2022年和2023年调整后的营业资本增加额进行计算，最终得到HX公司在评估基准日（2018年6月30日）的股东全部权益价值为12751万元，××评估测算的HX公司基准日股东全部权益价值为17750万元，与按上述调整后数据测算的结果12751万元相差4999万元，该差异占评估值17750万元的比例达到28.16%。

我会认为，××评估在统计HG项目2018年1~9月合同金额时，将不属于上述期间签订合同或中标的项目纳入合同范围，与其出具的《评估报告》《评估说明》中使用的统计口径明显不相符，导致在此基础上计算的2018年全年HG项目合同金额被高估，对未来期间营业收入预测和使用收益法下的最终评估结果产生重大影响。同时，××评估在对评估值具有重大影响的合同转换率、合同增长率、工程测量收入方面存在预测依据不充分的情形，且评估人员对我会发现的错误拒绝重新计算HX公司在基准日的股东全部权益价值。

××评估的上述行为违反了2005年《证券法》第一百七十三条"证券服务机构为证券的发行、上市、交易等证券业务活动制作、出具审计报告、资产评估报告、财务顾问报告、资信评级报告或者法律意见书等文件，应当勤勉尽责，对所依据的文件资料内容的真实性、准确性、完整性进行核查和验证……"的规定，构成2005年《证券法》第二百二十三条"证券服务机构未勤勉尽责，所制作、出具的文件有虚假记载、误导性陈述或者重大遗漏"所述情形。签字注册评估师李某、杨某是上述行为直接负责的主管人员。

在听证及陈述申辩中，××评估及李某、杨某提出如下申辩意见：

第一，关于"《行政处罚事先告知书》认定4个项目（金额合计1114.70万元）无合同排序号，其合同签订时间或项目中标时间均晚于2018年9月30日，不应纳入统计范围"的申辩意见：（1）上述四个合同或中标通知书（公告）是真实存在的，且该四个项目均为2018年9月前在做的当年新开工项目。（2）本次报告出具时间为2018年11月5日，注册评估师在出报告前跟企业确认了中标公告的金额和日期，虽然合同的中标日期略有延迟，但属于预测期内。根据实质重于形式的原则，认为预测统计口径没有实质问题。（3）《评估说明》中关于项目统计口径的表述虽然不是十分精准，但并不影响事实以及注册评估师对事实的判断。《评估报告》日期是11月，此时，企业管理层对全年的合同预测会更加准确，9月的项目金额统计数只是为预测全年合同金额做准备。注册评估师预测的全年合同金额为5322.44万元，实际上企业全年合同金额为5946.23万元。（4）沿河县及余庆县多份员工的差旅报销单及项目文件日期均早于2018年9月，可以证明沿河县及余庆县三调项目已经开工。

《行政处罚事先告知书》认定的晚于2018年9月30日的4个项目实际为2018年9月前在已经的新开工当年项目，且9月的项目金额统计数只是为预测全年合同金额做准备，将其纳入并无不妥。

第二，此次预测情况跟标的企业实际经营情况的说明。

1. 2018年预测收入情况及实际收入情况：2018年HX公司会计报表显示，2018年7~12月实现收入5615.97万元。收益法2018年7~12月预测收入4797.00万元，实际收入较预测收入高818.97万元；2018年7~12月HX公司实现净利润1397.78万元，收益法2018年7~12月预测净利润为700.40万元，实际净利润较预测净利润高697.38万元。

2. 2018年预测合同金额及实际合同金额情况：2018年全年实际签署或取得中标通知书的项目金额合计为5946.23万元，高于2018年注册评估师全年预测合同金额5322.44万元。因此注册评估师对2018年7~12月的收入和利润、2018年全年合同金额的预测是合理、谨慎的。

第三，综合HG业务调整后合同金额以及营运资本增加额后计算的HX公司股东全部权益价值与原报告评估值差异情况的申辩意见。考虑HG业务调整后合同金额［3991.83－38.70－81.70－100.00＝3771.43（万元）］以及2019年、2022年和2023年调整后的营运资本增加额进行计算，最终得到HX公司评估基准日的股东全部权益价值为17540万元，较前次测算评估值17750万元低210万元，该差异占评估值的比例为1.18%，而不是《行政处罚事先告知书》中的28.89%。

第四，我会对××评估、李某、杨某行政处罚过重的申辩意见。纵观近年来证监会的检查情况，一般以出具警示函，达到教育目的为主；对于性质恶劣、严重影响到资本市场声誉以及股民利益的案件处以罚款等行政处罚。本报告虽有不精准和瑕疵，但本案的起因是执业质量检查，影响非常有限，不涉及资本市场的声誉以及股民的利益。更主要的是，××评估和注册评估师已经认识到了错误和不足，本次检查已经起到了警示和教育目的，我们一定引以为戒，认真整改，提高评估质量。请求减轻或免于处罚。

经复核，我会认为：

第一，根据在案证据以及××评估提交的材料，该4个项目（金额合计1114.70万元）实际取得合同、中标公告或中标通知书的时间均在2018年9月30日之后，但××评估将其纳入2018年1~9月的"已签订合同或已取得中标通知书项目"，构成HG项目2018年1~9月已签订合同或已取得中标通知书项目的金额3991.83万元的重要组成部分，占比达到27.92%，并且根据$3991.83 \div 9 \times 12 = 5322.44$（万元）的公式来估算2018年全年HG项目的合同金额。××评估将尚未取得合同、中标公告或中标通知书的项目纳入评估依据，并据此测算HG项目2018年全年合同金额，不仅与其出具的《评估说明》中的表述明显不符，实际上是对相同的项目进行重复测算，虚增了HG项目全年的合同金额。

关于××评估提供的《Y县三调项目开工单》、《Q县三调项目开工单》、部分差旅报销文件等和数据资料截图，一是上述开工单既未存放在评估底稿中，也未见提供方的盖章，无法核实来源。二是开工单本身以及存在早于2018年9月的差旅报销文件及数据资料截图等并不足以对HX公司是否在2018年9月之前已启动相关项目提供任何实质性的证明，对于"订单启动时间"远早于相关项目中标公告日期这一明显有悖于常理的现象，评估工作底稿中也未见××评估履行核实异常情况的程序，开工单不具备关联性。三是2019年1月，××评估就我会的反馈意见先后出具2次回复，分别为《关于OBT公司行政许可项目审查一次反馈意见通知书中有关评估事项的回复（修订稿）》（由OBT于20××年×月××日在深圳证券交易所网站公开披露，以下简称××评估20××年×月××日回复1）、《关于OBT公司行政许可项目审查一次反馈意见通知书中有关评估事项的回复（第二次修订稿）》（由OBT于20××年×月××日在深圳证券交易所网站公开披露，以下简称××评估20××年×月××日回复2），回复1第1-4-47页和回复2第1-4-49页均显示"Q县三调项目"的开工时间为2018年11月，与××评估提交的《Q县三调项目开工单》记录的订单启动时间（2018年6月10日）和申诉书中的解释明显不符；回复1第1-4-48页和回复2第1-4-51页均显示"新建铁路盘县至兴义线用地勘测定界"项目开工时间为 2018 年 11 月，这也与申诉书中的解释明显不符。四是无论"Q 县三调项目""Y 县三调项目"是否在 2018 年 9 月前就已经开工，但其中标时间均在 2018 年 9 月 30 日之后，××评估却将这些项目均纳入 HG 项目截至 9 月 30 日已取得合同或已中标的范围，并在这个范围基础上，按截至 2018 年 9 月已签订合同或已取得中标通知书项目的金额÷9×12 的方法来估算 HG 项目全年合同金额，实际上是进行了重复计算，放大了全年合同金额。

综上，我会对此项陈述申辩意见不予采纳。

第二，××评估是否已勤勉尽责、《评估报告》和《评估说明》是否存在虚假记载、误导性陈述或者重大遗漏，应结合评估时所依据的材料来看，后续是否能够较好地完成合同金额预测并不能成为《评估报告》《评估说明》不存在虚假记载、误导性陈述或者重大遗漏的免责理由。此外，JH 证券有限公司出具的核查意见已确认 HX 公司 2018 年 7~12 月的收入和净利润数据未经审计，××评估也未能提供 HX 公司 2018 年全年所有合同签订情况的证明。

综上，我会对此项陈述申辩意见不予采纳。

第三，有 3 个项目（金额合计 38.70 万元）合同签订时间早于 2018 年 1 月 1 日，并且在 2018 年之前就已确认收入，有 4 个项目（金额合计 1114.70 万元）无合同排序号，其合同签订时间或项目中标时间均晚于 2018 年 9 月 30 日，上述 7 个项目的合同金额合计 1153.40 万元，占 3991.83 万元的比例达 28.89%，计算无误。我会对此项陈述申辩意见不予采纳。

第四，综合本案的事实、性质和情节，对××评估采取"没一罚三"的幅度并无不妥，我会对李某、杨某的陈述申辩意见部分予以采纳，对李某、杨某的处罚金额下调为 5 万元。

根据当事人违法行为的事实、性质、情节与社会危害程度，依据 2005 年《证券法》第二百二十三条的规定，我会决定：

一、责令××资产评估有限公司改正，没收××资产评估有限公司业务收入 14 万元，并处以 42 万元的罚款；

二、对李某、杨某给予警告，并分别处以 5 万元的罚款。

上述当事人应自收到本处罚决定书之日起 15 日内，将罚没款汇交中国证券监督管理委员会，当事人如果对本处罚决定不服，可在收到本处罚决定书之日起 60 日内向中国证券监督管理委员会申请行政复议，也可在收到本处罚决定书之日起 6 个月内直接向有管辖权的人民法院提起行政诉讼。复议和诉讼期间，上述决定不停止执行。

中国证监会
2021 年 10 月 25 日

二、行政监管措施案例

1. 行政监管措施的决定

北京××资产产评估有限责任公司、解某、李某：

经查，你们在执行 TM 公司（现更名为 HZ 公司，以下简称 TM 公司或公司）2019~2022 年共 17 个涉及股权收购相关项目进行评估中存在以下问题。

一、评估证据不充分

一是部分评估报告在进行收入、成本、费用等预测时，直接按照评估对象相关人员提供的数据进行填列，未对测算数据进行合理性分析及核查。

二是部分评估报告将评估对象长期股权投资、职工薪酬、办公费、房租等评估为零，评估底稿无分析说明。

上述情形不符合《资产评估执业准则——资产评估程序》(2018) 第十三条、第十九条、《资产评估执业准则——企业价值》(2018) 第二十三条、《资产评估执业准则——资产评估档案》(2018) 第六条的规定。

二、可比公司选取缺乏合理依据

一是部分评估报告采用市场法估值，在选取可比公司时，未将数据参数的差异性作为考量因素。

二是部分评估报告在进行收入预测时，你们对可比公司进行了更换或剔除等，无相关原因分析，无评估说明。

上述情形不符合《资产评估执业准则——资产评估程序》(2018) 第十九条、《资产评估执业准则——资产评估方法》(2019) 第六条、第七条的规定。

三、评估报告披露错误

一是部分评估报告披露的评估方法与实际采用的不一致。

二是部分评估报告披露的资产负债表合并数据不平。

上述情形不符合《资产评估基本准则》（2017）第五条、《资产评估执业准则——资产评估报告》（2018）第四条的规定。

四、评估底稿存在缺陷

一是部分评估报告在进行收入预测时，未将合同、评估对象审计报告等重要资料纳入评估底稿。

二是部分评估报告底稿描述前后不一致，记录有误。

三是部分评估报告主营业务成本实际测算采用方法和评估说明描述不一致。

上述情形不符合《资产评估执业准则——基本准则》（2017）第五条、《资产评估执业准则——资产评估档案》（2018）第六条、第七条的规定。

以上行为违反了资产评估执业准则等有关要求，违反了《上市公司信息披露管理办法》第五十二条、第五十四条、《上市公司信息披露管理办法》第四十五条、第四十七条的规定。解某、李某作为签字资产评估师，对上述相关行为应承担主要责任。按照《上市公司信息披露管理办法》第六十五条、《上市公司信息披露管理办法》第五十五条的规定，我局决定对你们采取出具警示函的监督管理措施，并记入证券期货市场诚信档案。你们应严格遵照相关法律法规和资产评估执业准则的规定，及时加强质量控制，确保评估执业质量。你们应当在收到本决定书之日起 15 个工作日内向我局报送整改报告。

如果对本监督管理措施不服，可以在收到本决定书之日起 60 日内向中国证券监督管理委员会提出行政复议申请，也可以在收到本决定书之日起 6 个月内向有管辖权的人民法院提起诉讼。复议与诉讼期间，上述监督管理措施不停止执行。

浙江证监局
2023 年 12 月 19 日

2. 行政监管措施的决定

××资产评估土地房地产估价有限公司、程某、钟某：

经查，你公司接受 XZ 公司委托，对其股东全部权益价值进行评估，执业过程中存在以下问题。

一、营业收入预测缺乏充分依据且未关注期后事项

你公司在收益法评估中，简单将 XZ 公司 2022 年前三季度的收入平均值作为 2022 年第四季度收入预测值，缺乏充分依据。且未充分关注基准日至评估报告日期间的实际经营情况，并考虑期后事项可能对评估结果产生的影响，致使 2022 年四季度收入预测值与实际值之间存在高达 50% 的偏差，亦对以后年度预测值产生重大影响。以上情形不符合《资产评估执业准则——企业价值》第二十三条的规定。

二、营运资金预测中，个别项目计算错误

你公司在评估基准日最低现金保有量测算中，2022 年 1 月~9 月的付现成本未扣除折旧摊销金额 3301.51 万元。以上情形不符合《资产评估执业准则——企业价值》第五条、《资产评估执业准则——资产评估程序》第十九条的规定。

三、未谨慎识别非经营性资产、负债和溢余资产

你公司仅在《基准日溢余资产、非经营性资产及有息负债分析表》中简单列示各会计科目中溢余资产、非经营性资产、有息负债评估值，未对科目明细及具体构成进行分析判断，谨慎识别非经营性资产、负债和溢余资产并在底稿中记录识别过程。以上情形不符合《资产评估执业准则——企业价值》第十三条、第十四条的规定。

四、企业所得税预测不严谨

你公司在企业所得税预测中，未结合被评估单位实际，考虑研发费用加计扣除税收优惠政策对所得税费用的影响。以上情形不符合《资产评估执业准则——企业价值》第五条、《资产评估执业准则——资产评估程序》第十九条的规定。

以上行为不符合《资产评估执业准则》的有关规定，违反了《上市公司信息披露管理办法》第四十五条、第四十七条的规定。程某、钟某作为该评估项目的签字评估师，对上述违规行为负有主要责任。按照《上市公司信息披露管理办法》第五十五条的规定，我局决定对你公司及程某、钟

某采取出具警示函的监督管理措施。你们应认真吸取教训，严格遵照相关法律法规和资产评估准则要求做好整改工作，加强质量管理，确保评估执业质量，并于收到本决定书之日起15个工作日内向我局提交书面整改报告。

如对本监督管理措施不服，可以在收到本决定书之日起60日内向中国证券监督管理委员会提出行政复议申请，也可以在收到本决定书之日起6个月内向有管辖权的人民法院提起诉讼。复议与诉讼期间，上述监督管理措施不停止执行。

湖南证监局

2024年4月16日

3. 行政监管措施的决定〔202×〕××号

××资产评估（北京）有限责任公司及资产评估师王某、蔡某：

我局对你公司执业的GD公司拟收购GX公司（以下简称GX公司）股权涉及的GX公司股东全部权益价值项目（××评报字〔202×〕第2171号）进行了检查。经查，你公司在执业中存在以下问题：

一、报告披露不符合准则规定

GX公司2021年、2022年1月至9月份实现收入分别比2020年、2021年增长37.19%、-28.8%，截至评估基准日尚未实现盈利。你公司以2022年9月30日为评估基准日对GX公司2023年至2027年预测收入增长率分别为66.25%、55.41%、46.96%、27.81%、16.67%，且在预测期首年实现扭亏为盈，上述预测趋势与GX公司历史业绩和现实经营状况存在重大差异，且你公司未按照《资产评估执业准则——企业价值》第二十三条的规定，对上述差异在资产评估报告中予以披露，并对产生差异的原因及其合理性进行说明。

二、评估参数预测依据不足

（一）收入预测方面。评估说明中企业所处行业分析引用Yole数据，2018～2026年全球MEMS声学传感器市场规模年均复合增长率为6.24%。你公司结合行业发展趋势及企业自身规模和市场占用率，预估GX公司未来年度各细分市场可保持15%～20%/25%的增长，但评估结论中详细预测期（2023～2027年）收入增长率分别为66.25%、55.41%、46.96%、27.81%、

16.67%，未见你公司对 GX 公司未来远高于行业增长率的预测进行合理性分析，未对预估增长率与实际预测增长率的差异进行说明，评估底稿中亦未见 GX 公司改善收入状况所采取的具体措施等支撑材料，预测依据不充分。

（二）成本预测方面。GX 公司历史期间毛利率发生较大变化，未见你公司对影响毛利率的关键因素进行分析与验证。详细预测期 GX 公司毛利率逐年增长，在预测产品售价基本不变的情况下，底稿中未见你公司对成本构成要素的变化趋势进行分析并获取相关的支撑资料，毛利率的预测依据不足。

（三）费用预测方面。职工薪酬中未对业务大幅增长而人员基本未增长的情况进行合理性分析。研发费用预测中，你公司预测 2023 年研发费用占营业收入比重较历史期间下降，且以后年度逐年降低，工作底稿中未对降低的原因及 GX 公司现有技术较竞争对手的优势进行有效论证分析，也未见与之相关的支撑材料，研发费用的预测依据不充分。

上述情形不符合《资产评估基本准则》第五条、第十五条，《资产评估执业准则——资产评估程序》第十五条、第十七条、第十九条，《资产评估执业准则——企业价值》第二十三条及《资产评估执业准则——资产评估档案》第十一条的规定。

三、核查验证程序不规范

一是你公司对委托加工物资评估申报明细表中数量与询证函回函记录的数量不一致的情况，未进行差异性分析。二是评估说明中对 GX 公司的行业现状与发展前景分析引用了 Yole 数据，但注明的资料来源与工作底稿中记录的信息查询载体不一致。上述情形不符合《资产评估基本准则》第五条、第十五条，《资产评估执业准则——资产评估程序》第十三条、第十五条及第十七条的规定。

四、工作底稿存在错误

你公司在评估中使用了审计机构的函证结果，但评估底稿中 GX 公司提供的《利用审计函证的说明》系向 A 资产评估有限公司出具的。上述情形不符合《资产评估基本准则》第五条、《资产评估执业准则——资产评估档案》第六条及第七条的规定。

上述行为不符合《资产评估基本准则》《资产评估执业准则》的有关要

求，违反了《上市公司信息披露管理办法》第四十五条、第四十七条的规定。按照《上市公司信息披露管理办法》第五十五条的规定，我局决定对你公司及签字评估师王某、蔡某采取出具警示函的监督管理措施，并记入证券期货市场诚信档案数据库。

如果对本监督管理措施不服，可以在收到本决定书之日起 60 日内向中国证券监督管理委员会提出行政复议申请，也可以在收到本决定书之日起 6 个月内向有管辖权的人民法院提起诉讼。复议与诉讼期间，上述监督管理措施不停止执行。

中国证券监督管理委员会山东监管局
2023 年 4 月 26 日

4. 行政监管措施的决定〔202×〕××号

××××资产评估集团有限公司及程某某、王某某：

经查，你们在 YQJ 公司股东权益 2 次评估项目即××评报字〔202×〕第 000159 号（以下简称第一次评估项目）、××评报字〔202×〕第 001252 号（以下简称第二次评估项目）执业中存在以下问题。

一、评估方法和参数方面

一是营业收入预测数据依据不充分。第一次评估项目中你们未对企业提供盈利预测数据的可实现性进行充分分析复核，第二次评估项目中你们未充分关注 YQJ 公司大额订单延期的原因及对未来收益的影响情况，相关收入预测依据不充分。

二是折现率相关参数采取不同取值方法的依据不充分。2 次评估折现率取值中"公司特有风险调整系数"预测方法不一致，底稿中未见第二次评估采用不同取值方法的理由。

上述情形不符合《资产评估执业准则——资产评估程序》第十九条、《资产评估执业准则——企业价值》第二十三条的要求。

二、评估报告和底稿方面

一是 2 次评估报告中明确使用了"第一"等表述，但底稿中无充分证据支持相关表述。

二是 2 次评估中使用的所得税率不同，你们未对所得税率变化原因进行核验分析。

三是底稿中存在笔误、访谈记录无被访谈人签名等问题。

上述情形违反《资产评估执业准则——企业价值》第七条、《资产评估执业准则——资产评估程序》第十四条、第十七条和《资产评估执业准则——资产评估档案》第七条的要求。

你们的上述行为违反了《上市公司信息披露管理办法》第五十二条、第五十四条和《上市公司信息披露管理办法》第四十五条、第四十七条的规定。按照《上市公司信息披露管理办法》第六十五条和《上市公司信息披露管理办法》第五十五条有关规定，我局决定对你们采取出具警示函的监督管理措施。你们应关注执业风险，及时采取措施加强质量管理，确保执业质量，并于收到本决定书之日起 30 日内向我局提交书面报告。

如果对本监督管理措施不服，可以在收到本决定书之日起 60 日内向中国证券监督管理委员会提出行政复议申请，也可以在收到本决定书之日起 6 个月内向有管辖权的人民法院提起诉讼。复议与诉讼期间，上述监督管理措施不停止执行。

中国证监会北京监管局
2023 年 8 月 10 日

三、自律惩戒案例

1. 自律惩戒决定书（中评协办〔202×〕××号）

安徽××资产评估事务所有限公司：

根据《中华人民共和国资产评估法》，按照《加强资产评估行业联合监管若干措施》的规定，财政部监督评价局与中国资产评估协会（以下简称中评协）成立联合检查组，于202×年×月对你公司202×年执业质量等情况开展了检查。检查发现的主要问题和自律惩戒决定如下：

一、检查发现的主要问题

（一）《ZX 公司拟转让股权涉及 KZ 公司的股东全部权益价值项目资产评估报告》（××评报字〔202×〕136 号）。最终评估结论（1 元）的确定缺少必要的分析测算过程，未定义"名义价值"内涵。采用收益法、资产基础法评估的股东全部权益价值分别为 -21592.37 万元、-21741.54 万元，评估结论表述为"基于 KZ 公司于评估基准日 2022 年 9 月 30 日的股东全部权益评估值为负值，为了便于交易该股东全部权益的名义价值为人民币 1 元"。

上述问题不符合《资产评估执业准则——资产评估方法》第二十二条、《企业国有资产评估报告指南》第二十二条、《资产评估执业准则——资产评估程序》第二十一条、《资产评估执业准则——企业价值》第三十九条的规定。

以上事实，有签字资产评估师及被检查机构确认的评估检查工作底稿等证据证明。

（二）《RJ 股份有限公司拟对广州市 QY 软件科技有限公司进行增资涉及的广州市 QY 软件科技有限公司股权评估项目资产评估报告》（××评报字〔202×〕013）。

1. 2022～2026 年业务收入增长率确定缺少测算过程。

2. 合并口径内公司所得税率分别为 15%、25%，预测所得税率为 15%，未说明理由。

上述问题不符合《资产评估执业准则——资产评估档案》第六条、第十一条的规定。

以上事实，有签字资产评估师及被检查机构确认的评估检查工作底稿证据证明。

二、自律惩戒决定

根据《中国资产评估协会会员执业行为自律惩戒办法》第二十七条的规定，经中评协惩戒委员会会议审议，决定：

对你公司予以警告的行业自律惩戒。

如不服本自律惩戒决定，可以在收到本决定书之日起 15 个工作日内向中评协提出书面申诉。申诉期间，本自律惩戒决定不停止执行。

2. 自律惩戒决定书（中评协办〔202×〕××号）

××××（北京）资产评估有限公司：

根据《中华人民共和国资产评估法》，按照《加强资产评估行业联合监管若干措施》的规定，财政部监督评价局与中国资产评估协会（以下简称中评协）成立联合检查组，于202×年1~8月对你公司202×年执业质量等情况开展了检查。检查发现的主要问题和自律惩戒决定如下。

一、检查发现的主要问题

（一）（略）……

（二）《江西W有限公司、江西省J公司拟股权转让事宜涉及的江西WT公司的股东全部权益价值资产评估报告》（××评报字〔202×〕352号）。

1. 营运资金计算公式错误。报告中公式为：最佳现金持有量+应收账款+存货+应付账款，该公式列示错误，应为：最佳现金持有量+应收账款+存货－应付账款，导致评估差异1303.37万元（在其他条件不变的情况下造成低估）。

2. 营运资金追加额测算错误。测算表追加营运资金栏2024年、2025年及2026年数据遗漏，致使2024年以后营运资金追加额均为零，导致评估差异277.00万元（在其他条件不变的情况下造成低估）。

3. 所得税费用测算错误。测算中未考虑弥补历史年度亏损，使得2024年所得税费用计算错误，导致评估差异152.14万元（在其他条件不变的情况下造成低估）。

4. 未合理识别非经营性资产。其他应收款—压滤机实付金额评估值659.47万元，未作为非经营性资产，且未在收益法经营性资产测算中考虑，导致评估差异659.47万元（在其他条件不变的情况下造成低估）。

上述错误绝对额合计2391.98万元，（在其他条件不变的情况下造成低估），合计差异率为7.97%。

上述问题不符合《资产评估基本准则》第五条的规定。

以上事实，有签字资产评估师及被检查机构确认的评估检查工作底稿等证据证明。

（三）《WJ公司拟对JN公司投资涉及的该公司的股东全部权益价值资产评估报告》（××评报字〔202×〕159号）。

在评定估算中遗漏土地投资。全资子公司智能装备公司在建工程截至评估基准日已经完成土建投资2393.05万元和土地投资1445.7万元，该项目收益法评估未考虑该在建工程对未来收益预测的影响，该部分价值直接作为非经营性资产在评估值中加回，但加回时仅考虑了土建投资2393.05万元，未考虑土地投资1445.7万元加回，导致评估差异1445.70万元（在其他条件不变的情况下造成低估)。

上述问题不符合《资产评估基本准则》第五条的规定。

以上事实，有签字资产评估师及被检查机构确认的评估检查工作底稿等证据证明。

二、自律惩戒决定

根据《中国资产评估协会会员执业行为自律惩戒办法》第三条、第二十五条的规定，经中评协惩戒委员会会议审议，决定：

对你公司予以警告的行业自律惩戒。

如不服本自律惩戒决定，可以在收到本决定书之日起15个工作日内向中评协提出书面申诉。申诉期间，本自律惩戒决定不停止执行。

3. 自律惩戒决定书（中评协办〔202×〕××号）

江西××资产评估事务所（特殊普通合伙）：

根据《中华人民共和国资产评估法》《资产评估执业质量自律检查办法》等规定，中国资产评估协会（以下简称中评协）检查组于202×年×月×日至202×年×月×日，对你公司出具的《深圳市GM公司拟出让CT创业投资管理有限公司的70%股权涉及CT创业投资管理有限公司的股东全部权益价值评估项目资产评估报告》（××报字〔202×〕第014号）项目质量进行了非现场检查。检查发现的主要问题和自律惩戒决定如下：

一、检查发现的主要问题

检查发现，你公司出具的《深圳市GM公司拟出让CT创业投资管理有限公司的70%股权涉及CT创业投资管理有限公司的股东全部权益价值评估项目资产评估报告》（××报字〔202×〕第014号）存在以下问题：

（一）评定估算形成结论方面

CT创业投资管理有限公司（以下简称CT公司）主要从事股权投资、基金管理业务，投资项目为三家长投单位A新能源投资合伙企业（有限合伙）、G1股权投资合伙企业（有限合伙）和G2股权投资合伙企业（有限合伙）分别投资的B公司、Y公司、J公司。长期股权投资评估值占其市场法下股东全部权益价值评估结论的58.19%。

1. 该项目市场法对CT公司的二级子公司股东全部权益价值采用EV/E价值模型估算，其中E值按二级子公司年化营业收入乘净利率确定，净利率采用可比公司三季度净利率中最小的净利率确定。

（1）二级子公司B公司市场法计算中采用的净利润为2600.00万元，收集的利润表显示评估基准日已实现净利润为4383.93万元，底稿中未见对不采用自身净利润的原因进行分析说明的过程和资料。

按评估基准日已实现净利润进行测算后，评估结论为8504.71万元，与评估报告中披露的评估结论6270.70万元相比，差异为2234.01万元，差异率为35.63%。

（2）二级子公司J公司市场法计算中采用的净利润为3100.00万元，收集的利润表显示，评估基准日已实现净利润为-57.22万元。底稿中未见对不采用自身净利润的原因进行分析说明的过程和资料。

按评估基准日已实现净利润进行测算后，评估结论为6029.69万元，与评估报告中披露的评估结论6270.70万元相比，差异为241.01万元，差异率为3.84%。

2. 该项目市场法对CT公司的二级子公司股东全部权益价值采用EV/E价值模型估算，其中E值按二级子公司年化营业收入乘净利率确定，净利率采用可比公司三季度平均净利率确定。

二级子公司Y公司市场法计算中采用的净利润为4800.00万元，收集的利润表显示评估基准日已实现净利润为6697.11万元，底稿中未见对不采用自身净利润的原因进行分析说明的过程和资料。

按评估基准日已实现净利润进行测算后，评估结论为6967.57万元，与评估报告中披露的评估结论6270.70万元相比，差异为696.87万元，差异率为11.11%。

3. 该项目中，G2股权投资合伙企业（有限合伙）评估明细表显示，G2股权投资合伙企业（有限合伙）对长投单位J公司持股比例为14.81%，市场法计算过程表中按4.98%的持股比例进行计算，评估师收集的J公司2022年6月21日修正的章程电子版扫描件显示G2股权投资合伙企业（有限合伙）持股比例为1.54729%。底稿中未见对相关差异进行分析说明的资料。

按J公司2022年6月21日修正的章程中显示的持股比例进行测算后，评估结论为6055.04万元，与评估报告中披露的评估结论6270.70万元相比，差异为215.66万元，差异率为3.44%。

4. 该项目市场法计算表中，J 公司评估基准日货币资金 25834 万元、带息借款 31000 万元，与底稿中收集的 J 公司资产负债表金额不一致，基准日资产负债表显示的货币资金 1710.3850 万元，短期借款 1.8 亿元，长期借款 1.4 亿元。按评估基准日该公司资产负债表显示金额重新测算后，评估结论为 6089.09 万元，与评估报告中披露的评估结论 6270.70 万元相比，差异为 181.61 万元，差异率为 2.90%。

5. 该项目对长期股权价值的评估过程中，仅考虑了长期股权投资单位中的长期股权投资价值，未考虑其他资产价值，主要遗漏资产如下：

（1）G1 股权投资合伙企业（有限合伙）：货币资金 1198.71 元、其他应付款 61100 元；

（2）G2 股权投资合伙企业（有限合伙）：货币资金 766.80 元、其他应付款 11104.29 元；

（3）A 新能源投资合伙企业（有限合伙）：货币资金 14746.65 元、流动负债 264886.14 元。

考虑上述因素重新测算后，评估结论为 6261.65 万元，与评估报告中披露的评估结论 6270.70 万元相比，差异为 9.05 万元，差异率为 0.14%。

上述问题违反了《资产评估执业准则——资产评估报告》第十九条、第二十一条的规定。

（二）编制出具评估报告方面

该项目底稿中收集的委托人（乙方）与陕西 XH 投资合伙企业（有限合伙）（甲方）签订的股权转让协议第四条第 3 款显示："股权转让前目标公司（即被评估单位）管理了三支存量基金，即：A 新能源投资合伙企业（有限合伙）、G2 股权投资合伙企业（有限合伙）、G1 股权投资合伙企业（有限合伙）。根据三支存量基金的合伙人协议，目标公司作为基金管理人享有基金退出净收益的约定比例作为其后端分成。乙方同意在目标公司收到上述后端分成后，由目标公司单独计提上述后端分成的 20% 作为对丙方（陈某）及原经营团队的激励。但同时丙方及原经营团队需协助乙方或其指定关联方完成国有股权收购的工作，如未完成，上述激励减半。"评估计算过程中未见考虑该因素的影响，特别事项说明中也未见披露。

上述问题违反了《资产评估执业准则——资产评估报告》第二十五条

的规定。

(三) 收集整理评估资料方面

1. 该项目评估明细表显示,在关联方往来款项核对方面存在以下问题:

(1) CT 公司对关联方 A 新能源投资合伙企业 (有限合伙) 往来记录显示,应收账款 37369.86 元,其他应收款 4780 元,合计应收金额 42149.86元;A 新能源投资合伙企业 (有限合伙) 对 CT 公司往来记录显示,其他应付款 263500 元;两者相差 221350.14 元。

(2) CT 公司对关联方 G1 股权投资合伙企业 (有限合伙) 往来记录显示,其他应收款 2780.00 元,预收账款 10064.61 元,其他流动负债核算603.88 元,合计应付 7888.49 元;G1 股权投资合伙企业 (有限合伙) 对CT 公司的往来记录显示,其他应付款 780 元;两者相差 8668.49 元。

(3) CT 公司对关联方 G2 股权投资合伙企业 (有限合伙) 往来记录显示,其他应收款 13100 元,预收账款 95115.01 元,其他流动负债 5706.90元,合计应付 87721.91 元;G2 股权投资合伙企业 (有限合伙) 对 CT 公司的往来记录显示,其他应付款 11100.00 元;两者相差 98821.91 元。

该项目底稿中未见相关差异产生的原因以及处理过程。

2. 该项目工作底稿记载现场清查收集整理评估资料工作中存在以下问题:

(1) 底稿中未见可比公司评估基准日财务数据资料、未见非经营性净资产数据计算确定过程。

(2) 流动性折扣选取 0.5,评估说明中披露"美国评估界在以证券交易市场上的股票价格对可比对象 (受限流通股) 股权交易定价时通常给以25%~50% 折扣。本次流通性折扣选取 50%"。底稿中未见相关描述的具体来源文件,未见分析相关可比公司所在区域和市场中上市公司与非上市公司在并购方面产生的流动性折扣。

上述问题违反了《资产评估执业准则——资产评估程序》第七条、第十五条,《资产评估执业准则——资产评估档案》第六条的规定。

以上事实,有签字资产评估师及被检查机构确认的评估检查工作底稿等证据证明。

二、自律惩戒决定

根据《中国资产评估协会会员执业行为自律惩戒办法》第二十七条的

规定，经中评协惩戒委员会会议审议，决定：

对你公司予以严重警告的行业自律惩戒。

如不服本自律惩戒决定，可以在收到本决定书之日起 15 个工作日内向中评协提出书面申诉。申诉期间，本自律惩戒决定不停止执行。

4. 自律惩戒决定书（中评协办〔202×〕××号）

北京××国际土地房地产资产评估有限公司：

根据《中华人民共和国资产评估法》《资产评估执业质量自律检查办法》《中国资产评估协会关于开展从事证券服务业务备案的资产评估机构首单证券业务专项检查的通知》，中国资产评估协会（以下简称中评协）检查组于202×年×月，对你公司出具的《A科技股份有限公司拟支付现金购买资产所涉及的B企业管理有限公司的股东全部权益价值评估项目资产评估报告》（××评报字〔202×〕第0002号）进行了首单证券业务专项检查。检查发现的主要问题和自律惩戒决定如下。

一、检查发现的主要问题

（一）收益法评估多计利息收入。

在采用收益法计算时，B企业管理有限公司（以下简称B公司）"其他应收款——暂借款"属于非经营性资产，其产生的利息收入不应计入经营性资产价值。评估人员在计算非经营性资产时，包含了该笔借款原始发生额8000.00万元。但在计算经营性资产价值时，又将该笔借款按照年化3.6%的利率计算利息收入，计入2021年及以后的预测期"财务费用——结构性存款"，涉及金额2200.00万元。

上述问题违反了《资产评估执业准则——企业价值》第五条的规定。

（二）收益法评估遗漏溢余资产。

B公司"交易性金融资产——银行结构性存款"为溢余资产，基准日余额为1377.55万元。评估人员未将该笔交易性金融资产作为溢余资产加回，涉及金额1377.55万元。

上述问题违反了《资产评估执业准则——企业价值》第十四条的规定。

（三）营业收入预测缺少合理性分析。

该项目评估基准日为2020年12月31日。在采用收益法计算时，评估人员对B公司采用的预测期营业收入远高于B公司历史年度业绩水平。B

公司 2019 年、2020 年历史年度营业收入增长率为 –3.35% 和 5.34%，评估人员以未来行业市场增速预测该公司 2021~2023 年的营业收入，将增长率分别确定为 13.24%、11.56% 和 7.48%，未就产生较大差异的合理性进行分析和披露。

上述问题违反了《资产评估执业准则——企业价值》第二十三条的规定。

（四）缺少销售提成率的取值依据。

在采用资产基础法计算时，评估人员对该公司被投资企业 H 美医疗美容医院有限公司和 W 医疗美容医院有限公司的无形资产——实用新型专利，采用收入分成的技术路径计算，销售提成率为重要参数。该报告评估档案缺少销售提成率的取值依据。

上述问题违反了《资产评估执业准则——无形资产》第二十八条的规定。

以上事实，有签字资产评估师及被检查机构确认的评估检查工作底稿等证据证明。

二、自律惩戒决定

根据《中国资产评估协会会员执业行为自律惩戒办法》第二十七条的规定，经中评协惩戒委员会会议审议，决定：

对你公司予以警告的行业自律惩戒。

如不服本自律惩戒决定，可以在收到本决定书之日起 15 个工作日内向中评协提出书面申诉。申诉期间，本自律惩戒决定不停止执行。

5. 自律惩戒决定书（中评协办〔202×〕××号）

广东××土地房地产评估咨询有限公司：

根据《中华人民共和国资产评估法》《资产评估执业质量自律检查办法》《中国资产评估协会关于开展从事证券服务业务备案的资产评估机构首单证券业务专项检查的通知》，中国资产评估协会（以下简称中评协）检查组于 202×年×月，对你公司出具的《G 招标股份有限公司拟股权转让涉及 J 国际融资租赁有限公司股东全部权益市场价值资产评估报告》（××评〔202×〕估字第 Z023 号）进行了首单证券业务专项检查。检查发现的主要问题和自律惩戒决定如下。

一、检查发现的主要问题

（一）非经营性资产、负债识别错误。

该报告被评估单位 J 国际融资租赁有限公司（以下简称 J 公司）为融资租赁企业，主要开展售后回租等租赁业务，其收入来源主要为服务费和融资租赁收入。

1. 评估人员将与企业融资租赁活动相关的"长期应收款——租赁款"识别为非经营性资产，涉及金额 124488.44 万元。根据审计报告披露，金沃国际在评估基准日资产总额为 137923.97 万元，该项错误识别科目占比 90.26%。

2. 评估人员将与企业融资租赁活动相关的"其他应付款"中的融资租赁业务保证金、授信使用费、保理手续费识别为非经营性负债，涉及金额 7087.83 万元。根据审计报告披露，金沃国际在评估基准日负债总额为 96326.50 万元，该项错误识别科目占比 7.36%。

上述问题违反了《资产评估执业准则——企业价值》第五条、第十四条的规定。

（二）风险准备金取价依据文件不适用。

该报告评估说明中披露："由于被评估企业是金融企业，评估基准日未计提风险准备金……根据《融资租赁公司监督管理暂行办法》及《金融企业准备金计提管理办法》，……故本次评估按评估基准日风险资金的 6% 计提风险准备金。……按计提比例 6%，故一般风险准备金为 7766.54 万元。"

J 公司未取得金融监管机构颁发的许可证，不属于金融企业，不适用评估说明中依据的《金融企业准备金计提管理办法》。同时，该企业审计报告也未计提相关风险准备金。评估人员依据上述文件计提风险准备金 7766.54 万元，取价依据文件不适用。

上述问题违反了《资产评估执业准则——企业价值》第五条的规定。

以上事实，有签字资产评估师及被检查机构确认的评估检查工作底稿等证据证明。

二、自律惩戒决定

根据《中国资产评估协会会员执业行为自律惩戒办法》第二十七条的规定，经中评协惩戒委员会会议审议，决定：

对你公司予以公开谴责的行业自律惩戒。

如不服本自律惩戒决定，可以在收到本决定书之日起 15 个工作日内向中评协提出书面申诉。申诉期间，本自律惩戒决定不停止执行。

6. 自律惩戒决定书（中评协办〔202×〕××号）

××资产评估（北京）有限公司：

根据《中华人民共和国资产评估法》《资产评估执业质量自律检查办法》《中国资产评估协会关于开展从事证券服务业务备案的资产评估机构首单证券业务专项检查的通知》，中国资产评估协会（以下简称中评协）检查组于202×年×月，对你公司出具的《北京BD科技股份有限公司拟了解股权价值所涉及的CQ旅游投资有限公司股东全部权益价值评估项目资产评估报告》（××评报字〔202×〕第 003 号）进行了首单证券业务延伸检查。检查发现的主要问题和自律惩戒决定如下：

一、检查发现的主要问题

（一）评估报告基本情况。

该项目评估目的为"BD公司拟了解CQ旅游股权的市场价值，需要对该行为涉及的CQ旅游股东全部权益价值进行评估，为该行为提供价值参考依据"，评估基准日为 2022 年 12 月 31 日。

评估报告披露："因CQ旅游股权已出售，委托人对该公司已无控制权及影响力，获取CQ旅游基础财务资料及其他相关资料受到一定限制，仅能提供的资产评估申报表、被评估单位报表、科目余额表、股权转让协议、担保及反担保保证合同、公司分立协议等部分资料""目前该项目由于拆迁受阻与融资困难资金匮乏等原因，致使项目推进速度缓慢。同时受国家建设用地指标限制，未来可出让土地面积无法预测"。

（二）项目背景情况。

CQ旅游投资有限公司主要资产为长期股权投资——长沙S建设投资有限公司（以下简称S公司）。评估档案资料表明：2011 年 5 月，S公司与某县土地储备中心签署了《S项目合作开发合同》，进行土地一级开发和部分配套公共设施建设。评估报告披露："目前S项目由于拆迁受阻与融资困难导致资金匮乏，该项目进展缓慢。""公司由于资金短缺不能偿还银行贷款以及支付部分工程款，存在偿债起诉的风险。"

2016 年 2 月 2 日，财政部、国土资源部、中国人民银行、银监会发布

《关于规范土地储备和资金管理等相关问题的通知》,其中第七条明确"不得与土地使用权出让收入挂钩",与《S项目合作开发合同》部分条款冲突;开发项目未按计划完工结算;S公司及其股东与某县政府相关部门对于《S项目合作开发合同》土地出让收入分配方式和分配比例的相关条款有效性及审理管辖权问题提请多起诉讼,某省高级人民法院仅裁定该诉讼的审理管辖权为某市中级人民法院,未对土地出让收入分配方式和分配比例给出结论,中国裁判文书网已于2020年10月14日披露该民事裁定书(〔201×〕湘民初××号)。

(三)报告存在的问题。

土地出让收入分配方式和分配比例是对评估结论产生重大影响的重要事项。评估人员未收集、未核查上述民事裁定书(〔201×〕湘民初××号),该裁定仅针对诉讼管辖权事项,没有与土地出让收入分配相关的结论,对评估结论可能产生重大影响。

S项目开发进度延期、拆迁受阻,获取评估资料受限,可出让土地面积、项目开发收入、项目开发成本、分配比例等评估重要参数无法合理确定,不具备出具资产评估报告的条件。

上述问题违反了《资产评估执业准则——资产评估程序》第六条的规定。

以上事实,有签字资产评估师及被检查机构确认的评估检查工作底稿等证据证明。

二、自律惩戒决定

根据《中国资产评估协会会员执业行为自律惩戒办法》第二十七条的规定,经中评协惩戒委员会会议审议,决定:

对你公司予以公开谴责的行业自律惩戒。

如不服本自律惩戒决定,可以在收到本决定书之日起15个工作日内向中评协提出书面申诉。申诉期间,本自律惩戒决定不停止执行。

第四章

以财务报告为目的的评估业务自查要点

第一节 自查要点

一、资产评估工作底稿自查要点

（一）明确业务基本事项

1. 资产评估业务基本事项。

（1）资产评估业务基本事项。

重点关注资产评估机构及其资产评估专业人员对资产评估业务有关基本事项调查记录是否全面、清晰。

①资产评估业务的基本事项记录清晰、明确。记录的方式可以采用会议记录、访谈、专项说明、表格的方式。

②资产评估业务基本事项包括：

a. 委托人、产权持有人和委托人以外的其他资产评估报告使用人；

b. 评估目的；

c. 评估对象和评估范围；

d. 价值类型；

e. 评估基准日；

f. 资产评估报告使用范围；

g. 资产评估报告提交期限及方式；

h. 评估服务费及支付方式。

(2)与注册会计师、管理层等的沟通事项。

重点关注资产评估机构及其资产评估专业人员与委托人、其他相关当事人的工作配合和协助事项。

①与注册会计师、管理层等就会计准则或相关会计核算、披露的具体要求进行沟通，并形成相关书面记录。

a. 业务洽谈人员应当关注会计准则中特定会计事项所对应的评估对象，从委托人或者其他相关当事人处取得的评估对象的具体组成等详细资料，关注相关资产、负债在企业营运中的作用；并提请企业管理层按其经营意图以及会计准则的规定、相关核算要求对有关资产、负债进行妥当的分类。

例如执行商誉减值测试评估业务还应关注资产组的认定；资产组的认定，应当以资产组产生的主要现金流入是否独立于其他资产或者资产组的现金流入为依据。同时，在认定资产组时，应当考虑企业管理层管理生产经营活动的方式（如是按照生产线、业务种类还是按照地区或者区域等）和对资产的持续使用或者处置的决策方式等；资产组一经确定，各个会计期间应当保持一致，不得随意变更。

b. 执行以财务报告为目的的评估业务，应当与委托人或者其他相关当事人（如管理层）进行必要的沟通，明确评估业务基本事项并充分理解会计准则或者相关会计核算、披露的具体要求。

例如执行商誉减值测试评估业务时应根据委托人或者其他相关当事人提供的具体情况说明等资料，关注资产是否存在可能发生减值的迹象。

c. 执行以财务报告为目的的评估业务，应当知晓以财务报告为目的评估业务价值类型与一般评估业务的差异，需与委托人或者其他相关当事人（如管理层）进行必要的沟通、明确。

根据《以财务报告为目的的评估指南》的规定，会计准则规定的计量属性可以理解为相对应的评估价值类型，因此，应当根据拟开展的财务报告目的评估业务的具体情况结合相关企业会计准则规定的计量属性确定委托评估项目的价值类型，以财务报告为目的的评估业务的价值类型通常包括可收回金额（包含公允价值减去处置费用后的净额、资产预计未来现金流量的现值）、公允价值、可变现净值等。

d. 业务洽谈人员应当明白在执行会计准则规定的合并对价分摊事项涉及的评估业务时，对应的评估对象应当是合并中取得的被购买方可辨认资产、负债及或有负债,该评估对象与被购买方企业价值评估所对应的对象不同。

e. 资产评估业务以前年度相关资产评估报告、评估对象、价值类型,及采取的评估方法、评估假设的具体情况。

例如执行商誉减值测试评估业务还应关注评估对象(资产组)与商誉原始形成的账面价值确定基础是否一致、是否存在总部(集团)资产、是否存在协同效应、是否存在需要重新调整商誉对应的资产组账面基础的情形。

②上述事项应当形成书面记录并由业务洽谈人签字。

2. 专业胜任能力分析和评价。

(1)在决定承接评估业务之前,资产评估机构应当对自身专业胜任能力进行分析和评价并做出清晰的记录。

(2)对自身专业胜任能力进行分析和评价时应当考虑以下事项:

①资产评估机构是否有与评估业务相应执业经验;

②资产评估专业人员是否有与评估业务相关的专业知识;

③资产评估专业人员是否有与评估业务相应执业经验。

通过应当具备财务会计知识,熟悉《企业会计准则第1号——存货》《企业会计准则第2号——长期股权投资》《企业会计准则第3号——投资性房地产》《企业会计准则第8号——资产减值》《企业会计准则第20号——企业合并》《企业会计准则第22号——金融工具确认和计量》《企业会计准则第39号—公允价值计量》等企业会计准则规定对拟委托财务报告目的评估业务相关会计核算、编制财务报告披露要求,以及相关企业会计准则与价值类型、评估方法等评估要素选择和应用的关系等。

(3)专业能力分析和评价过程应当由评价人签字并经资产评估机构相关负责人审核、签字。

3. 独立性分析和评价。

(1)在决定承接评估业务之前,资产评估机构应当对自身独立性进行分析和评价并做出清晰的记录。

(2)对自身独立性进行分析和评价应当考虑以下事项:

①资产评估机构及拟承担该项业务的资产评估专业人员或其直系亲属是否存在拥有委托人或者相关当事方的股权、债权、有价证券、债务,或者存在担保等可能影响独立性的经济利益关系;

②资产评估机构及拟承担该项业务的资产评估专业人员或其直系亲属是否存在在委托人或者相关当事方担任董事、监事、高级管理人员或者其他可能对评估结论施加重大影响的特定职务；

③资产评估机构和资产评估专业人员或其直系亲属是否存在为委托人或相关当事方编制属于该项业务对象的数据或其他记录；

④资产评估机构和资产评估专业人员或其直系亲属是否存在为委托人或相关当事方提供直接影响该项业务对象的其他服务；

⑤资产评估机构和资产评估专业人员或其直系亲属是否与委托人或相关当事方从事的业务之间可能存在的其他利益输送或者利益冲突关系情形。

（3）独立性分析和评价过程应当由评价人签字并经资产评估机构相关负责人审核、签字。

4. 业务风险分析和评价。

（1）根据调查了解的资产评估业务基本事项，对业务可能面临的主要风险进行了分析评价。

（2）业务风险主要分析评价应当考虑以下方面：

①来自委托人、产权持有单位及其他相关当事人的风险。如相关方面（委托人、被评估单位）是否能积极配合资产评估专业人员开展评估工作；委托人对项目操作时间要求是否紧迫；委托人和被评估单位及其他相关当事人对评估结论是否有相关要求或倾向性意见（如资产减值测试评估业务，应减值而希望不减值等）；委托人和被评估单位及其他相关当事人的诚信度及评估资料的可信度等；对于连续多年委托评估业务，是否存在过度信赖委托人、担心客户流失等原因，简化评估程序甚至减少评估程序等。

②来自评估对象的风险。如评估对象和评估范围是否明确；评估对象和重要资产的法律权属状况是否清晰或存在法律纠纷等。

③资产评估报告使用中的风险。如评估目的是否清晰、明确等。

（3）根据资产评估项目风险评价情况，对相关风险情况应当制订清晰、明确的风险控制措施。

（4）业务风险分析和评价过程应当由评价人签字并经资产评估机构相关负责人审核、签字。

5. 利用专家工作分析和评价。

（1）资产评估业务涉及特殊专业知识和经验，资产评估机构和资产评估专业人员存在特殊专业知识和经验欠缺时，可以聘请某一领域中具有专门知识、技能和经验的专家个人协助评估工作。

（2）利用专家工作主要分析评价应当考虑以下方面：

①从专业特长、职称、专业资格、声望等方面对专家的专业能力进行分析和评价；

②分析专家是否存在与委托人或其他相关当事人存在关联关系等可能影响独立性的情况；

③拟聘请的专家是否了解资产评估相关规定的分析；

④利用专家工作是否需要征得委托人的同意。

（3）利用专家工作时，对利用专家工作制订的风险控制措施。

（4）利用专家工作分析和评价过程应当由评价人签字并经资产评估机构相关负责人审核、签字。

（二）订立业务委托合同

1. 资产评估委托合同应当由资产评估机构的法定代表人或执行合伙人或其授权人签字并加盖资产评估机构公章或合同章。

2. 资产评估委托合同应当包括下列基本内容：

（1）资产评估机构和委托人的名称、住所、联系人及联系方式。

（2）评估目的。例如执行商誉减值测试目的的评估事项必须明确约定为以财务报告为目的的评估。

（3）评估对象和评估范围。例如执行商誉减值测试目的的评估业务必须在资产评估委托合同中明确约定具体资产组，或是在合同中明确约定以另外双方确认后的资产组清单作为具体的评估对象和评估范围；不得以股权、企业价值进行代替。

（4）评估基准日。

（5）评估报告使用范围。

（6）资产评估报告提交期限和方式。

（7）评估服务费总额或支付标准、支付时间及支付方式。

（8）资产评估机构和委托人的其他权利和义务。

（9）违约责任和争议解决。

（10）合同当事人签字或盖章时间。

（11）合同当事人签字或盖章地点。

3. 资产评估委托合同订立后发现相关事项存在遗漏、约定不明确，或者在合同履行中约定内容发生变化的，资产评估机构可以要求与委托人订立补充合同或者重新订立资产评估委托合同，或者以法律允许的其他方式对资产评估委托合同的相关条款进行变更。

（三）编制资产评估计划

1. 评估计划的内容应当涵盖现场调查、收集评估资料、评定估算、编制和提交评估报告等评估业务实施全过程；

2. 评估计划应当包括以下基本内容：

（1）评估项目基本情况（评估目的、评估对象和范围、价值类型、评估基准日等）；

（2）时间进度；

（3）人员安排；

（4）主要评估程序；

（5）评估方法；

（6）技术方案。

3. 评估计划应当由资产评估机构相关负责人审核、签字。

（四）现场调查

1. 获取委托人或者其他相关当事人提供的资产评估申报明细表等。

（1）评估申报明细表中填列的各资产科目完整；

（2）各科目评估申报明细表的填列内容准确、完整、清晰；

（3）评估申报明细表需要提供方盖章确认。

2. 选择与评估项目相适应的现场调查方式。

（1）根据评估项目具体情况，确定合理的现场调查手段，包括询问、访谈、核对、监盘、勘查等。

例如执行商誉减值测试评估业务时，应对商誉所在资产组或资产组组合进行现场调查，并对收集的资料进行必要的核查验证，合理利用观察、询问、书面审查、实地调查、查询、函证、复核等查验方式。

（2）现场调查应当在评估对象或评估业务涉及的主要资产所在地进行。

(3) 应当对评估业务涉及的主要资产进行现场调查。

(4) 对无法在主要资产所在地实施现场调查及勘查的，应对所采取的弥补替代措施的合理性、恰当性进行分析，并分析判断是否对评估方法的选择应用及评估结论构成重大影响或无法判断影响程度。

(5) 可以根据重要性原则采用逐项或者抽样的方式进行现场调查。利用重要性原则确定各项资产现场抽查的范围和比例时，应形成重要性水平的确定过程。

3. 核实评估对象的存在性、完整性及使用状况。

(1) 根据被评估单位提供的资产清单，对评估范围内资产的存在性、完整性及使用状况进行核实，并记录核实结果。

(2) 执行以财务报告为目的的评估业务，应当与委托人进行充分协商，明确评估对象，并充分考虑评估对象的法律、物理与经济等具体特征对评估业务的影响，具体包括：

①应充分关注商誉所在资产组或资产组组合的法律、物理、技术与经济等具体特征，合理判断相关资产组或资产组组合独立产生现金流的能力，关注其与商誉初始确认时的资产组或资产组组合的一致性。

②应充分了解商誉所在资产组或资产组组合所处的宏观经济环境、行业发展趋势、市场容量和竞争状况、地域因素等外部环境信息及公司产能、生产现状、在手合同及订单、商业计划等内部经营信息，并评价其与委托人提供的财务预算或预测数据的一致性。

(3) 在执行会计准则规定的合并对价分摊事项涉及的评估业务时，对应的评估对象应当是合并中取得的被购买方可辨认资产、负债及或有负债，该评估对象与被购买方企业价值评估所对应的对象不同。资产评估专业人员应当关注各类可辨认无形资产的识别及计量。

(4) 资产评估专业人员应当关注金融资产和金融负债公允价值计量过程中是否以单项资产或者资产组为计量单位、资产核算分类、混合金融工具是否分拆等重要影响事项。

(5) 在执行会计准则规定的投资性房地产评估业务时，对应的评估对象包括已出租的土地使用权、持有并准备增值后转让的土地使用权、已出租的建筑物。

资产评估专业人员应当关注投资性房地产现有租约期限及租金内涵等对

公允价值评估的影响,包括租期、租金收取方式、约定租金相对于市场租金的差异、租金内涵、特殊使用目的、分割或者合并使用的差异等,剔除不属于评估对象收益以及非正常因素的影响。

(6) 执行投资性房地产评估业务,应当明确评估对象对应的是个别建筑物单元,还是多个建筑物单元及其附属设施共同构成的整体。

当出租建筑物的附属设备和设施是租金收入所对应出租资产的组成部分时,应当考虑该设备和设施对投资性房地产价值的影响。

4. 现场调查受到客观限制时采取的其他适用方法和记录。

(1) 如未实施现场勘察,需判断被评估对象是否确属受因法律法规规定、客观条件限制而无法实施现场勘察;

(2) 当无法实施现场勘察时,需采取措施弥补程序缺失,并确定采用其他适当方法对有关资产的数量、质量进行确认,且未对评估结论产生重大影响。

5. 经营和会计核算查阅记录。

(1) 获取被评估单位提供的相关经营资料和会计核算资料;

(2) 获取被评估单位的财务报表或者公开财务资料;

(3) 对企业经营和会计核算资料进行查阅,并记录查阅结果。

(五) 收集核验评估资料

1. 收集委托人或者其他相关当事人提供的基本资料并进行核查验证。

(1) 评估对象权益状况相关的协议、章程、股权证明等有关法律文件。

收集分析有关股权取得和变动过程方面的信息资料或法律文件,如股东清单、股权买卖协议、股权回购协议、历史交易涉及的资产评估报告等,并确信信息来源是可靠的和适当的。

(2) 被评估对象的财务及经营状况资料。

①收集被评估对象评估基准日及历史年度财务报表、审计报告、评估基准日科目余额表、主要资产明细表等。

②收集被评估对象相关的主要经营业务资料、产品及销售状况、成本费用构成资料;主要销售市场及销售方式、业务构成、经营效益情况分析资料等。

③收集被评估对象相关的各项核心技术研发资料及特许经营权资料。

④收集被评估对象经营特点、优劣势情况资料。

（3）经营计划、发展规划和收益预测资料。

①收集被评估单位近期的经过董事会或经理办公会通过的经营计划文件、长期发展规划文件。

②收集最近若干年度的纳税记录，了解企业的税务政策及税收优惠政策。

③收集分析被评估单位发展前景的资料，如关于未来的财务预算或可行性研究报告，或者通过现场访谈了解企业自身对未来经营的看法。

④被评估单位在行业中的相对竞争地位以及企业独特生存的因素；市场开拓文件；竞争对手情况等，并确信信息来源是可靠的和适当的。

⑤收集被评估单位结合经营计划提交的财务未来收益预测资料。

（4）评估对象涉及的主要资产权属证明、租赁合同、交易文件资料。

①对于实行登记制度的评估对象的法律权属资料进行查验，并取得完整、有效的证书复印件；

②对于其他资产的法律证明文件、租赁合同、交易文件进行关注，并取得重大资产的产权证明文件（合同、发票等、租赁合同、交易文件）复印件；

③如果资产有产权瑕疵，应当取得委托人及相关当事方提供的说明、证明和承诺。

（5）评估对象以往的评估及交易资料。

①收集分析评估对象以往的交易情况资料，包括交易目的、交易次数以及交易定价依据；

②收集分析评估对象以往的评估报告或交易资料。

（6）影响评估对象经营的宏观、区域经济因素资料。

对可能影响评估对象生产经营状况的宏观经济分析应收集当前宏观经济的形势、政策法律法规、经济增长速度、区域或国际经济发展趋势等资料。

（7）评估对象所在行业现状与发展前景资料。

对被评估对象所在行业的发展状况及发展前景分析应收集行业特点、准入制度、市场分割状况以及行业整体发展等方面资料。

（8）可比对象相关可比资料，包括且不限于：可比对象的使用状况、经营情况、财务信息、交易价格或者交易内涵、涉及的股票信息、产权交易信息、租赁市场趋势、租金价格和增长率等。

收集分析可比对象的可比信息资料，并合理确信其来源的可靠性。

（9）仅采用成本法评估时，应当获取企业关于相关资产的价值可以通过资产未来运营得以全额收回的承诺。

对于不存在相同或者相似资产活跃市场的，或者不能可靠地以收益法进行评估的资产，可以采用成本法进行评估，但应当获取企业关于相关资产的价值可以通过资产未来运营得以全额收回的承诺。

2. 合并对价分摊评估业务需收集的其他资料并进行核查验证。

（1）收集并购协议及并购交易评估报告；

（2）收集可辨认资产的相关资料（含账面未记录可辨认的无形资产）；

（3）收集负债及或有负债的相关资料；

（4）其他资料。

3. 商誉减值测试评估业务需收集的其他资料并进行核查验证。

（1）收集商誉初始确认所涉及的会计信息资料；

（2）收集管理层关于商誉初始确认时资产组或资产组组合的划分资料；

（3）收集管理层关于本次商誉减值测试资产组或资产组组合的划分资料；

（4）若关于本次商誉减值测试资产组或资产组组合的划分与前次划分出现不一致时，应取得相关变动说明资料；

（5）收集商誉可能出现减值迹象的相关资料；

（6）收集处置费用所涉及的相关资料；

（7）其他资料。

4. 资产减值测试评估业务需收集的其他资料并进行核查验证。

（1）收集资产使用状况的相关资料；

（2）收集资产可能出现减值迹象的相关资料；

（3）收集资产处置税费所涉及的相关资料；

（4）其他资料。

5. 投资性房地产评估业务需收集的其他资料并进行核查验证。

（1）收集资产使用状况的相关资料；

（2）收集租赁协议及租金收缴相关资料；

（3）收集投资性房地产维护管理费用和缴纳相关税费资料；

（4）收集投资性房地产所在区域的同类房地产交易信息、房地产市场状况（含租赁市场状况）及发展前景分析资料；

（5）收集资产处置税费所涉及的相关资料；

（6）相关其他资料。

6. 公允价值计量评估业务需收集的其他资料并进行核查验证。

（1）获取在计量日可以取得的相同资产或负债在活跃市场上未经调整的报价；

（2）获取在计量日可以取得的类似资产或负债在活跃市场上未经调整的报价，或者是非活跃市场中相同或类似资产或负债的报价等；

（3）收集相关交易费用和运输费用的市场资料；

（4）其他资料。

（六）评定估算形成结论

1. 评估方法选择的适用性分析。

重点关注评估方法适用条件的分析，应当根据评估目的、评估对象、价值类型、资料收集情况等相关条件做出判断。如：收益法应当根据评估对象的发展阶段、经营状况、历史经营财务数据资料、未来收益可预测信息以及其他收益法评估所需要的资料条件选择。

从理论上，如果商誉没有发生减值迹象，那么，根据企业情况，仅采用收益法或市场法就可以了，但如果商誉发生了减值迹象，应增加一种评估方法比如再采用市场法或收益法对包含商誉的资产组或资产组组合进行减值测试。后续期间商誉减值测试的评估方法应与以前期间的保持一致，除非有证据显示变更新的评估方法所得出的评估结论更具代表性，或原有的评估方法不再适用。

2. 收益法。

（1）对委托人和其他相关当事人提供的资产组历史以及收集的可比对象的收益资料，进行必要的分析、判断和调整，合理确定评估假设。

①结合资产组或资产组组合的人力资源、技术水平、资本结构、经营状况、历史业绩、发展趋势，考虑宏观经济因素、所在行业现状与发展前景；对所采用的被评估对象和可比对象财务指标的合理性进行分析和判断。

②资产评估专业人员根据所采用评估方法对财务报表的使用要求对所采用的被评估对象和可比对象财务指标的合理性进行分析和判断，以确信相关预测指标的合理性。

例如，执行商誉减值测试评估业务时，应建立在经管理层批准的最近财务预算或预测数据基础上，原则上最多涵盖5年。

③应当与委托人和其他相关当事人进行沟通，了解资产组或资产组组合资产配置和使用情况，谨慎识别资产组的构成，并根据相关信息获得情况以及对评估结论的影响程度，确定资产组是否具有独立获取现金流能力。

例如，执行商誉减值测试评估业务时，需要考虑资产组或资产组组合的可收回金额与其账面价值的确定基础应保持一致，即二者应包括相同的资产和负债，且应按照与资产组或资产组组合内资产和负债一致的基础预测未来现金流量。因重组等原因，公司经营组成部分发生变化，继而影响到已分摊商誉所在的资产组或资产组组合构成的，应将商誉账面价值重新分摊至受影响的资产组或资产组组合，并充分披露相关理由及依据。

④收集资产组或资产组组合所涉及交易、收入、支出、投资等业务合法性和可靠性的证据。

⑤结合被评估对象自身与行业状况，考虑未来发展的各种可能性及其影响的基础上，评估假设具有合理性。

（2）各主要预测数据计算方法的恰当性，测算过程的合理性。

关注资产组资产负债结构、收入来源、成本费用支出、投资（资本性支出）、纳税情况、自由现金流等的分析和测算过程的恰当性、合理性。

（3）关注未来收益预测中经营管理、业务架构、主营业务收入、毛利率、资本性支出、资本结构等主要参数与评估假设、价值类型、历史数据、现实状况的一致性。

例如，执行商誉减值测试评估业务时，应注意到资产组或资产组组合的可收回金额与其账面价值的确定基础应保持一致，即二者应包括相同的资产和负债，且应按照与资产组或资产组组合内资产和负债一致的基础预测未来现金流量；对未来现金净流量预测时，应以资产的当前状况为基础，以税前口径为预测依据，并充分关注选取的关键参数（包括但不限于销量、价格、成本、费用、预测期增长率、稳定期增长率）是否有可靠的数据来源，是否与历史数据、运营计划、商业机会、行业数据、行业研究报告、宏观经济运行状况相符；与此相关的重大假设是否与可获取的内部、外部信息相符，在不符时是否有合理理由支持。

（4）当预测趋势与历史业绩和现实经营状况存在重大差异时，资产评估专业人员应当在资产评估报告中予以披露，并对产生差异的原因及其合理性进行说明。

①分析产生差异的原因，对不合理的地方提出调整意见。

需要注意的是，在执行商誉减值测试评估业务时，若以前期间对商誉进行减值测试时，有关预测参数与期后实际情况存在重大偏差的，应充分关注管理层是否识别出导致偏差的主要因素，是否在本期商誉减值测试时充分考虑了相关因素的影响，并适当调整预测思路。

②应当在资产评估报告中予以披露，并对产生差异的原因及其合理性进行说明。

（5）恰当确定预测期。

重点关注①预测期应当按照法律、行政法规规定，以及被评估对象所在企业性质、企业类型、所在行业现状与发展前景、协议与章程约定、经营状况、资产特点和资源条件等进行分析确定并说明确定理由。

如根据资产减值企业会计准则的相关规定，减值测试涉及的现金流预测期一般只涵盖5年；如超过5年，评估人员要向管理层询问，并取得管理层提供的证明更长期间合理性的证据。一般来说，原来涵盖的预测期之后延长期间内的现金流应该保持稳定或者递减的增长率，该增长率不应超过产品、行业或者企业主要业务所在国家的长期平均增长率，除非管理层能证明其是合理的。

如当评估公允价值减去处置费用方式确定资产可收回金额，运用收益途径确定公允价值时，资产或资产组的公允价值可以根据产权持有人以市场参与者的身份，对单项资产或资产组的运营做出合理性决策，并在适当地考虑相关资产或资产组内资产的有效配置、改良或重置的前提下提交的预测资料，参照企业价值评估的基本思路和方法（收益法）进行分析和计算确定预测期。

如当评估资产预计未来现金流量的现值时，减值测试涉及的现金流预测期并不完全等于管理层提供的财务预算或者经营计划期。一般情况下，预测期必须涵盖只考虑单项资产或资产组内主要资产项目在简单维护下的剩余经济年限。评估人员可以基于管理层提供的财务预算或经营计划适当延长至资产组中主要资产项目的经济使用寿命结束。在确定相关资产组或资产组组合的未来现金净流量的预测期时，还应考虑相关资产组或资产组组合所包含的主要固定资产、无形资产的剩余可使用年限，不应存在显著差异。

如，执行商誉减值测试评估业务时，确定未来现金净流量的预测期应建立在经管理层批准的最近财务预算或预测数据基础上，原则上最多涵盖5年。

②收益期是否根据资产组的经营政策、资源条件等因素进行判断为永续经营还是为有限期经营。

如当评估资产预计未来现金流量的现值时，收益期一般只考虑单项资产或资产组/资产组组合内主要资产项目在简单维护下的剩余经济年限，即不考虑单项资产或资产组/资产组组合内主要资产项目的改良或重置；同时资产组内其他资产项目于预测期末的变现净值应当纳入资产预计未来现金流量的现值的计算。

（6）合理确定折现率。

应当关注折现率参数选取过程的合理性，折现率的确定应当综合考虑评估基准日的利率水平、市场投资收益率等资本市场相关信息和所在行业、资产组或资产组组合的特定风险等相关因素。

例如，在执行商誉减值测试评估业务对折现率预测时，应关注是否与相应的宏观、行业、地域、特定市场、特定市场主体的风险因素相匹配，是否与未来现金净流量均一致采用税前口径。折现率是反映当前市场货币时间价值和资产特定风险的税前利率。该折现率是企业在购置或者投资资产时所要求的必要报酬率。在预计资产的未来现金流量时已经对资产特定风险的影响作了调整的，确定折现率不需要考虑这些特定风险。如果用于确定折现率的基础是税后的，应当将其调整为税前的折现率。

（7）折现率计算的正确性。

应当关注资本化率或折现率计算的正确性。如无风险报酬率（依据、过程、结果）、市场收益率（依据、参数、过程、结果）、Beta（贝塔）系数的测算正确性。

（8）考虑预测期后的收益情况及相关终值计算的恰当性。

应当考虑被评估资产组的实际情况，合理确定预测期后的价值，应当根据资产组提供产品或者服务的剩余经济寿命期情况、进入稳定期的因素分析详细预测期后的收益趋势、终止经营后的处置方式等，选择恰当的方法估算预测期后的价值。重点检查以下内容：

①对预计资产组在预测期后将会以一定的稳定的增长率发展的，其预测期后的价值计算公式的合理性。对资产组中的在建工程部分，当采用收益途

径确定公允价值时，应考虑未来资本性支出及其形成的相关收益对未来收益的影响；当采用收益途径评估资产预计未来现金流量的现值时，除企业已作出承诺的资产投资支出可参照评估公允价值时处理外，只能考虑维护现有资产正常运转或者资产正常产出水平而必要的支出，或者属于资产简单维护下的支出。

②对于经营期限为有限期的资产组，其预测期后的价值计算公式的合理性。

（9）收益折现模型（公式）运用的正确性。

检查中需要对评估口径的一致性、所运用的具体模型与公式内容的正确性进行判断，同时还应对相关参数进行解释与说明。

3. 市场法。

（1）交易实例选择恰当、充分。

①收集足够的交易实例（3个以上）；

②交易实例和评估对象具有可比性和相似性。

a. 在区位、用途、规模、建筑结构、档次、权利性质等方面与评估对象类似；

b. 成交日期与评估基准日接近；

c. 交易类型与评估目的相适合；

d. 成交价格为正常价格或者可以修正为正常价格。

（2）实例信息描述完整、真实、可靠。

①选做交易实例的信息应当完整、真实、可靠（交易实例的基本状况、成交日期、成交价格、付款方式、交易情况等）；

②交易实例的价格可信。

（3）各项修正因素考虑合理、充分，逻辑关系正确。

①比较因素体系能够合理、全面地反映影响资产价值的因素；

设备的比较因素有：个别因素、交易因素、地域因素和时间因素；

不动产的比较因素有：交易情况修正、交易日期修正和不动产状况修正。其中不动产状况修正可分为区域状况修正、权益状况修正和实物状况修正。

②对于不同用途的资产，各修正因素的影响因素和权重比例设置恰当，逻辑关系正确。

4. 成本法。

（1）应当根据会计政策、企业经营等情况，要求被评估单位对资产负债表表内及表外的各项资产、负债进行识别。

运用成本法进行评估时，资产评估专业人员应当根据会计政策、企业经营等情况，要求被评估单位对资产负债表表内及表外的各项资产、负债进行识别。资产评估专业人员应当知晓并非每项资产和负债都可以被识别并单独评估。识别出的表外资产与负债应当纳入评估申报文件，并要求委托人或者其指定的相关当事方确认评估范围。当存在对评估对象价值有重大影响且难以识别和评估的资产或者负债时，应当考虑资产基础法的适用性。在评估实务中，还应关注资产负债表的其他表外项目，这些项目包括但不限于：①未履行完毕的合同；②尚未完工的工程项目；③或有负债；④抵押、担保事项。

①表内及表外的各项资产、负债进行识别完整；

②识别出的表外资产与负债应当纳入评估申报文件，并要求委托人或者其指定的相关当事方确认评估范围。

（2）各项资产的价值应当根据其具体情况选用适当的具体评估方法得出。

采用成本法进行评估，各项资产的价值应当根据其具体情况选用适当的具体评估方法得出，所选评估方法可能有别于其作为单项资产评估对象时的具体评估方法，应当考虑其贡献。资产评估专业人员应当知晓，在对持续经营前提下进行评估时，单项资产或者资产组合其价值通常受其对企业贡献程度的影响。检查时，应当关注如下要点：

①资产评估专业人员应当清楚，评估方法的选择实际上包含了不同层面的资产评估方法的选择过程。首先是评估技术思路（三种基本方法）层面的选择；其次是各种资产的具体评估技术方法的选择；最后是对运用各种评估方法所涉及的经济技术参数的选择。

②对持续经营前提下进行评估时，单项资产或者资产组合作为企业资产的组成部分，其价值通常受其对企业贡献程度的影响。

（3）确定完全重置成本的过程和结果。

检查时，应当关注如下要点：

①应当合理确定被评估资产重置成本的构成项目，避免重复计算或者漏算；

②重置成本构成项目的取价（设备购置价、建筑工程直接费、工程造

价等)、取费(设备安装费、运输费、基础费,建筑工程前期费等)准确、合理,依据充分。

(4) 确定成新率或各项贬值因素的过程和结果。

检查时,应当关注如下要点:

①应当全面考虑被评估资产的各种贬值因素;

②在确定实体性贬值时,应当综合考虑被评估资产的使用年限和实际使用状况等因素;

③在使用年限法考虑实体性贬值因素时,应当合理确定资产已使用年限、经济寿命年限等因素。

5. 其他评估方法。

(1) 评估方法思路或计算模型理论依据充分,阐述清晰明确。

评估方法思路或计算模型相关理论依据充分,评估方法思路阐述清晰、明确,评估计算模型公式及相关参数涵义阐述清晰、明确。

(2) 评估方法或计算模型相关参数取值影响因素考虑合理、充分。

①评估方法或计算模型相关参数影响因素考虑合理、充分;

②相关参数取值依据充分且数据来源可靠。

(3) 各项参数内涵的口径保持一致。

①各项参数取值与评估思路及计算模型阐述相符一致;

②参数内涵与取值及各参数间的口径保持一致。

6. 其他关注事项。

(1) 本次评估与前次评估所采用的评估方法是否一致。

①本次与前次评估相同或者类似资产或者负债采用的评估方法是否一致;

②出现不一致时,应当分析相应的变动并说明变动的原因。

(2) 恰当地考虑了处置费用、交易税费等。

对可回收价值、公允价值及可变现净值进行估算时,应恰当地考虑处置费用、交易税费等因素。

(3) 资产减值测试评估业务采用现金流折现模型时,折现率与预期收益应当为税前口径。

根据《以财务报告为目的的评估指南》第二十一条、第二十二条、第二十七条及《企业会计准则第 8 号——资产减值》第十二条、第十三条规定，资产减值测试评估业务采用现金流折现模型时，折现率与预期收益应当为税前口径。

（4）对于合并对价分摊评估业务，应对账面未记录但可识别及计量的无形资产进行评估。

对于合并对价分摊评估业务，应对账面未记录但可识别及计量的无形资产进行评估。

7. 评定估算过程和结果正确。

①在使用收益法、市场法、成本法评估资产的过程中，各项公式、模型应用正确，各项参数、比率确定正确，各种逻辑关系勾稽正确；

②数学计算过程和结果正确。

8. 重要的利用专家工作及相关报告情况。

（1）说明重要的利用专家工作及相关报告情况；

（2）利用相关专业机构出具的专业报告作为评估参数确定依据，应当在资产评估报告中披露以下内容：

①专业机构名称、专业报告名称、专业报告编号以及出具日期；

②专业报告结论及其相关补充性或者解释性说明；

③其他需要披露的重要事项。

（3）引用单项资产评估报告作为资产评估报告的组成部分，应当在资产评估报告中披露以下内容：

①引用单项资产评估报告的评估机构名称、报告名称、报告编号、出具日期等；

②引用单项资产评估报告的资产、数量、产权权属等；

③引用单项资产评估报告的评估方法、假设前提、使用限制以及相关事项；

④引用单项资产评估报告的评估结论；

⑤其他需要披露的重要事项。

（七）资产评估机构内部复核

1. 复核记录所反映的复核程序应当与评估机构内部质量控制制度规定的内部审核制度相一致；

2. 复核意见清晰、具体，体现实质性复核内容；

3. 项目组对复核意见有清晰、明确的答复；

4. 复核记录有审核人员和项目组人员签名和日期；

5. 各级复核记录保存完整。

(八) 整理归集评估档案

1. 各种形式的工作底稿内容是否完整、一致。

（1）资产评估报告包括初步资产评估报告和正式资产评估报告；

（2）归档的管理类工作底稿内容是否清晰、完整，包括：资产评估业务基本事项的记录、资产评估委托合同、资产评估计划、资产评估业务执行过程中重大问题处理记录、资产评估报告的审核意见等；

（3）归档的操作类工作底稿内容是否清晰、完整，包括：现场调查记录与相关资料、收集的评估资料、评定估算过程记录等；

（4）评估机构取得的需委托人或者其他相关当事人签字、盖章或者以法律允许的其他方式确认的资料（如资产评估明细表、关于进行资产评估有关事项说明及其他重要资料等）；

（5）各级审核记录（包括外审记录）是否归档；

（6）归档工作底稿记录的字迹是否清晰，是否编制了工作底稿目录，建立了必要的索引号。

2. 资产评估档案的归集。

（1）工作底稿归档时间是否符合《资产评估准则——资产评估档案》的相关规定；

（2）电子文档或者其他介质的评估业务档案信息是否一致、匹配；

（3）归档目录中是否注明文档介质形式；

（4）电子文档或者其他介质形式的重要工作底稿，如资产评估委托合同、资产评估报告应当同时形成纸质文档，评估明细表、评估说明可以是纸质文档、电子文档或者其他介质形式的文档。

3. 资产评估档案的管理。

（1）在法定保存期内妥善保存资产评估档案；

（2）资产评估档案由资产评估机构集中统一管理，不得由原制作人单独分散保存；

（3）资产评估档案的管理应当严格执行保密制度，除国家机关、资产评估协会、其他依法需要调阅等情形外，资产评估档案不得对外提供。

二、资产评估报告自查要点

（一）资产评估报告主要内容完整性

资产评估报告应当包括下列主要内容：

1. 标题及文号。
2. 声明。
3. 摘要。
4. 正文。
5. 附件。

检查中，重点关注资产评估报告构成的完备性，缺一不可。同时关注标题、声明、摘要内容的规范性、充分性和完整性。

（1）资产评估报告标题应当简明清晰，一般采用"企业名称＋经济行为关键词＋评估对象＋资产评估报告"的形式。

（2）资产评估专业人员应当声明遵循法律法规，恪守资产评估准则，并对评估结论合理性承担相应的法律责任。资产评估报告声明应当提醒评估报告使用者关注资产评估报告特别事项和使用限制等内容。

（3）资产评估报告摘要应当简明扼要地反映评估目的、评估对象和评估范围、价值类型、评估基准日、评估方法、评估结论及其使用有效期、对评估结论产生影响的特别事项等关键内容；资产评估报告摘要应当采用下述文字提醒资产评估报告使用者阅读全文："以上内容摘自资产评估报告正文，欲了解本评估项目的详细情况和正确理解评估结论，应当阅读资产评估报告正文。"

（二）资产评估报告正文完整性

资产评估报告正文应当包括：

1. 委托人及其他资产评估报告使用人；
2. 评估目的；
3. 评估对象和评估范围；

4. 价值类型；
5. 评估基准日；
6. 评估依据；
7. 评估方法；
8. 评估程序实施过程和情况；
9. 评估假设；
10. 评估结论；
11. 特别事项说明；
12. 资产评估报告使用限制说明；
13. 资产评估报告日；
14. 资产评估专业人员签名和资产评估机构印章。

检查中，重点关注资产评估报告正文构成的完整性，缺一不可。

（三）委托人、被评估单位及其他资产评估报告使用人

资产评估报告正文应当介绍委托人、被评估单位及资产评估委托合同约定的其他资产评估报告使用人的概况。委托人、被评估单位及资产评估委托合同约定的其他资产评估报告使用人概况一般包括名称、法定住所及经营场所、法定代表人、注册资本及主要经营范围等。被评估单位概况一般包括：名称、法定住所及经营场所、法定代表人、主要经营范围、注册资本、公司控股股东及股东持股比例、股权变更情况及必要的公司产权和经营管理结构、历史情况等；近三年资产、财务、经营状况；委托人和产权持有单位之间的关系（如产权关系、交易关系）。

检查中，重点关注上述内容的完整性和表述是否清晰。

（四）评估目的

评估报告应当说明本次资产评估的目的。检查中，重点关注是否符合上述要求。

（五）评估对象与评估范围

1. 评估对象和评估范围说明是否清晰、准确；
2. 委托评估对象和评估范围与资产评估委托合同约定的是否一致；

3. 单项资产或者资产组、资产组组合的法律权属状况、经济状况和物理状况；

4. 引用其他机构出具的报告结论所涉及的资产类型、数量和账面金额（或者评估值）；

检查中，重点关注是否符合上述要求。

（六）价值类型

资产评估报告应当说明选择价值类型的理由及其定义。

1. 执行以财务报告为目的的评估业务，应当根据会计准则或者相关会计核算与披露的具体要求、评估对象等相关条件明确价值类型。会计准则规定的计量属性可以理解为相对应的评估价值类型。

例如，商誉减值测试评估价值类型一般包括可回收金额、公允价值减处置费用、资产预计未来现金流量的现值，可收回金额是资产的公允价值减去处置费用后的净额与资产预计未来现金流量的现值两者之间较高者。

2. 资产评估专业人员协助企业进行资产减值测试，应当关注评估对象在减值测试日的可回收价值、资产预计未来现金流量的现值以及公允价值减去处置费用的净额之间的联系及区别。

例如，在商誉减值测试评估过程中，价值类型的设定需和收购背景、采用的评估方法、评估假设等情况匹配相应的价值类型。如企业在并购时采用的投资价值评估报告作为定价依据，那么由此对价产生的商誉在进行减值测试评估时，就应该与委托人、审计师沟通，对资产组或资产组组合的界定时是否需要考虑协同所涉及的相关业务的相关资产组纳入评估范围。在《企业会计准则第 8 号——资产减值》中明确收回金额应当根据资产的公允价值减去处置费用后的净额与资产预计未来现金流量的现值两者之间较高者确定。资产评估专业人员协助委托人进行资产减值测试，应当关注评估对象在减值测试日的可回收价值、资产预计未来现金流量的现值以及公允价值减去处置费用的净额之间的联系及区别，结合最终选取的方法确定合适的价值类型。

（七）评估基准日

对于执业以财务报告为目的的评估业务，应当根据会计准则的相关要求确定评估基准日，评估基准日可以是资产负债表日、购买日、减值测试日、首次执行日等。

1. 对于执行企业会计准则规定的合并对价分摊事项（PPA）业务时，其评估基准日应当是并购方取得被并购方实际控制权的交易完成日即购买日。

2. 对于投资性房地产由成本计量模式转换为公允价值计量、交易性金融资产等金融工具初始确认按公允价值计量进行资产评估时，其评估基准日应当为投资性房地产的转换日和交易性金融资产等金融工具的取得日。

3. 对于投资性房地产、交易性金融资产等资产或负债公允价值的后续计量进行资产评估时，其评估基准日应当为资产负债表日。

4. 对于存货、固定资产、无形资产、投资性房地产等资产开展减值测试评估业务时，其评估基准日应当为减值测试日，通常为资产负债表日。

检查中，可重点关注是否符合上述要求。

（八）评估依据

评估依据应当完整，包括法律法规、会计准则、评估准则、权属、取价等依据；评估依据的表述应当明确、具体；评估依据应当是与本项目相关的、有效的。检查中，重点关注是否符合上述要求。

（九）评估方法

资产评估报告应当说明所选用的评估方法，以及选择评估方法的理由。

（十）评估程序实施过程和情况

1. 评估实施的主要程序。

资产评估报告披露的评估程序实施过程包括以下内容：

（1）进行现场调查、收集评估资料的过程；

（2）分析、验证、整理评估资料的过程；

（3）评估相关参数的选取以及运用评估方法对各类资产价值进行计算、分析、判断过程；

（4）对初步评估结论进行综合分析，形成最终评估结论的过程。

2. 评估方法运用实施过程。

（1）评估方法的运用和逻辑推理计算过程。

①资产评估报告应当披露资产评估专业人员采用的各种信息、数据，经

演算而推导出评估结果的思路与过程；

②采用的思路与演算过程应当符合公认的评估方法和计算模式，以使评估结果具有合理性。

（2）资本化率、折现率、价值比率、成新率等重要参数的获取来源和形成过程。

①采用收益法的，确定收益期限、预期收益和折现率等重要参数的获取来源和形成过程。

a. 确定收益期考虑因素、依据分析及形成过程阐述。

根据工作底稿中反映的确定收益期考虑因素、依据分析及形成情况，加以准确、清晰、恰当地表述。

b. 预期收益考虑因素、取值依据分析及形成过程阐述。

根据工作底稿中反映的确定预期收益考虑因素、依据分析及形成情况，加以准确、清晰、恰当地表述；资产减值测试评估业务采用现金流折现模型时，预期收益应当为税前口径。

c. 确定折现率考虑因素、取值依据分析及形成过程阐述；折现率口径与收益口径一致性。

根据工作底稿中反映的确定折现率考虑因素、依据分析及形成情况，以及对折现率口径的设定情况，加以准确、清晰、恰当地表述；资产减值测试评估业务采用现金流折现模型时，折现率应当为税前口径。

d. 评估计算过程和结果阐述。

（a）根据工作底稿中反映的选取的计算公式或估值模型，加以准确、清晰地表述；

（b）根据工作底稿中反映的计算过程及评估结果，加以准确地披露。

②采用市场法的方式，确定价值比率等重要参数的获取来源和形成过程。

a. 选择案例的依据或理由阐述。

根据工作底稿中反映的选取案例的依据情况，加以准确、清晰地表述。

b. 案例信息披露。

根据工作底稿中反映的案例信息情况，加以准确、清晰、恰当地表述。

c. 各项修正因素考虑、逻辑关系分析，取值依据分析、因素比较修正情况阐述。

根据工作底稿中反映的各项修正因素考虑、逻辑关系情况以及取值依据情况，加以准确、清晰、恰当地表述。

d. 评估计算过程和结果阐述。

（a）根据工作底稿中反映的选取的计算公式或估值模型，加以准确、清晰地表述；

（b）根据工作底稿中反映的计算过程及评估结果，加以准确地披露。

③采用成本法的，确定重置成本和成新率（各相关贬值因素）等重要参数的获取来源和形成过程。

a. 确定重置成本构成项目及其取值依据分析及形成过程阐述。

（a）根据工作底稿中反映的考虑重置成本构成情况，加以全面、准确、清晰地表述；

（b）根据工作底稿中反映的相关参数的来源和形成过程，加以全面、准确、清晰地表述。

b. 确定成新率，各项贬值因素考虑、取值依据分析及形成过程阐述。

（a）根据工作底稿中反映的考虑各种贬值因素情况，加以全面、准确、清晰地表述；

（b）根据工作底稿中反映的相关参数的来源和形成过程，加以全面、准确、清晰地表述。

c. 计算分析过程及计算结果阐述。

（a）根据工作底稿中反映的选取的计算公式或估值模型，加以准确、清晰地表述；

（b）根据工作底稿中反映的计算过程及评估结果，加以准确地披露。

④其他评估方法。

a. 评估方法思路或计算模型理论依据充分，阐述清晰明确。

评估方法思路或计算模型相关理论依据充分，评估方法思路阐述清晰、明确，评估计算模型公式及相关参数涵义阐述清晰、明确。

b. 评估方法或计算模型相关参数取值影响因素考虑合理、充分。

（a）评估方法或计算模型相关参数影响因素考虑合理、充分；

（b）相关参数取值依据充分数据来源可靠。

c. 各项参数内涵的口径保持一致。

（a）各项参数取值与评估思路及计算模型阐述相符一致；

（b）参数内涵与取值及各参数间的口径保持一致。

⑤恰当地考虑了处置费用、交易税费等。

对可回收价值、公允价值及可变现净值进行估算时，应恰当地考虑处置费用、交易税费等因素。

（3）对初步评估结论进行综合分析，形成最终评估结论的过程。

由于对评估对象可能采用一种以上的评估方法而得出不同的评估价值，资产评估专业人员应就不同的评估结果所具有的含义、调整的理由和方法以及最终评估值的合理性进行说明。

（十一）评估假设

1. 披露主要影响评估分析、判断和结论的评估假设和限制条件。

（1）应当合理、恰当、充分地使用和披露必要的评估假设（如资产使用状态的假设、交易的假设、评估外部环境的假设、评估对象的假设、收集资料真实性的假设等）；

（2）不得随意设定没有依据、不合情理的假设。

2. 就评估假设和限制条件对评估结论的影响进行了必要说明。

应当考虑评估假设和限制条件对评估结论的重大影响并做必要说明。

（十二）评估结论

1. 评估结论计算正确。

（1）在使用收益法、市场法和成本法等方法评估资产的过程中，各项公式、模型应用正确，各项参数、比率确定正确，各种逻辑关系勾稽正确；

（2）数学计算过程和结果正确。

2. 评估结论披露充分、准确。

应当在资产评估报告中以文字和数字形式表述评估结论，并明确评估结论的使用有效期。

（十三）特别事项说明

1. 权属证明文件资料不完整或者存在瑕疵的情形。

应当列示在评估过程中发现的主要资产存在的瑕疵问题。如：（1）权证缺失；（2）权证证载资产状况与实际勘查资产状况存在不一致；（3）权证证载所有权人与实际所有权人不一致。

第四章 以财务报告为目的的评估业务自查要点

2. 委托人未提供的其他关键资料情况。

应当列示在评估过程中发现的对评估结果产生重大影响的委托人未提供的其他关键资料清单，并说明可能产生的影响。

3. 未决事项、法律纠纷、重要的利用专家工作及相关报告情况重大期后事项、评估程序受限的有关情况、评估机构采取的弥补措施及对评估结论影响的情况等不确定因素。

应当列示在评估过程中发现的对评估结果产生重大影响的未决事项和法律纠纷等上述不确定因素。如：①所有对评估结果产生重大影响的未决事项；②所有对评估结果产生重大影响的法律纠纷；③存在影响生产经营活动和财务状况的重大合同、重大诉讼事项。

4. 本次评估与前次评估方法是否一致，不一致应说明原因。

（1）评估报告应当披露本次评估与前次评估相同或者类似资产或者负债采用的评估方法是否一致；

（2）出现不一致时，应当披露相应的变动情况并说明变动的原因。

资产评估报告应当披露本次与前次评估相同或者类似资产或者负债时采用的评估方法是否一致；当出现不一致时，应当描述相应的变动并说明变动的原因。

例如执行商誉减值测试评估业务时，如果选取的关键评估参数与形成商誉时或以前年度商誉减值测试时的信息、公司历史经验或外部信息明显不一致，还应披露存在的差异及其原因。

5. 本次与前次评估，资产组或资产组组合是否发生变化，若发生变化应说明原因。

（1）评估报告应当披露本次与前次评估，资产组或资产组组合是否发生变化；

（2）若发生变化，应当披露相应的变动情况并说明变动原因。

6. 仅采用成本法评估时，应当披露其评估结论仅在相关资产的价值可以通过资产未来运营得以全额收回的前提下成立。

对于不存在相同或者相似资产活跃市场的，或者不能可靠地以收益法进行评估的资产，可以采用成本法进行评估，应当披露其评估结论仅在相关资产的价值可以通过资产未来运营得以全额收回的前提下成立。

7. 执行以财务报告为目的的评估业务的有关披露。

（1）由于会计准则和相关法规的修改，导致在执行以财务报告为目的的评估业务时无法完全遵守本指南的要求，应当在资产评估报告中进行说明。

（2）对于不存在相同或者相似资产活跃市场的，或者不能可靠地以收益法进行评估的资产，可以采用成本法进行评估。但资产评估专业人员应当获取企业的承诺，并在资产评估报告中披露，其评估结论仅在相关资产的价值可以通过资产未来运营得以全额回收的前提下成立。

8. 执行投资性房地产评估业务的有关披露。

（1）执行投资性房地产评估业务应当关注已出租的建筑物的会计核算中是否包含建筑物所对应的土地使用权。如果会计核算不包含土地使用权，应当提请企业管理层重新分类，或者在评估结论中扣除土地使用权的价值，并在资产评估报告中进行披露。

（2）采用市场法和收益法无法得出投资性房地产公允价值时，可以采用符合会计准则的其他方法。如果仍不能合理得出投资性房地产公允价值，经委托人同意，还可以采用恰当的方式分析投资性房地产公允价值的区间值，得出价值分析结论，并提醒资产评估报告使用人关注公允价值资产评估结论和价值分析结论的区别。

（十四）资产评估报告使用限制说明

资产评估报告的使用限制说明通常包括以下内容：

（1）使用范围。

（2）委托人或者其他资产评估报告使用人未按照法律、行政法规规定和资产评估报告载明的使用范围使用资产评估报告的，资产评估机构及其资产评估专业人员不承担责任。

（3）除委托人、资产评估委托合同中约定的其他资产评估报告使用人和法律、行政法规规定的资产评估报告使用人之外，其他任何机构和个人不能成为资产评估报告的使用人。

（4）资产评估报告使用人应当正确理解和使用评估结论。评估结论不等同于评估对象可实现价格，评估结论不应当被认为是对评估对象可实现价格的保证。

（十五）资产评估报告日

应当在资产评估报告中明确说明通常为评估结论形成的日期；可以不同于资产评估报告的签署日。

（十六）资产评估专业人员签名和资产评估机构印章

资产评估报告应当由至少两名承办该项业务的资产评估专业人员签名并加盖资产评估机构印章。

（十七）资产评估报告附件

资产评估报告附件通常包括：
（1）评估对象所涉及的主要权属证明资料；
（2）委托人和其他相关当事人的承诺函；
（3）资产评估机构及签名资产评估专业人员的备案文件或者资格证明文件；
（4）资产评估汇总表或者明细表；
（5）资产账面价值与评估结论存在较大差异的说明。

（十八）资产评估明细表

（1）资产评估明细表包括按会计科目设置的资产、负债评估明细表和各级汇总表、计算表。

（2）表头应当含有被评估资产负债类型（会计科目）名称、被评估单位（或者产权持有单位）、评估基准日、表号、金额单位、页码；表中应当含有资产负债的名称（明细）、经营业务或者事项内容、技术参数、发生（购、建、创）日期、账面价值、评估价值、评估增减幅度等基本内容。必要时，在备注栏对技术参数或者经营业务、事项情况进行注释。表尾应当标明被评估单位（或者产权持有单位）填表人员、填表日期和资产评估专业人员。

（3）资产评估明细表按会计明细科目、一级科目逐级汇总，并编制资产负债表（方式）的评估汇总表及以人民币万元为金额单位的评估结果汇总表。

（4）收益法评估时，资产评估明细表应当包括资产负债和利润调整表（如果有调整时）、现金流量测算表、收入预测表、成本及各项费用预测表、营业税金及附加预测表、折旧和摊销预测表、资本性支出预测表、折现率计算表等。

（5）市场法评估时，资产评估明细表应当包括市场法评估结论计算表、可比上市公司或可比交易案例分析确定明细表、可比上市公司或可比交易案例相关初始价值比率明细表、比上市公司或可比交易案例相关价值比率修正过程计算表等。

第二节 常见问题

1. 缺少资产评估专业人员与注册会计师、管理层等的沟通记录。
2. 评估范围的资产组或资产负债分类与企业会计准则相关规定不符。
3. 资产评估范围构成和账面价值有误，如商誉资产组缺少归属少数股东商誉，资产组范围包含非经营性资产或付息负债；将商誉初始确认形成后，新增投资形成的能够产生现金流量的资产组纳入商誉资产组，扩大商誉资产组范围；商誉资产组账面价值不是合并报表中的公允价值等。
4. 对评估范围资产负债存在性的真实性、完整性和技术状态调查执行不到位，资产数量和状态及相关技术状况与实际情况不一致；相关资产在企业运营中作用调查记录不够清晰、完整。
5. 对收入、毛利率、人工成本等盈利预测核查不到位。

如收入核查验证时，在历史上同一客户不同业务、规模及增长率均存在重大差异时，采用同样增长率且未分析验证合理性；以实际收入作为预测基数的，未验证实际收入确认计量的准确性。如毛利率核查验证时，在历史期间毛利率发生较大变化时，未分析验证影响毛利率变化的关键因素及变化合理性，同时对于部分没有核心技术要求的业务毛利率预测结果高于正常合理范围，不符合商业逻辑的情况未进行核查。如人工成本核查验证时，当被评估单位历史期间人均薪酬与可比公司存在重大差异时，未验证人均薪酬的合理性，且计算平均工资时直接采用了员工人数期末数，未考虑员工入职日期对平均工资测算的影响。

6. 资产可收回金额确定基础与资产账面价值基础不一致。如资产组范围不含待抵扣增值税进项税，但资产预计未来现金流量时考虑了历史年度待抵扣增值税进项税对现金流量的影响。

7. 资产减值测试评估业务，资产预计未来现金流量的现值低于评估对象账面价值时，未考虑进一步估算公允价值减处置费用以确定可收回金额。

8. 资产减值测试评估业务，测算资产预计未来现金流量现值时，未来年度盈利预测情况与历史期业绩和现实状况存在较大差异时，未对差异原因及预测合理性进行必要的分析；资产预计未来现金流量考虑了筹资活动现金流量和所得税费用的影响。

9. 连续性财务报告目的的评估业务，采用的评估方法和关键参数确定思路不一致，未对差异原因及其合理性进行分析。

10. 参数取值不合理或存在计算错误。如对商誉减值测试的相关资产组组合可回收价值进行评估时，相同评估对象不同年度的营运资金预测方法及参数取值差异较大；折现率涉及的贝塔系数，参数取值方式各年度间存在不一致，且无充分理由；同类业务增值税税率取值不一致；未考虑期初营运资金投入事项对预计现金流量的影响且未见合理性分析；营运资金追加额计算错误；投资性房地产公允价值计量评估，选取的增值税税率错误；采用重置成本法对资产公允价值评估时，未考虑资产重置取得成本与公允价值（退出价或脱手价）的差异并进行调整。

第三节　相　关　案　例

一、行政处罚案例

（一）财政部门行政处罚

1. 财政部行政处罚事项决定书（财监法〔202×〕××号）

当事人：深圳××资产评估房地产土地估价有限公司

地址：广东省深圳市……

根据《中华人民共和国资产评估法》等法律的规定，我部组织检查组，于202×年×月至××月对你公司202×年度执业质量进行了检查。检查发现的主要问题和行政处罚决定如下：

一、检查发现的主要问题

检查发现，你公司出具的《江西××科技股份有限公司以自查财报为目的所涉及的合并购××科技（深圳）有限公司形成的商誉资产组可回收金额资产评估报告》（××评报字〔202×〕第×××号）存在以下问题：

（一）部分评估参数计算错误。

1. 营运资金计算错误。在付现成本计算中，链接公式扣减的财务费用前加上了负号，应扣减利息变为"加回利息"，造成营运资金计算错误，最终导致评估结论差异2560.12万元（在其他条件不变的情况下，造成低估），差异率为36.37%。

2. 现金流量处理错误。在商誉减值测试预计资产未来现金流量现值计算中，现金流不涉及企业筹资活动产生的现金流入或者流出，应不考虑财务费用。该报告在实际计算未来现金流量时扣减了财务费用，同时加回了扣除所得税后的利息支出。该处理方式错误，最终导致评估结论差异2274.61万元（在其他条件不变的情况下，造成低估），差异率为32.31%。

3. 永续期资本性支出的处理与收益预测不匹配。收益法中永续期收益假设一直维持在预测期2025年水平不变，资本性支出从预测期到永续期一直为折旧和摊销之和的2倍左右，导致永续期资本性支出预测和收益预测不匹配，同时报告及底稿中无相关合理性分析。

（二）评估程序缺失。

该报告采用未来现金流量折现法评估，得出"含商誉的资产组可回收价值不低于-7039.29万元"的结论。在评估结果低于账面值的情形下，未进一步采用公允价值减处置费用测算，不符合商誉减值测试可回收价值的确定方法。

（三）评估范围存在遗漏。

商标及著作权应纳入评估范围，该报告未将其纳入评估范围。

二、行政处罚决定

依据《资产评估行业财政监督管理办法》第四十六条，我部认定上述事项构成重大遗漏，违反了《中华人民共和国资产评估法》第十四条、第二十条,《资产评估基本准则》第五条,《资产评估执业准则——资产评估程序》第十八条、第十九条、第二十一条,《以财务报告为目的的评估指南》第十二条、第十九条、第二十一条等规定。

上述事实,有检查报告、检查工作底稿、当事人签证和反馈意见等相关证据予以证实。

依据《中华人民共和国资产评估法》第四十七条的规定,我部决定给予你公司警告、责令停业三个月的行政处罚。

如不服本处罚决定,可以在接到本决定书之日起六十日内,依法向我部申请行政复议;或者在接到本决定书之日起六个月内,依法向北京市第一中级人民法院提起行政诉讼。除法律另有规定外,行政复议和行政诉讼期间,本处罚决定不停止执行。

财政部

2023 年 5 月 16 日

2. 财政部行政处罚事项决定书(财监法〔202×〕140 号)

当事人:河北××资产评估有限责任公司

地址:河北省石家庄市……

根据《中华人民共和国资产评估法》等法律的规定,我部组织检查组,于202×年×月对你公司202×年度执业质量等情况开展了检查。检查发现的主要问题和行政处罚决定如下:

一、检查发现的主要问题

(一)机构内部治理及质量控制体系问题。

略

(二)资产评估业务质量问题。

检查发现,你公司出具的《××股份有限公司资产减值测试事宜涉及的××能源有限公司20万吨稳定轻烃工程资产评估报告》(××评报字〔2022〕第××号),在现金流量测算时,将不属于本次评估资产组范围的待抵扣进项税纳入现金流量测算范围,导致评估结论差异10520万元(在其他条件不变的情况下,造成评估结论高估,导致资产组应减值未减值),尽管差异率为2.44%。

二、行政处罚决定

依据《资产评估行业财政监督管理办法》第四十六条等有关规定，我部认定上述事项构成重大遗漏等问题，违反了《中华人民共和国资产评估法》第十四条、第二十条，《资产评估基本准则》第五条等有关规定。

上述事实，有检查报告、检查工作底稿、当事人签证和反馈意见等证据予以证实。

依据《中华人民共和国资产评估法》第四十七条的规定，我部决定给予你公司警告、责令停业三个月、没收违法所得13.05万元并处罚款65.25万元的行政处罚。

财政部
2023年11月30日

（二）证监会行政处罚

1. 中国证券监督管理委员会福建监管局行政处罚决定书〔202×〕××号

当事人：北京××资产评估事务所（特殊普通合伙，以下简称某评估所），注册地址：北京市东城区……。

彭某某，男，195×年6月出生，某评估所签字评估师，住址：广东省深圳市……。

詹某某，男，197×年2月出生，某评估所签字评估师，住址：广东省深圳市……。

依据《中华人民共和国证券法》（以下简称《证券法》）的有关规定，我局对某评估所资产评估执业违法行为进行了立案调查、审理，并依法向当事人告知了作出行政处罚的事实、理由、依据及当事人依法享有的权利，当事人某评估所、詹某某均未提出陈述、申辩意见，也未要求听证。当事人彭某某进行了陈述和申辩，但未要求听证。本案现已调查、审理终结。

经查明，某评估所存在以下违法事实：

第四章 以财务报告为目的的评估业务自查要点

一、评估项目基本情况

2020年3月3日,SD集团股份有限公司(以下简称SD股份)与某评估所签订资产评估委托合同(以下简称《资产评估合同》),SD股份委托某评估所对SD股份合并报表层面分摊了商誉后的深圳市XF科技有限公司(以下简称深圳XF)、深圳市DF科技有限公司(以下简称DF)、ZK科技无锡有限公司(以下简称ZK公司)等3家公司资产组的可回收价值进行评估,评估收费合计50万元(其中评估费471698.10元,增值税28301.90元),但未约定上述3家公司对评估项目具体单项收费金额。上述3家公司评估项目的评估报告分别出具。

2020年6月8日,某评估所对SD股份拟合并深圳XF形成的商誉进行减值测试项目涉及的资产组可回收价值(以下简称深圳XF商誉项目)出具《资产评估报告》,项目签字评估师彭某某、詹某某。

2020年6月8日和8月12日,SD股份分两次向某评估所支付了上述3家公司评估项目总评估费合计50万元。经认定,案涉深圳XF商誉项目的评估费用为157232.70元(已扣除增值税)。

二、某评估所未勤勉尽责,出具的资产评估报告存在虚假记载

某评估所在对深圳XF商誉项目进行评估时,存在两项错误:一是在计算资产组的可回收金额过程中,利息支出项目重复加计,导致计算错误。二是在计算折现率时,相关参数未以评估基准日(2019年12月31日)为基准进行取值,导致折现率计算错误。调整上述两项错误后,深圳XF的预计未来现金流量现值应由21657.45万元下调为13007.69万元,公允价值减处置费用后的金额应由24503.66万元下调为15715.10万元。按照预计未来现金流量现值和公允价值减处置费用孰高原则,修正错误后的可收回金额应为15715.10万元。上述错误导致深圳XF商誉及其资产组的评估值高估8788.56万元,占原评估结果的比例为35.87%。

2021年8月12日,某评估所向SD股份出具了《关于对〈福建SD集团股份有限公司拟对合并深圳市XF科技有限公司形成的商誉进行减值测试项目涉及的资产组可回收价值资产评估报告(某评估所评报字〔202×〕第01-368号)〉评估结论调整说明》,对上述两项错误进行了修正。

2021年9月18日,SD股份披露《福建SD集团股份有限公司关于前期会计差错更正的公告》,补提2019年度资产减值损失87885571.55元,进而导致

调减 2019 年净利润 87885571.55 元；调减 2019 年净资产 87885571.55 元，占 SD 集团 2019 年经审计归属于上市公司股东的净资产（-468255418.78 元）绝对值的 18.77%。

某评估所未勤勉尽责，未发现利息支出项目重复加计和相关参数取值错误，导致出具的资产评估报告存在虚假记载，上述行为不符合《资产评估执业准则——资产评估程序》第十九条、《资产评估执业准则——企业价值》第二十六条的规定。

上述违法事实，有相关公告、评估报告、询问笔录、评估工作底稿、情况说明等证据证明，足以认定。

某评估所上述行为涉嫌违反《证券法》第一百六十条第一款、第一百六十三条的规定，构成《证券法》第二百一十三条第三款所述的情形。

彭某某、詹某某作为项目签字评估师，负责深圳 XF 商誉项目审核把关。在深圳 XF 商誉项目评估中，因彭某某、詹某某工作疏忽导致评估报告存在虚假记载，负有主要责任，系直接负责的主管人员。

彭某某在其申辩材料中提出：案涉评估报告预测期每年 5000 余万元的利息应形成应付利息，在计算营运资金增加额中作为减项处理，可对冲涉案的票据贴现利息重复加计的影响。在营运资金测算时少计应付款项，若补计应付款，可对冲涉案的票据贴现利息重复加计的影响，要求减免处罚。

经复核，我局认为，根据深圳 XF 历史财务报表数据（2016~2019 年），未见公司财务费用形成包括应付利息在内的应付款项。当事人以假定案涉评估报告存在其他估值偏差，对冲评估报告中实际存在的未发现利息支出项目重复加计和相关参数取值错误产生的估值偏差，于法无据，对彭某某的申辩理由不予采信。

根据当事人违法行为的事实、性质、情节与社会危害程度，依据《证券法》第二百一十三条第三款的规定，我局决定：

一、对某评估所没收业务收入 157232.70 元，并处以 50 万元的罚款；

二、对彭某某、詹某某给予警告，并分别处以 20 万元的罚款。

上述当事人应自收到本处罚决定书之日起 15 日内，将罚款汇交中国证券监督管理委员会，当事人如果对本处罚决定不服，可在收到本处罚决定书之日起 60 日内向中国证券监督管理委员会申请行政复议，也可在收到本处罚决定书之日起6个月内直接向有管辖权的人民法院提起行政诉讼。复议和诉讼期间，上述决定不停止执行。

福建证监局

2022 年 12 月 8 日

2. 中国证监会行政处罚决定书〔202×〕××号

当事人：××××（北京）资产评估有限公司（以下简称某评估公司），住所：北京市……。

金某，男，196×年1月出生，涉案项目签字评估师，住址：河南省鹤壁市……。

丁某，女，198×年6月出生，涉案项目签字评估师，住址：河南省郑州市……。

依据《中华人民共和国证券法》（以下简称《证券法》）有关规定，我会依法对某评估公司资产评估执业未勤勉尽责案进行了立案调查、审理，并依法向当事人告知了做出行政处罚的事实、理由、依据以及当事人依法享有的权利。应当事人某评估公司、金某、丁某的要求，我会举行听证会听取了当事人的陈述和申辩。本案现已调查、审理终结。

经查，某评估公司具体违法事实如下：

一、评估项目基本情况

2020年4月，某评估公司接受郑州JGS股份有限公司（以下简称YJGS）委托，对YJGS固定资产和存货的价值进行评估，评估基准日为2019年12月31日。2020年4月25日，某评估公司就YJGS的1162台人造钻石专用设备（以下简称压机）出具《YJGS固定资产减值测试评估项目资产评估报告》（以下简称《固定资产评估报告》），就YJGS的报废及闲置、技术落后设备出具《YJGS部分固定资产减值测试评估项目资产评估报告》（以下简称《部分固定资产评估报告》），就YJGS及其子公司华晶超硬材料销售有限公司（以下简称华晶超硬）的部分存货出具《YJGS存货资产减值测试评估项目资产评估报告》（以下简称《存货评估报告》），签字评估师均为金某、丁某，评估业务收入为247524.75元。

二、某评估公司在评估过程中未勤勉尽责

（一）未充分核查压机重置成本的重要计算参数

某评估公司在评估压机设备时，将压机重量作为计算压机重置成本的重要参数。某评估公司根据YJGS提供的电子表格的数据确认压机重量，未获取经YJGS盖章确认的书面材料，未对各型号压机的重量进行充分核查。某评估公司依据上述电子表格认定的800型压机重量与评估底稿中YJGS盖章确认的《六面顶压机改造情况说明》中800型压机的重量不符，其未就此作进一步核查。

上述行为不符合《资产评估执业准则——资产评估程序》第十四条第二款、第十五条，《资产评估基本准则》第十五条的规定。

（二）未充分核查人造钻石专用设备的改造费用

YJGS委估资产中有739台压机存在2次改造的记录，第一次由洛阳启明超硬材料有限公司进行改造，每台压机的改造费用为45万元。第二次由河南润矽超硬材料有限公司进行改造，每台压机的改造费用为55万元。经我会另案查明，YJGS上述改造业务均为虚构。某评估公司未对上述改造情况进行充分核查验证，未收集设备改造的发票等相关资料，即将YJGS虚构的739000000元改造费用纳入了重置成本。

上述行为不符合《资产评估基本准则》第十三条，《资产评估执业准则——资产评估程序》第十二条、第十五条，《资产评估执业准则——机器设备》第十四条、第二十条第一项的规定。

（三）未充分核查部分设备存在状态及权属

YJGS委估报废设备中有2台微波等离子体化学气相沉积系统（以下简称微波设备），由YJGS向洛阳正荣机械有限公司（以下简称洛阳正荣）采购，设备账面价值为88701822元。经我会另案查明，YJGS与洛阳正荣的微波设备采购交易为虚构交易。

《部分固定资产评估报告》记载委估资产权属依据包括发票等相关资料，但某评估公司未获取微波设备购置发票，也未在评估报告中说明权属资料不完整的情况。评估底稿中微波设备采购合同记载的生产厂商和型号与某评估公司在现场调查时拍摄的设备铭牌上的生产厂商和型号不符。而某评估公司在并不能辨认盘点对象是否为该微波设备的情况下，即制作了记载实盘数量与账面数量相符的盘点表，未实施有效的现场调查程序，导致将YJGS

虚增的固定资产纳入评估范围。

上述行为不符合《资产评估基本准则》第十三条和《资产评估执业准则——资产评估程序》第十二条第一款，《资产评估执业准则——机器设备》第十四条，《资产评估执业准则——资产评估报告》第四条、第五条的规定。

（四）未充分核查部分存货存在状态及权属

评估底稿记载共有2056件《大公报创刊号》金画、400件"大公报创刊号"和3444件《香港回归二十周年》纪念金册等镀金工艺品存放于深圳市一号云仓储运有限公司仓库（以下简称一号云仓）。某评估公司未对上述存货进行现场调查和盘点数量，也未向一号云仓进行函证，仅通过线上远程查看后，即根据YJGS提供的销售合同、仓储合同变更说明、记账凭证和部分发票等材料，对上述存货的数量和权属予以认可。

上述行为不符合《资产评估基本准则》第十三条和《资产评估执业准则——资产评估程序》第六条、第十二条、第十五条的规定。

（五）评估报告记载的评估方法与实际评估方法不符

《固定资产评估报告》记载对于委估资产采用成本法评估，通过重置价值乘以成新率确定公允价值，再扣减处置费用确定可回收价值。其中现场勘查成新率是"通过检查设备的实际使用状况，根据打分法综合确定其成新率"。而某评估公司在计算成新率时并未使用打分法，评估底稿也未见打分法的相关记录。

上述行为不符合《资产评估执业准则——资产评估报告》第四条、第五条的规定。

（六）评估报告未说明关于专家工作的内容

某评估公司聘请专家刘某强（非某评估公司员工）对YJGS委估设备进行评估，测算压机等设备的评估值等评估工作主要由刘某强完成。某评估公司未综合分析评判专家的专业能力，未在《部分固定资产评估报告》《固定资产评估报告》中说明聘请专家工作的内容，评估底稿中也未见对刘某强专业能力的分析记录和刘某强的资格证件、身份信息等资料。

上述行为不符合《资产评估执业准则——利用专家工作及相关报告》第六条、第九条、第二十八条的规定。

以上事实，有相关评估报告、评估说明、工作底稿、财务凭证和相关人员询问笔录等证据证明，足以认定。

我会认为，某评估公司的上述行为违反了《证券法》第一百六十三条的规定，构成《证券法》第二百一十三条第三款所述"证券服务机构违反本法第一百六十三条的规定，未勤勉尽责，所制作、出具的文件有虚假记载、误导性陈述或者重大遗漏"的情形。金某、丁某为直接负责的主管人员。

听证过程中及听证会后，当事人某评估公司、金某和丁某提出了以下申辩意见：

首先，申辩人在评估执业中不存在未勤勉尽责的情形。

第一，关于未充分核查压机重置成本的重要计算参数问题。YJGS提供的《六面顶压机改造情况说明》文件中显示重量是"66.7T"，而同样由YJGS提供的《设备材质及参数表》电子表格的数据800型压机重量为"约60吨"，申辩人虽忽略了让YJGS对《设备材质及参数表》盖章确认，未能关注到两数据的差异，工作存在疏漏，但整个处理过程并无不妥。一是《六面顶压机改造情况说明》主要是为了说明压机改造前后技术参数的不同，其中只标明800型压机主机重量，且为参考值，而《设备材质及参数表》列示了各型号压机的整机重量，与申辩人测算的目的、要求吻合。二是根据现场观察，结合以往经验，申辩人判断800型压机从外观和体积估测是与"约60吨"的重量是大致相当的。三是结合行业专家意见、外部数据验证，选用"800型压机约60吨"的参数符合实际情况，计算过程合理公允。

第二，关于未充分核查人造钻石专用设备的改造费用问题。申辩人对人造钻石专用设备改造费用进行了必要的核实，也执行了相应的程序，虽然可能存在不足之处，但不至于上升到"未勤勉尽责"的程度。一是申辩人充分询问了设备改造动因，查询并获取了技术改造合同、记账凭证、验收单、压机改造情况说明等书面资料，在审核后未发现异常。二是《资产评估执业准则——机器设备》等规定并未将发票作为必须核查验证的程序，压机改造事项的确认不能以有无发票进行确定。三是账面价值的确认属于审计机构的执业范围，在之前年度审计机构已对账面价值确认的情况下，申辩人没有理由质疑其真实性。即使改造费用中有4.06亿元发生在2019年度，YJGS及其审计机构也未进行任何说明。

第三，关于未充分核查部分设备存在状态及权属问题。一是委托人根据自己的账面记载向评估机构申报了两台报废设备，评估人员在企业人员陪同

第四章 以财务报告为目的的评估业务自查要点

下到现场盘点、查勘设备,发现指认设备无法确定是否为微波设备,最终以设备预计的金属回收价格作为评估值。在此背景下评估人员对设备型号、厂商的核对,对评估结论根本没有影响。二是微波设备的权属不应以有无发票进行确定,评估人员在现场查勘后确认了占有,核查完合同支付凭证后确认了购买和付费的情况下,并没有证据或表象显示权属存在瑕疵需要披露。三是相关资产是否纳入减值测试范围应是审计机构、被审计企业确定,评估范围的调整并非评估机构的执业范围。四是评估结论中对微波设备已大额减值,无论此项资产有无虚假入账问题,本次评估都未导致虚增资产的后果。

第四,关于未充分核查部分存货存在状态及权属问题。一是本次评估业务发生于 2020 年 3、4 月即新冠疫情暴发后刚刚复工之际,申辩人在对企业的绝大多数存货进行了高比例抽样盘点未发现管理异常后,针对深圳一号云仓的存货,通过查阅近年度审计报告及视频查勘进行核验。申辩人执行了必要的评估程序。二是很多存货系抵账商品,欠款单位没有开票的主动性和能力,YJGS 当时没有获取发票也属正常。对于合同存管期限已过的事实申辩人确实没有重视,但从视频查勘等程序执行,印证了这部分存货确实存在。三是该部分存货账面价值 8703.32 万元,评估值仅为 984.27 元,评估机构并不存在虚增存货的情况,反而是据实大幅计提了减值。

第五,关于评估报告记载的评估方法与实际评估方法不符问题。申辩人在确定压机设备成新率时实际使用了打分法。因委估的压机设备在生产线上工作状态下通有高压电,不可能整体"停车"供评估人员逐个勘察,工程师及评估人员对其他型号压机进行初步查勘后,认为压机整体上有过改造且使用率低,通常情况下低水平开工率的机器使用设备勘察法取得的成新率一般等于或高于年限法,申辩人出于谨慎性原则为不高估成新率,默认年限成新率与勘察成新率相同,并不是评估方法叙述与实际操作不一致。刘某强说没有对压机进行打分,实质是年限成新率与查看打分获得的成新率是一致的,签字评估师以及本公司质控在刘某强工作成果上做过上述分析也认可此判断,才直接采用了其工作成果。

第六,关于评估报告未说明关于专家工作的内容问题。申辩人前期未将对外聘专家刘某强的身份资料、资格证件入档处理,披露和留痕方面有失误。但刘某强只是在设备评估经验相对丰富,并无专家聘书或认定证书,也非人造金刚石行业的具有特殊知识的个人,能否称为《资产评估执业准则——利用专家工作及相关报告》当中的"因涉及特殊专业知识和经验，聘请某一领域中具有专门知识、技能和经验的个人协助工作"所指专家有待商榷。且报告中没有披露利用专家工作的内容，最终应该没有对报告使用者产生任何误导。

其次，涉案行为超过处罚时效。资产评估报告出具日期为 2020 年 4 月 25 日。2022 年 4 月 27 日证监会调查人员到现场开展调查，2022 年 11 月申辩人收到证监会立案通知。调查起始日和立案通知日均已超过 2 年处罚时效规定。

最后，本案对当事人量罚过重。某评估公司及签字评估师均为初次违规。会计机构在使用涉案资产评估报告后，仍然对涉及的存货、设备出具了无法发表意见的审计结论，即申辩人评估执业行为没有造成危害后果。本案与既往处罚案例相比量罚过重。

综上，某评估公司、金某和丁某申请我会免除或减轻处罚。

经复核，我会对申辩人上述申辩意见不予采纳，理由如下：

首先，根据在案证据，足以认定某评估公司评估执业未勤勉尽责。

第一，申辩人未充分核查压机重置成本的重要计算参数。根据刘某强等人询问笔录及评估底稿，参与评估项目人员均未关注到《六面顶压机改造情况说明》中的压机重量与计算参数存在不一致，也未对压机重量进行核查验证。申辩人称其从外观和体积估测 800 型压机重量与"约 60 吨""大致相当"，并无底稿记录支撑。再者，申辩人针对压机重量的相关解释前后不一，且均缺乏评估底稿证据支持，其主张难以成立。

第二，申辩人未充分核查人造钻石专用设备的改造费用。刘某强等人在询问笔录中称，现场勘查时看不出来压机是否经过改造，也未核查压机改造前后生产出来的产品是否有区别，系依据财务凭证、账面价值将改造费用纳入重置成本。我会认为，正因某评估公司未在现场勘查中核实压机改造情况和数量，其对财务凭证、合同等资料的核验更应审慎。而根据相关人员询问笔录及评估底稿，某评估公司并未对压机巨额改造费用没有发票的异常情况作进一步核实，也不清楚发票缺失的原因，我会认定其对纳入重置成本的改造费用核查不充分并无不当。至于申辩人提出的审计机构未对该资产账面价值提出异议，并不足以作为其不充分履行资产评估程序的免责理由。

第三，关于当事人未充分核查部分设备存在状态及权属。一是根据相关

| 第四章　以财务报告为目的的评估业务自查要点

人员询问笔录及评估底稿,负责现场监盘微波设备人员无法确定盘点对象是否为微波设备,且现场拍摄照片中设备铭牌上的生产厂商、型号与采购合同明显不符。某评估公司实施的现场调查程序明显不到位,不能确认微波设备实际存在,申辩意见所述"评估人员现场勘查后确认了占有"与事实不符。二是发票是关于机器设备权属的重要证明资料。某评估公司在评估报告中记载权属依据为"华晶股份公司提供的设备、存货购置合同、发票等相关资料",但其未获取微波设备的发票,也未披露重要权属资料缺失的情况。综合以上事实,某评估公司未遵循《资产评估执业准则——机器设备》第十四条"执行机器设备评估业务,应当对机器设备进行现场逐项调查或者抽样调查,确定机器设备是否存在、明确机器设备存在状态并关注其权属"的规定。同时,我会认为,一项资产系真实采购、真实存在,之后因为种种原因计提减值,和一项资产系虚构采购、根本不存在,之后通过减值消化,对报告使用者的意义完全不同。申辩人提出的评估结论未导致虚增资产等意见不足以构成免责理由。

第四,关于当事人未充分核查部分存货存在状态及权属。一是某评估公司在未对存放于一号云仓的存货进行现场调查、未对存货的具体数量进行盘点、也未向一号云仓函证的情况下,仅通过线上远程查看了上述存货后,即根据从 YJGS 获取的销售合同、仓储合同变更说明、记账凭证、入库单、部分照片和部分发票,对上述资产的数量和权属予以认可。二是某评估公司获取的资料存在明显缺失和异常,包括 6000 余万元存货未见发票,仓储合同到期日明显早于评估基准日等,某评估公司获取的资料不足以证明上述存货在评估基准日的数量和权属。综上,某评估公司未对上述存放于一号云仓的存货进行现场调查,且采取的措施并不能弥补现场调查程序的缺失,其对上述存货的现状及权属的核查不到位。至于申辩人称其评估结论为大幅减值,未导致虚增存货,同样不足以构成免责理由。

第五,申辩人称其在确定压机设备成新率时实际使用了打分法,缺乏相应证据支持。一是刘某强在询问笔录中称其未对压机打分,对于型号为 1000 型和 650 型压机的成新率在年限法计算的成新率的基础上再向下修正 3%,其他压机采用的成新率的是年限法计算的成新率,没有对其他压机的成新率做修正。宁某伟在询问笔录中称无法对这些压机做出近距离的观察,所以实际计算综合成新率时只考虑折旧的影响。同时,评估底稿并无对压机勘查打分的记录，底稿中成新率的计算过程也与刘某强的询问笔录相符，并未体现对现场勘查成新率的考虑。二是评估底稿中无压机使用率数据和论证，申辩意见所述"使用率低"并无相应依据，"出于谨慎性原则为了不高估成新率，默认年限成新率与勘察成新率相同"的解释反而说明某评估公司未对压机做现场勘查打分并据此计算成新率。

第六，某评估公司提供的刘某强简历和任职资格资料为事后补充，均未在评估底稿中，不能证明其在执行 YJGS 资产评估项目时对专家专业能力的分析评判情况。再者，丁某、金某等人在询问笔录中称，由于某评估公司的评估人员并不具备评估 YJGS 委估设备的能力，因此聘请专家刘某强对 YJGS 委估设备进行评估，测算压机等设备的评估值等评估工作主要由刘某强完成。如申辩人认为其所聘专家刘某强实际不具有行业专家资质或能力，则说明某评估公司不具备执行该业务的专业能力，不应受理该业务。

综合以上事实，我会认为，某评估公司在执行 YJGS2019 年年报资产减值评估项目时，存在未核查验证重要计算参数、未充分核查委估资产及评估资料等未勤勉尽责情形，出具的评估报告存在误导性陈述，构成《证券法》第二百一十三条第三款所述情形。

其次，本案并未超过行政处罚时效。申辩人所述其签收立案告知日或接受现场调查开始日均非本案违法行为发现日。某评估公司评估执业违法行为与 YJGS2019 年年报信息披露违法行为相关联，发现 YJGS 相关违法时间同时可认定为发现某评估公司违法线索时间。我会于 2020 年即对 YJGS 信息披露违法行为展开现场调查，且于 2020 年 11 月 20 日调取了申辩人出具的评估报告与评估工作底稿等证据。申辩人关于本案已超过行政处罚时效的主张不能成立。

最后，我会量罚并无不当。某评估公司在执行 YJGS2019 年年报资产减值评估项目中存在多项未勤勉尽责情形，导致将 YJGS 虚增的资产纳入评估范围，将 YJGS 虚构的改造费用纳入评估值，申辩人辩称其无主观过错，以及相关违法行为未产生危害后果，与事实不符。我会已充分考虑其违法行为的性质、情节和危害后果，量罚并无不当。

根据当事人的违法事实、性质、情节与社会危害程度，依据《证券法》第二百一十三条第三款的规定，我会决定：

一、对某评估公司（北京）资产评估有限公司责令改正，没收业务收入 247524.75 元，并处以 742574.25 元罚款；

二、对金某、丁某给予警告，并分别处以 20 万元罚款。

上述当事人应自收到本处罚决定之日起 15 日内，将罚款汇交中国证券监督管理委员会，当事人如果对本处罚决定不服，可在收到本处罚决定书之日起 60 日内向中国证券监督管理委员会申请行政复议，也可在收到本处罚决定书之日起 6 个月内直接向有管辖权的人民法院提起行政诉讼。复议和诉讼期间，上述决定不停止执行。

中国证监会
2023 年 12 月 21 日

二、行政监管措施案例

1. 行政监管措施的决定

北京×××资产评估有限责任公司及彭某某、胡某、韩某、翟某某、李某某：

经查，你们在北京 H 高科数字技术股份有限公司 2018 年度至 2020 年度以财务报告为目的的商誉减值测试所涉及的天津 PT 科技有限公司（以下简称 PT）、北京 JS 科技发展有限公司（以下简称 JS）相关资产组组合可回收价值评估项目（×××资评财报字〔2019〕第 3133 和 3132 号、×××资评报字〔2020〕第 10163 和 10164 号、×××资评报字〔2021〕第 10219 和 10220 号，以下分别简称 2018/2019/2020 年度 PT/JS 项目，或合称 6 个项目）执业中存在以下问题。

一、评估范围与评估方法方面

1. 评估范围方面。未对企业确定的商誉减值测试评估范围进行充分核实，6 个项目的实际评估范围与商誉减值测试评估相关要求不一致。

2. 评估方法方面。对于收益法评估结果显示商誉需减值的 2018 年度 JS 项目、2019 年度 JS 和 PT 项目，未进一步估算资产组组合公允价值减去处置费用后的净额以确定资产组组合可回收价值。

上述情形不符合《资产评估执业准则——资产评估程序》第十五条，

《以财务报告为目的的评估指南》第十二条、第十三条、第十九条和第二十一条，《资产评估专家指引第 11 号——商誉减值测试评估》第八条和第十条的规定。

二、评估模型与参数方面

1. 营运资金方面。一是对相同评估对象不同年度的营运资金预测方法及参数取值差异较大，部分预测方法及调整依据不充分。二是 2020 年度 PT 项目测算过程中个别数据取值错误。

2. 折现率方面。一是 2020 年度 PT 和 JS 项目在计算资本结构时取值错误。二是折现率涉及的贝塔系数，参数取值方式各年度间存在不一致，且无充分理由。

3. 折现时点方面。2020 年度 JS 项目调整现金流折现时点依据不充分。

4. 增值税和企业所得税方面。一是 2019 年度和 2020 年度 JS 项目同类业务增值税税率取值不一致。二是未充分考虑母子公司企业所得税税率不一致的影响。

5. 其他参数方面。2018 年度 PT 项目、2019 年度 PT 和 JS 项目部分参数取值人为调整的依据不充分。

上述情形不符合《资产评估执业准则——资产评估程序》第十七条、第十九条和《资产评估执业准则——资产评估档案》第六条、第十一条的规定。

三、评估报告及评估说明、工作底稿方面

一是 2020 年度 JS 项目底稿中未见复核人对最终评估结果的复核情况。二是 2020 年度 JS 和 PT 项目评估报告及评估说明、底稿部分表述与实际做法不一致。三是部分底稿归档时间晚于规定期限，部分管理类底稿未签署名字和日期，个别底稿缺失，部分底稿填列错误等。

上述情形不符合《资产评估执业准则——资产评估档案》第七条、第十三条和第十五条和《资产评估执业准则——资产评估报告》第四条的规定。

你们的上述行为违反了《上市公司信息披露管理办法》第五十二条、第五十四条的规定。按照《上市公司信息披露管理办法》第六十五条的规定，我局决定对你们采取出具警示函的监督管理措施。你们应关注执业风险，及时采取措施加强质量管理，确保执业质量，并于收到本决定书之日起

30 日内向我局提交书面报告。

如果对本监督管理措施不服,可以在收到本决定书之日起 60 日内向中国证券监督管理委员会提出行政复议申请,也可以在收到本决定书之日起 6 个月内向有管辖权的人民法院提起诉讼。复议与诉讼期间,上述监督管理措施不停止执行。

中国证监会北京监管局
2022 年 1 月 20 日

2. 行政监管措施的决定〔202×〕××号

北京××××资产评估有限公司:

根据《中华人民共和国证券法》有关规定,我局对你公司执行的 SZ 技术股份有限公司(以下简称 SZ)长期股权投资、商誉减值测试相关评估项目(××××评报字〔202×〕第 9016、9020、9024、9027 号)和北京 SJ 技术股份有限公司(以下简称 SJ)商誉减值测试相关评估项目(××××评报字〔202×〕第 2078、2085 号)进行了检查,并根据需要延伸检查了相关项目前期底稿。经查,你公司在评估执业中存在以下问题:

一、SZ 相关评估项目

1. 评估假设与参数取值方面。

一是收入预测依据不充分,未充分考虑相关意向合同收入的可实现性、公司经营决策变化对未来收入的影响等。

二是连续评估中,未合理关注主要数据存在较大差异以及营运资金预测变动趋势不一致的情况。

三是未考虑期初营运资金投入事项且未见合理性分析。

四是未充分分析个别参数取值的合理性,如预计评估风险损失、资金成本参数、在建工程借款利率等。

五是未充分考虑特殊事项对评估值的影响,如在建工程、查封待拍卖房产对应负债事项。

六是存在个别计算错误,营业利润漏算其他收益。

七是个别评估假设合理性分析不足,个别评估报告中未披露关键假设。

2. 评估报告与评估程序方面。

一是个别评估报告披露不准确，披露模型与实际做法不一致。

二是对未经审计财务数据未进行专项风险分析或采取应对措施。

三是未见对表外资产、负债履行的识别辨认程序。

四是现场工作程序不到位，未见个别固定资产的盘点表、资产申报明细与汇总金额不符等。

上述情形不符合《资产评估执业准则——企业价值》第二十三条，《资产评估执业准则——资产评估程序》第五条、第七条、第十二条、第十九条，《资产评估执业准则——资产评估报告》第四条、第二十三条，《资产评估执业准则——资产评估档案》第六条、第十一条以及《以财务报告为目的的评估指南》第十一条、第二十八条的规定。

二、SJ 相关评估项目

1. 评估方法的适用性分析不合理、依据不充分。在未能合理确定公允价值减去处置费用的净额情况下，评估报告披露"资产组的预计未来现金流量的现值预期将大于公允价值减去处置费用的净额""资产组的公允价值等于预计未来现金流量的现值"，相关表述缺乏逻辑和合理性分析。

2. 因引用数据和公式错误影响评估结论准确性。未正确引用经审计的财务报表数据导致未来年度营运资金计算错误，重复加总固定资产投资金额导致资本性支出金额计算错误，进而影响评估结果。

3. 对营运资金、营业收入预测等重要参数取值合理性分析不足。针对同一评估主体，在不同年度计算营运资金时选取的各类资产周转率的方法不一致，未进行合理性分析，未获取相关支持证据；对营业收入预测依据不充分；对营业收入、毛利率、销售及研发费用预测数据与上年度差异较大的情况下，未关注并分析其合理性。

4. 预测未来现金流量时未考虑其他收益。易维迅资产组预测未来现金流量时，未考虑增值税加计抵扣、软件收入增值税即征即退等稳定的其他收益。

5. 评估假设的合理性依据不充分。关于"假设产权持有人提供的正在履行或尚未履行的合同、协议、中标书均有效并能在计划时间内完成"的评估假设，未对正在履行或尚未履行的合同、协议、中标书的计划完成时间、历史合同按时完成情况等进行统计分析。

第四章 以财务报告为目的的评估业务自查要点

上述情形不符合《资产评估执业准则——资产评估程序》第十九条,《资产评估执业准则——资产评估档案》第六条,《以财务报告为目的的评估指南》第十一条、第十九条、第二十八条、第三十五条以及《企业会计准则第 39 号——公允价值计量》第十八条的相关规定。

你公司的上述行为违反了《上市公司信息披露管理办法》第四十五条、第四十七条的规定,根据《上市公司信息披露管理办法》第五十五条的规定,我局决定对你公司采取出具警示函的行政监管措施,并记入证券期货市场诚信档案。你公司应关注执业风险,及时采取措施加强质量管理,确保执业质量,并于收到本决定书之日起 30 日内向我局提交书面报告。

如果对本监督管理措施不服,可以在收到本决定书之日起 60 日内向中国证券监督管理委员会提出行政复议申请,也可以在收到本决定书之日起 6 个月内向有管辖权的人民法院提起诉讼。复议与诉讼期间,上述监督管理措施不停止执行。

中国证监会北京监管局

2023 年 9 月 27 日

3. 行政监管措施的决定〔202×〕××号

深圳××资产评估所(特殊普通合伙)及谭某某、罗某某、赵某某:

根据《证券法》相关要求,我局对你们执行的 XH 智能科技股份有限公司 2021 年、2022 年商誉减值测试涉及的 XH 控股有限公司(以下简称 XH 控股)资产组组合可收回金额评估项目进行了检查。经查,你们主要存在以下问题。

一、营业收入及成本评估方面

(一)2021 年商誉减值测试评估

1. 你们未对预测的主营业务收入、毛利率数据与 XH 控股历史数据存在差异的原因及合理性进行充分分析说明。

2. 未结合历史期固定成本和变动成本构成、变动成本影响因素等对 XH 控股销售类业务变动成本合理性进行分析说明。

上述行为不符合《资产评估执业准则——资产评估程序》第十七条、《资产评估执业准则——资产评估方法》第十一条、《以财务报告为目的的评估指南》第二十八条的相关规定。

（二）2022年商誉减值测试评估

1. 你们预测的XH控股各类业务2023年增长趋势变动较大，但未按照业务类型对收入预测的合理性进行分析说明。

2. 你们在预测营业成本和毛利率时，未能充分考虑各类业务毛利率差异较大等实际情况对不同业务类型分别进行分析预测。

3. 2022年毛利率预测方式与2021年不一致，你们未说明两次评估预测方式不一致的原因及合理性。

上述行为不符合《资产评估执业准则——资产评估程序》第十七条、《资产评估执业准则——资产评估方法》第十一条、《以财务报告为目的的评估指南》第二十三条、第二十八条、第三十七条的相关规定。

二、税金及附加评估方面

1. 2021年、2022年商誉减值测试评估时，你们按照历史期平均税率预测增值税进项税额，而未根据预测成本及对应税率进行测算，你们未对采用上述评估方法的合理性进行分析说明。

2. 2021年、2022年商誉减值测试评估时，你们对印花税预测方式不一致，你们未说明两次评估预测方式不一致原因及合理性。

上述行为不符合《资产评估执业准则——资产评估程序》第十七条、《资产评估执业准则——资产评估方法》第十一条、《以财务报告为目的的评估指南》第二十三条、第二十八条、第三十七条的相关规定。

三、管理费用、销售费用评估方面

1. 2021年商誉减值测试评估时，未对XH控股收入预测增长的情况下，预测的销售人员数量、人均工资及职工薪酬下降的合理性进行充分分析说明。

2. 2022年商誉减值测试评估时，未对XH控股管理人员大幅减少的合理性进行充分分析说明。

上述行为不符合《资产评估执业准则——资产评估程序》第十七条、《资产评估执业准则——资产评估方法》第十一条、《以财务报告为目的的评估指南》第二十八条的相关规定。

四、营运资金评估方面

1. 2021年商誉减值测试评估时，预测的XH控股详细预测期营运资金周转率与历史期差异较大,你们未对其合理性进行充分分析说明。

2. 2022 年商誉减值测试评估时,预测的 XH 控股营业收入与回款速度同时增加,与公司实际情况不符,你们未对其合理性进行充分分析说明。

3. 两次评估预测的 XH 控股营运资金周转率差异较大,你们未对差异原因及合理性进行充分分析说明。

上述行为不符合《资产评估执业准则——资产评估程序》第十七条、《资产评估执业准则——资产评估方法》第十一条、《以财务报告为目的的评估指南》第二十八条的相关规定。

五、折现率评估方面

1. 2021 年、2022 年商誉减值测试评估时,你们按照息税前利润与 15% 所得税税率计算税后现金流,但 XH 控股子公司所得税率均为 25%,你们未对采用 15% 所得税税率合理性进行分析说明。

2. 2021 年、2022 年商誉减值测试评估时,你们在计算 XH 控股税前折现率时未考虑研发费用加计扣除税收政策对所得税的影响。

上述行为不符合《资产评估执业准则——资产评估程序》第十七条、《资产评估执业准则——资产评估方法》第十一条、《以财务报告为目的的评估指南》第三十四条的相关规定。

你们上述行为违反了《上市公司信息披露管理办法》第四十五条、第四十七条的规定。按照《上市公司信息披露管理办法》第五十五条的相关规定,我局决定对你们采取出具警示函的监督管理措施并记入证券期货市场诚信档案数据库。

你们应严格遵照相关法律法规规定,及时采取措施加强内部管理,建立健全质量控制体系,确保执业质量。你们应当在收到本决定书之日起 15 个工作日内向我局报送书面整改报告。

如果对本监督管理措施不服,可以在收到本决定书之日起 60 日内向中国证券监督管理委员会提出行政复议申请,也可以在收到本决定书之日起 6 个月内向有管辖权的人民法院提起诉讼。复议与诉讼期间,上述监督管理措施不停止执行。

中国证券监督管理委员会山东监管局

2023 年 12 月 29 日

4. 行政监管措施的决定〔202×〕××号

×××资产评估土地房地产估价有限公司、张某某、肖某某：

依据《中华人民共和国证券法》有关规定，我局派出检查组对你们执业的广东XLT光电科技股份有限公司（以下简称XLT）以财务报告为目的所涉及的房屋建筑物和土地使用权的公允价值资产评估项目进行了检查。检查发现，你们在上述评估项目执业中存在以下问题：

一、未充分考虑可比案例选取的恰当性。

一是未充分考虑土地可比案例对区位、成交日期、出让方式的影响。评估采用的3个土地可比案例中，案例1、案例2与估价对象距离较远，你们未说明未采纳同一街镇辖区2020年成交出让工业用地案例的理由；案例3成交日与评估基准日相距较远且与评估对象出让方式不同，你们未说明没有采用临近评估基准日案例的理由，且未对出让方式进行修正。

二是未充分考虑不同基准日的评估仍选取相同可比案例的不足。你们分别以2019年1月1日、2019年12月31日、2020年10月1日、2020年12月31为基准日，出具了4份评估报告。上述评估报告的市场比较案例相同，仅对交易日期进行了修正，未充分考虑针对4个不同时点选择同一案例是否适当。同时，4次评估相关宏观经济分析内容相同，没有体现不同时点应有的差异。

上述情形不符合《资产评估执业准则——不动产》第十七条、第十八条，《资产评估执业准则——无形资产》第二十三条，《以财务报告为目的的评估指南》第二十四条、第二十五条，《房地产估价规范》（GB/T 50291-2015）第4.2.3条的规定。

二、参数修正不合理。

一是评估底稿中工业厂房与写字楼采用的市场法交易案例均为挂牌价，非市场成交价，你们未进行修正调整。

二是未考虑评估对象的权属受限情况。你们运用市场法对投资性房地产进行估值，在被评估资产存在查封、抵押情形而可比案例权属未受限的情况下，未进行修正调整。

三是未充分说明修正区域因素的依据。你们未充分说明将地块区域因素情况划分为一般、较劣、较优的调整标准，未充分说明差异调整依据。你们关于评估对象用地的区域状况与该地块自建房屋建筑物的区域状况描述不一致。

四是未对评估对象的结构、层数等因素进行修正。5#车间为钢结构一层厂房,你们在评估中选用了与非钢结构的4#车间相同的可比案例,未对结构差异进行修正。八层楼为框架结构八层厂房,你们在评估中选用了与三层框架结构的4#车间相同的可比案例,未对层数差异进行修正。

五是交易时间修正存在差错。测算表中记录工业厂房与写字楼的3个可比案例交易时间为2019年12月,但底稿中未见上述交易时间相关依据。其中,部分可比案例的实际交易时间为2020年8月23日,案例交易时间修正存在差错。

六是新旧程度相关因素修正存在计算错误。

七是收益法下部分参数选取依据不足。你们运用收益法对自建房屋进行评估,未说明所使用的同类物业租金均价及租金年增长率的相关取值依据。

上述情形不符合《资产评估执业准则——不动产》第十七条、第十九条、第二十一条、第二十二条,《资产评估执业准则——无形资产》第二十三条,《资产评估执业准则——资产评估程序》第十九条、第二十一条,《房地产估价规范》(GB/T 50291－2015)第4.2.2条、第4.2.5条和第4.2.12条的规定。

三、评估报告编制存在疏漏。

一是评估报告未列明法律法规依据和准则依据。评估报告评估依据有关主要法律法规中,部分法规未更新为最新的修订文号及实施日期;本次评估为证券评估业务,但主要法律法规未列明《中华人民共和国证券法》;本次评估对象为投资性房地产,具体为土地与房屋建筑物,评估报告有关主要准则依据未列明《投资性房地产评估指导意见》与《资产评估执业准则——不动产》等。

二是获取的产权证明与报告记录不一致。根据评估报告附件中的产权证明文件,4#车间、5#车间以及八层楼房设立的抵押均已注销,但报告中披露4#车间、5#车间以及八层楼仍为已设立抵押状态。

三是报告附件要素不齐全。评估报告附件未见纳入评估范围的房屋建筑物与土地的照片及相关区位图;评估说明中采用市场法评估可比案例未说明位置及附上位置图和外观照片。

上述情形不符合《资产评估基本准则》第十五条,《资产评估执业准则——资产评估报告》第二十条及《房地产估价规范》（GB/T 50291-2015）第4.2.5条、第7.0.19条的规定。

四、底稿编制存在错漏。

一是部分评估人员未在底稿中签名。房屋建筑物与土地现场调查表仅有评估助理签字，未见两名签字评估师签字；评估报告审核记录表未见审核人在修改验证后签字。

二是部分底稿信息填写不全。房屋建筑物与土地现场调查表中勘察信息填写不全，未见具体情况打钩与评分。

三是部分底稿信息填列有误。评估底稿中，评估基准日、评估报告审核签字日期、发文程序相关日期、工作小结复核日期等记录存在错误；评估报告书发文控制表将评估方法列明为成本法/资产基础法，实际采用方法为收益法与市场法。

上述情形不符合《资产评估执业准则——资产评估档案》第五条、第六条、第十二条，《房地产估价规范》（GB/T 50291-2015）第3.0.2条、第8.0.4条的规定。

你们的上述行为不符合《资产评估执业准则》的有关要求，违反了《上市公司信息披露管理办法》第五十二条、第五十四条的规定。张明阳、肖铁锋作为XLT评估项目的签字评估师，对上述违规行为负有主要责任。

根据《上市公司信息披露管理办法》第六十五条的规定，我局决定对你们采取出具警示函的行政监管措施。你们应认真吸取教训，严格遵照相关法律法规和资产评估执业准则的规定做好整改工作，进一步加强内部管理，健全质量控制制度，同时你们应对相关责任人进行内部问责，于收到本行政监管措施决定书30日内向我局报送整改报告、内部问责情况报告。

如果对本监督管理措施不服，可以在收到本决定书之日起60日内向中国证券监督管理委员会提出行政复议申请，也可以在收到本决定书之日起6个月内向有管辖权的人民法院提起诉讼。复议与诉讼期间，上述监督管理措施不停止执行。

广东证监局

2022年3月21日

5. 行政监管措施的决定〔202×〕××号

××资产评估有限公司、魏某、崔某：

根据《中华人民共和国证券法》的有关规定，我局对你们执业的 XHY 科技集团股份有限公司估计应收关联公司款项预期信用损失所涉及的应收陕西 TJ 汽车股份有限公司款项预计可回收价值资产评估项目（以 2019 年 12 月 31 日为评估基准日）进行了检查。经查，你们在执业过程中存在以下问题：

一、未对存货获取充分的评估依据

你们在评估说明中称，存货中产成品的评估值为不含税销售价，其中不含税销售价根据陕西 TJ 汽车股份有限公司（以下简称陕西 TJ）提供的 2019 年 10 月版销售政策中的售价确定，但底稿中未见销售政策文件。在公司存在多笔对外销售的情况下，你们也未参照实际销售价格进行估值。上述行为违反了《资产评估执业准则——资产评估程序》第十三条、第十七条的规定。

二、对房地产的评估执行不到位

一是未考虑土地使用权的转让限制。根据陕西 TJ 与 BJ 高新区汽车工业园管理局（以下简称管理局）签订的《项目入区投资建设合同》，未经管理局同意，陕西 TJ 不得擅自改变土地用途并不得私自进行转让。你们未考虑该限制条件，直接参考类似工业用地交易价格确定土地使用权评估值。上述行为违反了《资产评估执业准则——不动产》第七条的规定。

二是对存在权属瑕疵的土地未获取充分的评估依据。你们将陕西 TJ 三幅土地纳入评估范围，其中一幅土地没有获取土地使用证等权属证明，你们未取得土地出让金及税费缴纳凭证，也未访谈相关部门等核实土地权属的合理性。上述行为违反了《资产评估执业准则——资产评估程序》第十二条的规定。

三是未考虑房屋建筑物、土地使用权变现时税费对评估价值的影响。评估报告称假设通过拍卖竞价的方式对固定资产、土地使用权进行出售，但你们未考虑公司应承担的土地增值税等税费对评估值的影响。上述行为违反了《资产评估执业准则——资产评估程序》第十七条、《资产评估执业准则——不动产》第十七条的规定。

四是未见房屋建筑物估值采用的分摊比例依据。你们对房屋建筑物的计算采用价格指数修正，人工成本、机械、建筑材料分别按 10%、20%、

70%的比例分摊，但未见该分摊比例的来源及依据。上述行为违反了《资产评估执业准则——资产评估程序》第十三条、第十七条的规定。

三、对应付账款取得的评估依据无法支撑评估结论

陕西TJ2018年度财务报告被出具保留意见，原因包括会计师无法就回函差异事项、公司内部决议对部分长账龄应付账款转入营业外收入事项获取充分、适当的审计证据。你们获取了上述审计报告，在未核实应付账款上期保留事项是否解决、2019年部分回函存在较大金额不符的情况下，认可陕西TJ2019年应付账款金额，取得的评估依据无法支撑评估结果。上述行为违反了《资产评估执业准则——资产评估程序》第十五条、第十七条的规定。

四、评估师未执行现场调查程序

陕西TJ于2019年下半年停产，你们仅在2020年6月初通过电话访谈形式了解情况，未通过现场调查核实资产的使用状况及性能。上述行为违反了《资产评估执业准则——资产评估程序》第五条、第十二条的规定。

你们存在上述执业问题，违反了《资产评估执业准则》相关规定，也违反了《上市公司信息披露管理办法》第五十二条、第五十四条的规定。魏巍、崔松作为签字资产评估师，对上述违规行为负有主要责任。根据《上市公司信息披露管理办法》第六十五条的规定，我局决定对你们采取出具警示函的监督管理措施。

请你们严格按照相关法律法规和《资产评估执业准则》的规定，采取措施加强内部管理，建立健全质量控制制度，确保评估执业质量。

如果对本监督管理措施不服，可在收到本决定书之日起60日内向中国证券监督管理委员会提出行政复议申请，也可以在收到本决定书之日起6个月内向有管辖权的人民法院提起诉讼。复议与诉讼期间，上述监督管理措施不停止执行。

江苏证监局

2022年7月9日

6. 行政监管措施的决定

上海××资产评估有限公司、李某、高某某：

经查，你们在执行SM传媒股份有限公司（以下简称SM传媒）拟进行

第四章　以财务报告为目的的评估业务自查要点

商誉减值测试所涉及的淮安 AD 广告有限公司（以下简称淮安 AD）、上海 ZH 广告有限公司（以下简称上海 ZH）、上海 KY 文化传播有限公司（上海 KY）、杭州 ZW 科技有限公司（以下简称杭州 ZW）、宁波 AD 广告有限公司（以下简称宁波 AD）、上海 GD 影视文化有限公司（以下简称上海 GD）共 6 家公司相关资产组价值资产评估项目（报告文号：××评报字〔202×〕第 0140 号至第 0145 号）中存在以下问题：

一、收入预测缺乏充分、合理依据

一是预测上海 ZH 等 5 家公司 2022 年度至 2026 年度收入稳步增长，与历史期存在重大差异，预测过程未在底稿中分析说明。

二是在预测上海 GD2022 年影视剧收入时，未了解相关主创团队以往的作品、票房、创作周期等信息，未关注到 2022 年预计产生收入的作品与其他底稿中的作品上映计划存在不一致。

三是上海 GD 收入预测底稿中存在表格链接错误，导致 2022 年度至 2026 年度预计收入不准确。此外，收入预测折扣系数、收入增长额等参数在底稿中没有分析说明与确定过程。

四是预测上海 KY 未来收入时，未关注到掌握重要客户资源的业务人员离职、重要客户未续约两项重要期后事项，未考虑上述期后事项对未来收入的负面影响。

五是上海 KY2021 年末在手订单占 2022 年预测收入比例较低，未分析其合理性。

六是宁波 AD2022 年一季度实际收入占全年预测收入比例较低，未分析分季度收入波动情况与 2022 年一季度实际收入占全年预测收入比例较低的合理性。

七是在淮安 AD 未完成上一年度预算的情况下，预测的淮安 AD2022 年收入高于其自身制定的目标，预测过程未在底稿中进行分析说明。

上述情形不符合《资产评估执业准则——资产评估程序》（2018）第十三条、《资产评估执业准则——企业价值》（2018）第二十三条、《资产评估执业准则——资产评估档案》（2018）第六条、《以财务报告为目的的评估指南》（2017）第二十八条的规定。

二、毛利率预测缺乏充分、合理依据

一是上海 ZH 部分业务历史毛利率波动较大，以 2020 年度与 2021 年度毛利率的算术平均值作为预测期各项毛利率且在预测期内未发生变化，未在底稿中进行分析说明。

二是预测的淮安 AD、宁波 AD 预测期毛利率水平高于近三个历史期，未在底稿中进行分析说明。

上述情形不符合《资产评估执业准则——资产评估程序》（2018）第十三条、《资产评估执业准则——企业价值》（2018）第二十三条、《资产评估执业准则——资产评估档案》（2018）第六条、《以财务报告为目的的评估指南》（2017）第二十八条的规定。

三、营运资金计算有误

一是在计算上海 KY、上海 ZH、杭州 ZW2021 年期末实际营运资本时，采用 2021 年末应有安全营运现金额，而非 2021 年末实际货币资金金额，导致上述 3 家公司 2022 年营运资本增加额计算不准确。

二是在预测淮安 AD、宁波 AD 未来期间的部分科目余额时，与计算历史周转率的口径不一致，导致未来预测营运资金不准确。

上述情形不符合《资产评估执业准则——基本准则》（2017）第五条、《资产评估执业准则——资产评估程序》（2017）第十九条的规定。

四、现场调查程序不到位

一是未按底稿所述执行函证程序，部分公司部分科目仅取得会计师事务所的询证函复印件，未执行替代程序。

二是未按底稿所述对上述 6 家公司应收账款、其他应收款、预付款项进行账龄分析，未分析坏账或长期未结算款项。

三是个别存在未达账项的银行账户未按底稿所述取得余额调节表。

四是未按底稿所述执行"调查相关法律、分析宏观经济"程序。

上述情形不符合《资产评估执业准则——资产评估程序》（2018）第十二条、第十五条的规定。

五、底稿归档不完整、索引不清晰

底稿存在归档不完整、部分资料缺少相关人员签名、纸质底稿未标记索引无法与评估明细表核对的情形。

上述情形不符合《资产评估执业准则——资产评估档案》（2018）第七条、第十四条的规定。

以上行为违反了资产评估执业准则等有关要求，违反了《上市公司信息披露管理办法》第四十五条、第四十七条的规定。李荣、高博阳作为签字资产评估师，对上述相关行为应承担主要责任。按照《上市公司信息披露管理办法》第五十五条的规定，我局决定对你们采取责令改正的监督管理措施，并记入证券期货市场诚信档案。你们应严格遵照相关法律法规和资产评估执业准则的规定，对底稿中相关差错进行更正，重新计算评估值，加强质量控制，确保评估执业质量。你们应当在收到本决定书之日起15个工作日内向我局报送整改报告。

如果对本监督管理措施不服，可以在收到本决定书之日起60日内向中国证券监督管理委员会提出行政复议申请，也可以在收到本决定书之日起6个月内向有管辖权的人民法院提起诉讼。复议与诉讼期间，上述监督管理措施不停止执行。

浙江证监局
2023年11月7日

三、自律惩戒案例

1. 自律惩戒决定书（中评协办〔202×〕××号）

厦门××资产评估与房地产估价有限责任公司：

根据《财政部办公厅关于组织开展2022年度会计和评估监督检查工作的通知》，财政部与中国资产评估协会（以下简称中评协）联合检查组于202×年×月×日至202×年×月×日，对你公司202×年执业质量进行了检查。检查发现的主要问题和自律惩戒决定如下。

一、检查发现的主要问题

检查发现，你公司出具的《福建××股份有限公司拟商誉减值测试而涉及台州市××有限公司含商誉资产组可收回金额资产评估报告》（厦××评报字〔AL202×〕第×××号）存在以下重大问题。

（一）评定估算形成结论方面

1. 营运资金链接错误。该项目测算2022年营运资金增加额时未链接至2021年营运资金占用额。修正后，收益法评估结论为81873.48万元，与报告中评估结论76019.96万元相比，差异5853.52万元（在其他条件不变的情况下，造成低估），差异率为 7.7%。

2. 2028 年度息税前利润公式链接错误。该项目测算 2028 年度息税前利润公式链接错误，错误链接至资本性支出金额。修正后，评估结论为 77955.26 万元，与报告中评估结论 76019.96 万元相比，差异 1935.30 万元（在其他条件不变的情况下，造成低估），差异率为 2.55%。

3. 该项目测算折现率过程中，可比公司贝塔剔除财务杠杆时未考虑所得税因素影响，被评估单位在从无财务杠杆转变为带杠杆贝塔时考虑了所得税因素，两者口径不一致。

上述问题违反了《资产评估执业准则——资产评估程序》第十九条、第二十一条的规定。

（二）收集整理评估资料方面

该项目测算底稿中，未见对企业历史收入、成本、费用等会计核算资料进行查阅的记录，未见对营运资金计算过程所使用的历史参数进行核验、分析的资料。上述问题违反了《以财务报告为目的的评估指南》第十条的规定。

（三）明确业务基本事项方面

该项目底稿中，未见与会计师沟通记录；与管理层的沟通记录未见对资产组的认定；未见评估对象以前年度相关资产评估情况；未见资产组与商誉原始形成的账面价值确定基础是否一致，是否存在总部（集团）资产、是否存在协同效应、是否存在需要重新调整商誉对应的资产组账面基础的情形等方面的记载；上述问题违反了《以财务报告为目的的评估指南》第八条的规定。

（四）编制出具评估报告方面

该项目评估报告书中，特别事项中未见披露"本次评估与前次评估所采用的评估方法是否一致的记录"、未见披露"本次与前次评估，资产组或资产组组合是否发生变化"。

上述问题违反了《以财务报告为目的的评估指南》第三十七条的规定。

以上事实，有签字资产评估师及被检查机构确认的评估检查工作底稿等证据证明。

二、自律惩戒决定

根据《中国资产评估协会会员执业行为自律惩戒办法》第二十七条的规定，经中评协惩戒委员会会议审议，决定：

对你公司予以严重警告的行业自律惩戒。

第四章 以财务报告为目的的评估业务自查要点

如不服本自律惩戒决定，可以在收到本决定书之日起 15 个工作日内向中评协提出书面申诉。申诉期间，本自律惩戒决定不停止执行。

中国资产评估协会
2023 年 6 月 8 日

2. 惩戒决定书（中评协办〔202×〕××号）

××（上海）资产评估有限公司：

根据《中华人民共和国资产评估法》，按照《加强资产评估行业联合监管若干措施》的规定，财政部监督评价局与中国资产评估协会（以下简称中评协）成立联合检查组，于 202×年×月对你公司 202×年执业质量等情况开展了检查。检查发现的主要问题和自律惩戒决定如下：

一、检查发现的主要问题

（一）《上海 LS 发展有限公司拟以财务报告为目的涉及其投资性房地产公允价值资产评估报告》（××沪评报字〔202×〕第××号）。

1. 计算公式参数取值错误

（1）被评估项目酒店房产实际执行 5% 的增值税率，评估计算中采用了 9% 的增值税率，导致评估结果错误。

（2）房产税计算基数不应包含租金押金利息收入，增值税和税金及附加计算基数不应包含租金押金利息收入，导致评估结果错误。

上述问题不符合《资产评估职业道德准则》第四条的规定。

2. 未收集资产减值测试评估需要的资料。

（1）未收集以前年度以财务报告为目的的投资性房地产公允价值评估报告。

（2）未收集车位数量、单位车位面积的数据资料以上问题不符合《资产评估执业准则——资产评估程序》第十三条的规定。

以上事实，有签字资产评估师及被检查机构确认的评估检查工作底稿等证据证明。

（二）《GRN 股份有限公司因以财务报告为目的涉及的在建工程、无形资产减值测试评估项目资产评估报告》（××沪评报字〔202×〕第 024 号）。

1. 在建工程评估漏项造成评估结果错误。根据机构工作底稿中"在建工程-土建工程评估评估明细表"记载，序号15-24项资产为11-16号楼及供配电等资产。在计算在建工程公允价值时漏评上述10项资产，导致评估结果错误。

上述问题不符合《资产评估职业道德准则》第四条的规定。

2. 未核实分析在建工程相关数据和资料。

（1）按评估说明描述，在建工程总预算金额参照审计报告数据确定，为55074.84万元。但评估工作底稿中没有对该数据的真实性、完整性进行核查验证的记录，也未对该数据的构成进行分析。

（2）在建工程是本次委托评估的主要资产。审计报告显示在建工程总预算金额为55074.84万元，GRN（内坑厂区）工程合同台账清单显示，合同金额总额为97802.66万元，与在建工程总预算金额存在较大差异，差异额42727.82万元，未对上述差异进行分析说明。

上述问题不符合《资产评估执业准则——资产评估程序》第十五条的规定。

以上事实，有签字资产评估师及被检查机构确认的评估检查工作底稿等证据证明。

二、自律惩戒决定

根据《中国资产评估协会会员执业行为自律惩戒办法》第三条、第二十五条的规定，经中评协惩戒委员会会议审议，决定：

对你公司予以警告的行业自律惩戒。

如不服本自律惩戒决定，可以在收到本决定书之日起15个工作日内向中评协提出书面申诉。申诉期间，本自律惩戒决定不停止执行。

中国资产评估协会
2023年12月28日

3. 自律惩戒决定书（中评协办〔202×〕××号）

××××资产评估（北京）有限公司：

根据《财政部办公厅关于组织开展2022年度会计和评估监督检查工作的通知》，财政部与中国资产评估协会（以下简称中评协）联合检查组于

202×年×月×日至202×年×月×日，对你公司202×年执业质量进行了检查。检查发现的主要问题和自律惩戒决定如下。

一、检查发现的主要问题

检查发现，你公司出具的《陕西HLYD医疗管理有限公司以财务报告为目的涉及的含并购西安YD口腔门诊部有限公司形成的商誉资产组可收回金额资产评估报告》(××××评报字〔202×〕第0030号)主要问题如下。

(一) 部分评估参数计算错误

1. 企业所得税计算错误：

被评估单位依据税收优惠政策，2020~2030年企业所得税率为15%，收益预测2026年至2030年折现率计算中错误采用了25%的企业所得税税率，导致评估结论差异194.54万元（在其他条件不变的情况下，造成低估），差异率为3.68%。

2. 企业工资总额计算错误。

被评估单位全资子公司彬州YD口腔门诊部有限公司在2022年预测期间，预测人数15人，预测年平均工资36785.72元，预测期总工资应为15×36785.72=551785.80（元），评估报告计算表中总工资错误地采用730000.00元；由于总工资计算错误，造成以总工资为基数的工会经费和职工教育经费计算错误，以上错误导致评估结论差异39.67万元（在其他条件不变的情况下，造成低估），差异率为0.75%。

上述问题违反了《资产评估执业准则——资产评估程序》第十九条、第二十一条，《以财务报告为目的的评估指南》第二十八条的规定。

(二) 评估参数选取缺少分析测算的依据和过程

1. 被评估单位预测期营业收入及其增长率预测无分析说明。

2. 被评估单位营运资金预测期选取的应收账款周转率、存货周转率、预收账款周转率、应交税费周转率、预付账款周转率、其他应收款周转率、应付账款周转率和其他应付款周转率等选取无相关分析和说明。

3. 被评估单位全资子公司彬州YD口腔门诊部有限公司预测期毛利率参数选取无分析说明及支撑材料。

上述问题违反了《资产评估执业准则——资产评估程序》第十九条的规定。

以上事实，有签字资产评估师及被检查机构确认的评估检查工作底稿等证据证明。

二、自律惩戒决定

根据《中国资产评估协会会员执业行为自律惩戒办法》第二十七条的规定，经中评协惩戒委员会会议审议，决定：

对你公司予以警告的行业自律惩戒。

如不服本自律惩戒决定，可以在收到本决定书之日起15个工作日内向中评协提出书面申诉。申诉期间，本自律惩戒决定不停止执行。

中国资产评估协会

2023年6月8日

第五章

无形资产评估业务自查要点

第一节 自查要点

一、资产评估工作底稿自查要点

(一)明确业务基本事项

1. 明确资产评估业务基本事项。
(1)形成资产评估业务基本事项的记录,并且记录清晰、明确。
(2)资产评估业务基本事项包括:
①委托人、产权持有人和委托人以外的其他资产评估报告使用人;
②评估目的;
③评估对象和评估范围;
④价值类型;
⑤评估基准日;
⑥资产评估项目所涉及的需要批准的经济行为的审批情况;
⑦资产评估报告使用范围;
⑧资产评估报告提交期限及方式;
⑨评估服务费及支付方式;
⑩委托人、其他相关当事人与资产评估机构及其资产评估专业人员工作配合和协助等需要明确的重要事项。
(3)资产评估业务基本事项记录应当由业务洽谈人签字并经评估机构

相关负责人审核签字和签署日期。

业务洽谈人员对于无形资产交易或对价背景情况的理解，交易和对价的商业逻辑。

2. 资产评估业务综合分析和评价。

（1）专业能力分析和评价。

①在决定承接评估业务之前，评估机构应当对自身专业能力进行分析和评价并做出清晰的记录。

②对自身专业能力进行分析和评价时应当考虑以下事项：

a. 评估机构是否有与评估业务相应执业经验；

b. 资产评估专业人员是否有与评估业务相关的专业知识；

c. 资产评估专业人员是否有与评估业务相应的实践经验；

d. 资产评估专业人员是否按规定完成继续教育。

③专业能力分析和评价过程应当由评价人签字并经评估机构相关负责人审核、签字。

④当执行某项特定业务缺乏特定的专业知识和经验时，是否采用了弥补措施，如利用专家工作及相关报告；当考虑利用专家工作时，是否采取必要措施，确信专家工作的合理性。这些措施包括但不限于：

a. 有渠道聘请到适合的专家，同时对所聘请专家的能力进行了解，获取资料不限于拟聘专家的专业特长、职称、专业资格、声望等因素；

b. 对专家的独立性进行调查，专家与委托人或者其他相关当事人存在关联关系，专家工作的独立性可能受到影响；

c. 向专家介绍资产评估相关规定和评估业务相关情况，提出具体工作要求；

d. 对行业技术专家意见是否进行了沟通、分析与判断；行业技术专家意见是否与评估分析相协调，较好地满足了评估需要。

利用专家工作分析和评价过程应当由评价人签字并经评估机构相关负责人审核、签字。

（2）独立性分析和评价。

①评估机构在决定承接评估业务之前，应当对独立性进行分析和评价并做出清晰的记录。

②对自身独立性进行分析和评价时应当考虑以下事项：

a. 评估机构及拟承担该项业务的评估专业人员或其亲属是否存在拥有委托人或者相关当事人的股权、债权、有价证券、债务，或者存在担保等可能影响独立性的经济利益关系；

b. 评估机构及拟承担该项业务的评估专业人员或其亲属是否存在在委托人或者相关当事人担任董事、监事、高级管理人员或者其他可能对评估结论施加重大影响的特定职务；

c. 评估机构和评估专业人员或其亲属是否存在为委托人或相关当事人编制属于该项业务对象的数据或其他记录；

d. 评估机构和评估专业人员或其亲属是否存在为委托人或相关当事人提供直接影响该项业务对象的其他服务；

e. 评估机构和评估专业人员或其亲属是否与委托人或相关当事人从事的业务之间可能存在的其他利益输送或者利益冲突关系情形。

③独立性分析和评价过程应当由评价人签字并经评估机构相关负责人审核、签字。

(3) 业务风险分析和评价。

①在对资产评估基本事项有了初步的了解基础上，分析评价可能产生的业务风险并予以清晰记录。

②业务主要风险主要分析评价应当考虑以下方面：

a. 来自委托人、产权持有人、被评估单位及其他相关当事人的风险；如相关方面（委托人、产权持有人、被评估单位）是否能积极配合评估人员开展评估工作；委托人对项目操作时间要求是否紧迫；委托人和被评估单位的诚信度及评估资料的可信度等。

b. 来自评估报告使用中的风险；如评估目的是否清晰、明确；评估报告的使用人是否能够明确。

c. 来自评估对象的风险：如评估对象和评估范围是否明确；评估对象的法律权属资料是否完整、清晰，是否存在法律纠纷等。

③根据资产评估项目风险评价情况，对相关风险情况应当制订清晰、明确的风险控制措施。

④业务风险分析和评价过程应当由评价人签字并经评估机构相关负责人审核、签字。

(二)订立业务委托合同

1. 资产评估委托合同应当由评估机构的法定代表人(或者执行合伙事务合伙人)或其授权人签字并加盖评估机构印章。

2. 资产评估委托合同应当包括下列基本内容:
   (1) 评估机构和委托人的名称、住所、联系人及联系方式;
   (2) 评估目的;
   (3) 评估对象和评估范围;
   (4) 评估基准日;
   (5) 评估报告使用范围;
   (6) 评估报告提交期限和方式;
   (7) 评估服务费总额或者支付标准、支付时间及支付方式;
   (8) 评估机构和委托人的其他权利和义务;
   (9) 违约责任和争议解决;
   (10) 合同当事人签字或者盖章的时间;
   (11) 合同当事人签字或盖章地点。

3. 资产评估委托合同订立后发现相关事项存在遗漏、约定不明确,或者在合同履行中约定内容发生变化的,资产评估机构可以要求与委托人订立补充合同或者重新订立资产评估委托合同,或者以法律允许的其他方式对资产评估委托合同的相关条款进行变更。

(三)编制资产评估计划

1. 资产评估计划的内容应当根据资产评估业务具体情况编制,并合理确定资产评估计划的繁简程度。

2. 资产评估计划应当包括以下基本内容:
   (1) 资产评估业务实施的主要过程;
   (2) 时间进度;
   (3) 人员安排。

评估计划根据拟评估无形资产的特点对评估人员能力的考虑,相关资料搜集的方案及可能出现的资料搜集困难及应对措施。

3. 资产评估计划应当由评估机构相关业务负责人审核、签字,并签署日期；应当符合机构内部关于评估计划审批流程及相应权限的规定。

（四）进行评估现场调查

1. 获取委托人或者其他相关当事人提供的资产评估申报表等。

（1）资产评估申报表填列的内容准确、完整、清晰。

（2）资产评估申报表需要提供方盖章确认。

2. 选择与评估项目相适应的现场调查方式。

现场调查方式与评估项目相适应，旨在通过采取有效的现场调查方式能够较为完整地了解评估对象特点与价值特征，获得满足评估方法实施所需要的必要信息。相适应的现场调查方式是多种具体形式或途径的，应当具有针对性。

要重点关注，应当实施并能够实施的现场调查方式，而未予以采取的情况。

（1）根据评估对象权利表现的具体情况，确定合理的评估调查方式的过程：比如：对评估对象的核实，对于具备权利证明文件的无形资产，可通过核对证书、查询公开信息并比对等方式确认评估对象的存在性、真实性、有效性；对于无权利证明文件的无形资产，应形成其他能证明履行了调查程序确认评估对象存在性、真实性、有效性的记录文件。

（2）具备条件的，应当对无形资产实施涉及的主要资产进行现场调查：评估对象已投入运用的，应形成其运用产品或服务以及其他实施情况的调查记录文件；对尚未投入运用的，应取得相关当事人对评估对象现状的说明。

（3）若涉及超出资产评估专业人员的专业能力，是否恰当地利用了专家工作。

3. 与相关人员的访谈记录。

（1）访谈对象通常包括无形资产产权持有人、相关管理人员、研发人员、利用无形资产进行生产加工的生产人员、客户等；

（2）根据项目具体情况，进行了必要的、针对性的询问，包括但不限于评估对象的来源或形成过程、基准日状况、最新的应用或实施情况、评估对象在应用中与其他资产的关系、对评估对象的未来预期设想等；

（3）访谈记录应形成书面资料。

4. 无形资产产品生产经营和财务资料调查记录。

（1）获取被评估单位提供的无形资产研发和与实施相关的生产经营资

料和财务资料;

(2) 对生产经营和财务资料进行查阅,并记录查阅结果。

5. 现场调查受到客观限制时采取的其他适用方法和记录。

(1) 对调查工作受到客观限制的分析与判断是否恰当;

(2) 调查工作受到客观限制时,采取的其他适用方法是否恰当;

(3) 上述分析判断与措施是否有相应记录。

(五) 收集整理评估资料

1. 收集以下评估资料,并进行核查验证。

(1) 收集无形资产基本资料,并进行核查验证。

①无形资产权利的法律文件、权属有效性文件或其他证明资料。

对于实行登记制度的无形资产法律文件、权属有效性文件或其他证明资料进行查验,并取得完整、有效的证书复印件;

对于无形资产合同进行关注,并取得相关交易证明文件(合同、发票等)复印件;

如果有产权瑕疵,应当取得委托人及相关当事人提供的说明、证明或承诺;

能够证明无形资产权利的其他有关外部证明文件或其内部开发立项、公司决策、委托研发、自行研发等文件资料;

资产评估专业人员应当依法对资产评估活动中使用的资料进行核查验证。核查验证的方式通常包括观察、询问、书面审查、实地调查、查询、函证、复核等。因法律法规规定、客观条件限制无法实施核查验证的事项,资产评估专业人员应当在工作底稿中予以说明,分析其对评估结论的影响程度。

②无形资产的性质和特点,历史取得和目前的使用状况。

对体现无形资产价值的实质或在企业运营中的性质、作用与特点的相关资料收集或信息记录;

对无形资产目前使用状况及无形资产的历史取得、发展、管理过程的相关资料,没有缺项或虚构内容,财务核算信息清晰、有效;

资产评估专业人员应当依法对资产评估活动中使用的资料进行核查验证。核查验证的方式通常包括观察、询问、书面审查、实地调查、查询、函证、复核等。因法律法规规定、客观条件限制无法实施核查验证的事项，资产评估专业人员应当在工作底稿中予以说明，分析其对评估结论的影响程度。

③无形资产实施的地域范围、领域范围与获利方式。

取得无形资产实施的地域范围、领域范围与获利方式的相关资料或形成的有关记录；

相关法律限制、合同约定、评估委托约定或评估假设等相关资料情况。

资产评估专业人员应当依法对资产评估活动中使用的资料进行核查验证。核查验证的方式通常包括观察、询问、书面审查、实地调查、查询、函证、复核等。因法律法规规定、客观条件限制无法实施核查验证的事项，资产评估专业人员应当在工作底稿中予以说明，分析其对评估结论的影响程度。

④无形资产以往的交易、质押、出资情况。

了解被评估无形资产以往的交易、质押、出资情况，并根据实际情况取得委托人及相关当事人提供的有关说明或证明复印件；

资产评估专业人员应当依法对资产评估活动中使用的资料进行核查验证。核查验证的方式通常包括观察、询问、书面审查、实地调查、查询、函证、复核等。因法律法规规定、客观条件限制无法实施核查验证的事项，资产评估专业人员应当在工作底稿中予以说明，分析其对评估结论的影响程度。

⑤类似无形资产的市场价格信息。

了解类似无形资产的市场价格信息，对明显存在类似无形资产市场价格信息且具有取得渠道的，应取得相近或类似无形资产的近期市场交易情况资料（包括基本情况、交易价格、交易时间及交易条件等）；

资产评估专业人员应当依法对资产评估活动中使用的资料进行核查验证。核查验证的方式通常包括观察、询问、书面审查、实地调查、查询、函证、复核等。因法律法规规定、客观条件限制无法实施核查验证的事项，资产评估专业人员应当在工作底稿中予以说明，分析其对评估结论的影响程度。

⑥宏观经济环境、行业状况及发展前景、企业状况及发展前景。

取得无形资产所处的宏观经济情况的相关资料；

取得无形资产所处的行业状况及发展前景的相关资料；

取得无形资产实施企业状况及发展前景的相关资料；

资料来源较为可靠，内容具有较好的真实性、针对性和完整性，且能够相互衔接、匹配或印证。信息内容不存在矛盾、背离或较大分歧的情况，或能够通过分析形成客观上的一致性结论，或结论具有合理性。

资料分析与判断过程记录。特别是对于直接影响测算评估方法运用或参数选择计算的资料，如：投资分析报告、可行性研究报告、同类产品价格资料、企业相关产品的产量、销售量以及成本费用信息等，应当有采取相应核查验证方式的记录内容。对于因法律法规规定、客观条件限制无法实施核查验证的事项，在工作底稿中应有相关记录或说明，分析其对评估结论的影响程度。

⑦评估目的对应的经济行为文件。

收集经济行为文件，如果经济行为需要批准的，应收集其有效批准文件；

资产评估专业人员应当依法对资产评估活动中使用的资料进行核查验证。核查验证的方式通常包括观察、询问、书面审查、实地调查、查询、函证、复核等。因法律法规规定、客观条件限制无法实施核查验证的事项，资产评估专业人员应当在工作底稿中予以说明，分析其对评估结论的影响程度。

⑧委托人和产权持有人编写的《企业关于进行资产评估有关事项的说明》。

若涉及国资业务，需收集委托人和产权持有人编写的《企业关于进行资产评估有关事项的说明》；

关注按照国有资产评估管理的最新规定，委托人身份的合规性及其在编写上述说明时的参与情况；

《企业关于进行资产评估有关事项的说明》中的有关内容完整。

（2）专利资产评估业务需收集的其他资料，并进行核查验证。

评估专利资产收集的相关信息、资料通常包括：

①专利资产的权利人及实施企业基本情况；

②专利证书、最近一期的专利缴费凭证；

③专利权利要求书、专利说明书及其附图；

④专利技术的研发过程、技术实验报告，专利资产所属技术领域的发展状况、技术水平、技术成熟度、同类技术竞争状况、技术更新速度等有关信息、资料；如果技术效果需要检测，还应当收集相关产品检测报告。

资产评估专业人员应当依法对资产评估活动中使用的资料进行核查验证。核查验证的方式通常包括观察、询问、书面审查、实地调查、查询、函证、复核等。因法律法规规定、客观条件限制无法实施核查验证的事项，资产评估专业人员应当在工作底稿中予以说明,分析其对评估结论的影响程度。

(3)著作权资产评估业务需收集的其他资料,并进行核查验证。

评估著作权资产收集的相关信息、资料通常包括:

①作品作者和著作权权利人的基本情况;

②作品基本情况,包括作品创作完成时间、首次发表时间、复制、发行、出租、展览、表演、放映、广播、信息网络传播、摄制、改编、翻译、汇编等使用情况;

③作品的类别,包括文字作品,口述作品,音乐、戏剧、曲艺、舞蹈、杂技艺术作品,美术、建筑作品,摄影作品,电影作品和以类似摄制电影的方法创作的作品,工程设计图、产品设计图、地图、示意图等图形作品和模型作品,计算机软件,法律、行政法规规定的其他作品;

④作品的创作形式,包括原创或者各种形式的改编、翻译、注释、整理等;

⑤作品的题材类型、体裁特征等情况;

⑥著作权和与著作权有关权利的情况及其登记情况;

⑦与作品相关的其他无形资产权利的情况;

⑧作品的创作成本、费用支出;

⑨著作权资产以往的评估和交易情况,包括转让、许可使用以及其他形式的交易情况;

⑩著作权权利维护情况;

⑪作品的使用范围、市场需求、同类产品的竞争状况;

⑫作品使用、收益的可能性和方式。

资产评估专业人员应当依法对资产评估活动中使用的资料进行核查验证。核查验证的方式通常包括观察、询问、书面审查、实地调查、查询、函证、复核等。因法律法规规定、客观条件限制无法实施核查验证的事项,资产评估专业人员应当在工作底稿中予以说明,分析其对评估结论的影响程度。

(4)商标资产评估业务需收集的其他资料,并进行核查验证。

评估商标资产收集的相关资料通常包括:

①商标注册人和商标使用人的基本情况;

②商标的权属及登记情况,包括注册、变更、许可、续展、质押、纠纷及诉讼等;

③对商标的知晓程度；

④相关商品或者服务的销售渠道和销售网络等；

⑤商标使用的持续时间；

⑥商标宣传工作的持续时间、程度、费用和地理范围；

⑦与使用该商标的商品或者服务相关的著作权、专利、专有技术等其他无形资产权利的情况；

⑧商标使用、收益的可能性和方式，包括实施企业财务状况、行业竞争地位、未来发展规划等；

⑨商标权利维护方面的情况，包括权利维护方式、效果、成本费用等。

资产评估专业人员应当依法对资产评估活动中使用的资料进行核查验证。核查验证的方式通常包括观察、询问、书面审查、实地调查、查询、函证、复核等。因法律法规规定、客观条件限制无法实施核查验证的事项，资产评估专业人员应当在工作底稿中予以说明，分析其对评估结论的影响程度。

2. 分析整理所收集评估资料的过程、依据和结果。

（1）无形资产是否能带来持续的可辨识经济利益，是否与其他无形资产共同发挥作用。

对被评估无形资产是否能带来独有的超额收益进行的分析过程；

无形资产带来的可辨识经济利益持续性的分析过程；

对无形资产产品实施过程中是否存在与其他无形资产共同发挥作用进行的分析过程。

（2）无形资产的剩余经济寿命和法定寿命，无形资产的保护措施。

无形资产法定寿命、经济寿命的以及预测周期的分析过程；

对无形资产所实行的保护措施内容，以及措施的有效性分析，包括对无形资产持续生产效益影响的分析。

（3）无形资产实施过程中所受到法律、行政法规或其他限制。

无形资产实施过程中受到法律、行政法规限制的分析过程；

无形资产实施过程中受到其他限制的分析过程。

（六）评定估算形成结论

1. 评估方法选择的适用性分析。

应当根据评估目的、评估对象、价值类型、资料收集等情况，分析成本法、市场法和收益法三种资产评估基本方法的适用性，选择评估方法。

2. 使用成本法评估时。

（1）无形资产重置成本的要素构成及资料来源。

①重置成本要素的构成依据充分，符合实际情况或有历史资料，或相关资料数据支持；

②重置成本各要素的取价、取费标准于评估基准日有效。

（2）无形资产重置成本的计算过程。

①重置成本要素（如合理的成本、利润和相关税费等）考虑齐全，符合实际情况，且各要素演算及推导出评估结果的计算过程准确无误；

②演算过程中符合公认的评估方法和计算模式。

（3）无形资产贬值的确定。

①应当全面考虑被评估无形资产的各种贬值因素，贬值因素符合实际情况；

②各项贬值因素分析计算过程符合公认的评估方法和计算模式。

3. 使用收益法评估时。

（1）合理估算无形资产带来的预期收益，区分评估对象无形资产和其他无形资产与其他资产所获得收益，分析与之有关的预期变动、收益期限，与收益有关的成本费用、配套资产、现金流量、风险因素。

①全面分析被评估无形资产带来的预期收益以及上述与之有关各个事项、参数等，形成合理的计算结果或合理的判断；

②分析与估算过程是否具有相应的记录。

（2）预期收益口径与折现率口径保持一致。

①预期收益指标是否明确；

②折现率选择的口径是否明确；

③选取的折现率与预期收益口径是否一致。

（3）根据无形资产实施过程中的风险因素及货币时间价值等因素合理估算折现率。

①折现率计算公式中各项参数的选取过程；

②折现率计算的准确性；

③折现率计算过程表述清晰、合理。

（4）综合分析无形资产的剩余经济寿命、法定寿命及其他相关因素，合理确定收益期限。

①无形资产剩余经济寿命、法定寿命及其他相关因素的分析过程；

②对收益期限的分析确定。

4. 使用市场法评估时。

（1）选择具有合理比较基础的可比无形资产交易案例。

①选择具有合理比较基础的可比交易案例，形成具有评估操作性的可比交易案例；

②交易案例和评估对象具有可比性，如资产特性、获利能力、竞争能力、技术水平、成熟程度、风险状况等方面。

（2）可比交易案例情况。

①作为可比交易案例的信息应当完整、真实、可靠（如交易案例的基本情况、交易价格、交易时间及交易条件等）；

②交易案例的价格可信。

（3）对可比交易案例和被评估无形资产近期交易信息进行必要调整。

①对比各比准价格，分析产生差异的原因并进行分析调整；

②根据分析结果，选取恰当的评估结果计算方式。

5. 评定估算过程和结果正确。

（1）在使用成本法、市场法和收益法评估资产的过程中，各项公式、模型应用正确，各项参数、比率确定正确，各种逻辑关系勾稽正确；

（2）数学计算过程和结果正确；

（3）不同方法计算结果较大差异时和合理原因。

（七）评估机构内部复核工作

审核意见记录。

（1）审核记录所反映的审核程序与其审核制度相一致；

（2）审核意见清晰、具体，体现实质性审核内容；

（3）审核意见得到完整、恰当答复，评估报告根据审核意见进行了修改和完善；

（4）复核记录有审核人员和项目组人员签名和日期；

（5）评估程序或资料等的特殊事项及替代方式和补充资料对评估结论的支持情况；

（6）各级审核记录保存完整。

（八）整理归集评估档案

1. 各种形式的工作底稿内容是否完整、一致。

（1）资产评估报告包括初步资产评估报告和正式资产评估报告；

（2）归档的管理类工作底稿内容是否清晰、完整，包括：资产评估业务基本事项的记录、资产评估委托合同、资产评估计划、资产评估业务执行过程中重大问题处理记录、资产评估报告的审核意见等；

（3）归档的操作类工作底稿内容是否清晰、完整，包括：现场调查记录与相关资料、收集的评估资料、评定估算过程记录等；

（4）评估机构取得的需委托人或者其他相关当事人签字、盖章或者以法律允许的其他方式确认的资料（如资产评估明细表、关于进行资产评估有关事项说明及其他重要资料等）；

（5）资产评估项目所涉及的经济行为需要批准的，批准文件是否归档；

（6）各级审核记录（包括外审记录）是否归档；

（7）归档工作底稿记录的字迹是否清晰，是否编制了工作底稿目录，建立了必要的索引号。

2. 资产评估档案的归集。

（1）工作底稿归档时间是否符合《资产评估准则——资产评估档案》的相关规定；

（2）电子文档或者其他介质的评估业务档案信息是否一致、匹配；

（3）归档目录中是否注明文档介质形式；

（4）电子文档或者其他介质形式的重要工作底稿，如资产评估委托合同、资产评估报告应当同时形成纸质文档，评估明细表、评估说明可以是纸质文档、电子文档或者其他介质形式的文档。

3. 资产评估档案的管理。

（1）在法定保存期内妥善保存资产评估档案；

（2）资产评估档案由资产评估机构集中统一管理，不得由原制作人单独分散保存；

（3）资产评估档案的管理应当严格执行保密制度，除国家机关、资产评估协会、其他依法需要调阅等情形外，资产评估档案不得对外提供。

二、资产评估报告自查要点

（一）资产评估报告主要内容完整性

1. 资产评估报告应当包括下列内容：标题及文号、目录、声明、摘要、正文、附件。

2. 重点关注评估报告构成的完备性，缺一不可。同时关注标题、声明、摘要内容的规范性、充分性和完整性。

3. 资产评估报告标题应当简明清晰，一般采用"企业名称＋经济行为关键词＋评估对象＋评估报告"的形式。

4. 资产评估专业人员应当声明遵循法律法规，恪守资产评估准则，并对评估结论合理性承担相应的法律责任。评估报告声明应当提醒评估报告使用人关注评估报告特别事项和使用限制等内容。

5. 评估报告摘要应当简明扼要地反映经济行为、评估目的、评估对象和评估范围、价值类型、评估基准日、评估方法、评估结论及其使用有效期、对评估结论产生影响的特别事项等关键内容；评估报告摘要应当采用下述文字提醒评估报告使用人阅读全文："以上内容摘自评估报告正文，欲了解本评估项目的详细情况和正确理解评估结论，应当阅读评估报告正文。"

（二）资产评估报告正文的完整性

资产评估报告正文应当包括：委托人、产权持有人及其他资产评估报告使用人；评估目的；评估对象和评估范围；价值类型；评估基准日；评估依据；评估方法；评估程序实施过程和情况；评估假设；评估结论；特别事项说明；资产评估报告使用限制说明；资产评估报告日；资产评估专业人员签名和资产评估机构印章。

（三）委托人、产权持有人及其他资产评估报告使用人

1. 报告应当明确阐述和介绍委托人、产权持有人及其他资产评估报告使用人。

2. 委托人、产权持有人，若为自然人，介绍一般包括姓名、国籍、身份证明文件和编号；若为法人或其他组织时，介绍一般包括名称、法定住所及经营场所、法定代表人、注册资本及主要经营范围等。

（四）评估目的

1. 评估报告载明的评估目的应当唯一，表述应当明确、清晰；
2. 与资产评估委托合同约定的评估目的保持一致；
3. 经济行为需要批准的需说明该经济行为的审批情况。

（五）评估对象和评估范围

1. 评估对象和评估范围表述准确；
2. 与资产评估委托合同约定的评估对象和评估范围一致；
3. 应当具体描述评估对象的基本情况，通常包括法律权属状况、经济状况和技术状况。

（六）价值类型

1. 评估报告应当明确价值类型及其定义；
2. 说明选择该价值类型的理由。

（七）评估基准日

1. 评估报告应当载明评估基准日，并与资产评估委托合同约定的评估基准日保持一致；
2. 评估报告应当说明选取评估基准日时重点考虑的因素。

（八）评估依据

1. 评估报告应当说明评估遵循的法律法规依据、准则依据、权属依据及取价依据等；
2. 评估依据的表述应当明确、具体；
3. 评估依据在评估基准日是与本项目相关的、有效的；
4. 资产评估项目需要批准的应当说明经济行为有效批复文件。

（九）评估方法

1. 评估报告应当说明所选用的评估方法；
2. 应当对三种基本方法进行适用性分析，恰当选用评估方法，并具体充分地根据评估目的、评估对象、价值类型、资料收集等情况表述选择所选评估方法的理由。

（十）评估程序实施过程和情况

评估程序实施过程和情况应说明下述实施的主要程序：
（1）进行现场调查、收集评估资料的过程；
（2）核查验证、分析整理评估资料的过程；
（3）评估相关参数的选取以及运用评估方法对无形资产价值进行计算、分析、判断过程；
（4）对测算结果进行分析，形成评估结论的过程。

（十一）有关评估项目的说明内容

1. 无形资产基本情况说明。
（1）无形资产的性质、权利状况及限制条件。
①无形资产性质应当包括：无形资产的具体类型、外部特征、内涵与特点、技术特征等内容准确、完整；
②权利状况及限制条件应当包括：需经专门机构确认并可能做可辨识描述；有无形资产存在的有形证据或者证明，如合同、许可证、专利公告权、权威机构鉴定报告、商标公告、网络客户名单等，描述准确、完整；
③评估对象的性质、权利状况及限制条件与委托的要求是一致，且是评估对象所具备的。
（2）无形资产实施的地域限制范围、领域限制及法律法规限制条件。
①对无形资产实施的地域限制范围、领域限制及法律法规限制条件表述清晰准确；
②上述表述与实际评估对象基本情况及相关法律规定相符。
（3）与无形资产相关的宏观经济和行业的前景。
①对与无形资产相关的宏观经济和行业的前景的分析清晰、资料引用

适当；

②分析结果与资料所反映的信息一致，且被评估无形资产具有较好的关联性。

（4）无形资产的历史、现实状况与发展前景。

①对无形资产形成、应用等的历史情况进行恰当表述；

②对无形资产目前现状及发展前景进行分析。

（5）评估依据的信息来源。

①评估依据的表述应当明确、具体；

②评估依据来源可靠、适当、充分。

（6）其他必要信息。

①对评估中应用的其他必要信息的表述应当明确、具体；

②信息来源应该可靠、充分。

2. 专利资产评估业务需说明的其他内容。

进行专利资产评估业务时，评估报告中应当反映专利资产的特点，通常包括下列内容：

（1）评估对象的详细情况，通常包括专利资产的权利属性、使用权具体形式、法律状态、专利申请号及专利权利要求等；

（2）专利资产的技术状况和实施状况；

（3）对影响专利资产价值的法律因素、技术因素、经济因素的分析过程；

（4）专利的实施经营条件；

（5）专利权许可、转让、诉讼、无效请求及质押情况。

3. 著作权资产评估业务需说明的其他内容。

进行著作权资产评估业务时，评估报告中应当反映著作权资产的特点，通常包括下列内容：

（1）作者和著作权权利人的基本情况；

（2）评估对象的具体组成情况，包括作品基本情况、作品的类别、作品的创作形式、涉及的演绎作品等情况；

（3）评估对象包含的财产权利限制条件；

（4）与著作权有关的权利情况；

（5）著作权和与著作权有关权利事项登记情况；

（6）作品含有其他无形资产的情况；

（7）作品产生收益的方式；

（8）著作权剩余法定保护期限以及剩余经济寿命；

（9）对著作权资产价值影响因素的分析过程；

（10）著作权资产许可、转让、诉讼以及质押等情况。

4. 商标资产评估业务需说明的其他内容。

进行商标资产评估业务时，评估报告中应当反映商标资产的特点，通常包括下列内容：

（1）商标注册人的基本情况；

（2）商标的基本情况；

（3）商标商品或者服务的基本情况；

（4）商标商品或者服务的生产、销售中涉及的著作权、专利、专有技术等其他无形资产情况；

（5）商标资产产生收益的方式；

（6）商标剩余法定保护期限以及预计收益期限；

（7）对影响商标资产价值因素的分析过程；

（8）商标资产许可、转让、诉讼以及质押等情况。

（十二）有关评估方法的说明内容

1. 评估方法中的运算和逻辑推理方式。

（1）应说明所选评估方法中的运算和逻辑推理方式；

（2）采用的运算和逻辑推理方式应当符合公认的评估方法和计算模式，以使评估结果具有合理性。

2. 各重要参数的来源、分析、比较与测算过程。

（1）采用成本法评估。

①无形资产历史形成过程的资金投入与财务核算情况披露。

a. 无形资产形成过程相关资金投入的财务信息介绍全面、清晰；

b. 与无形资产产品运营的相关财务核算信息介绍全面、清晰。

②重置成本组成要素构成情况、主要参数取值依据及数据来源。

a. 重置成本包括合理的成本、利润和相关税费，其构成要素充分、完整且依据充分；

b. 重置成本各要素的取值依据和数据来源披露充分、完整且取值标准于评估基准日有效。

③重置成本计算过程的确定。

a. 重置成本各要素演算及推导出评估结果的计算过程准确无误；

b. 演算过程中符合公认的评估方法和计算模式。

④无形资产贬值的确定考虑因素、取值依据、形成过程阐述。

a. 被评估无形资产的各种贬值因素考虑全面，取值依据充分，确定过程阐述清晰；

b. 各项贬值因素分析过程符合公认的评估方法和计算模式。

（2）采用收益法评估。

①综合分析无形资产的剩余经济寿命、法定寿命及其他相关因素，确定收益期限。

a. 无形资产剩余经济寿命、法定寿命及其他相关因素的分析过程清晰完整；

b. 对收益期限的分析确定清晰准确，考虑因素全面、合理，取值依据充分，形成过程阐述清晰。

②估算无形资产带来的预期收益，区分无形资产和其他无形资产与其他资产所获得收益，分析与之有关的预期变动、收益期限，与收益有关的成本费用、配套资产、现金流量、风险因素。

a. 该无形资产带来的预期收益因素分析全面、估算合理，明确区分无形资产和其他无形资产与其他资产所获得收益；

b. 分析与估算过程阐述清晰，考虑因素全面、合理，取值依据充分。

③确定折现率考虑因素、取值依据、形成过程阐述；折现率口径与收益口径的一致性。

a. 预期收益指标是否明确；

b. 折现率选择的口径是否明确；

c. 选取的折现率与预期收益口径是否一致。

（3）采用市场法评估。

①选择交易案例的依据或理由阐述。

a. 选择的交易案例数量充分；

b. 交易案例的数据来源阐述充分、可靠；

c. 交易案例和评估对象的可比性和相似性分析阐述清晰、充分（包括但不限于历史交易情况，重点分析被评估无形资产与已交易案例在资产特性、获利能力、竞争能力、技术水平、成熟程度、风险状况等方面）。

②交易案例信息披露。

a. 交易案例的具体情况（包括但不限于资产特性、获利能力、竞争能力、技术水平、成熟程度、风险状况等需要进行比较修正的所有因素项目）披露完整、准确、全面；

b. 交易价格内涵、交易地点、交易时间、交易背景等信息披露完整、准确、全面。

③各项修正因素考虑、逻辑关系、取值依据、因素比较修正过程阐述。

a. 比较因素体系能够合理、全面地反映影响资产价值的因素；

b. 对于不同类型的无形资产，各修正因素的影响因素和权重比例设置恰当，逻辑关系正确，因素比较修正过程阐述清晰完整。

3. 对测算结果进行分析，形成评估结论的过程。

（1）对各种评估方法得到的测算结果进行分析，分析产生差异的原因；

（2）根据分析结果，形成评估结论。

（十三）评估假设

1. 应当科学、合理、恰当、充分地使用和披露必要的评估假设（与无形资产相关的常见评估假设主要包括持续使用假设、公开市场假设、清算假设、收集资料真实性的假设等）；

2. 不得随意设定没有依据、不合情理的假设，关键评估假设与现实情况必须相符；

3. 假设前提和限制条件是合理的，并且与所选评估方法相匹配；

4. 合理、充分地说明评估假设和限制条件对评估结论的影响。

（十四）评估结论

1. 评估结论计算正确。

（1）在使用成本法、市场法和收益法及其衍生方法评估资产的过程中，各项公式、模型应用正确，各项参数、比率确定正确，各种逻辑关系勾稽正确；

（2）数学计算过程和结果正确。

2. 评估结论披露充分、准确。

（1）应当在资产评估报告中以文字和数字形式说明评估结论，并说明账面价值、评估价值及其增减幅度；

（2）如果采用两种以上方法进行资产评估，除单独说明评估价值和增减值变动幅度外，应当说明两种以上评估方法结果的差异及其原因和最终确定评估结论的理由；

（3）明确评估结论的使用有效期。

（十五）特别事项说明

1. 权属等主要资料不完整或者存在瑕疵的情形。

应当列示在评估过程中发现的主要资产存在的权属等主要资料不完整或者存在瑕疵的情形问题。如：权证缺失、权证证载资产状况与实际勘查资产状况存在不一致、权证证载所有权人与实际所有权人不一致。

2. 委托人未提供的其他关键资料情况。

应当列示在评估过程中遇到的委托人因各种原因无法提供评估所需的关键资料的情形。如：

（1）有关方面不配合。

委托人与产权持有人不一致，可能会出现被评估对象管理层或控制人不配合、不提供有关资料的情况；评估范围界定不清或当事人有意隐瞒不配合。

（2）评估对象无法勘查。

委托人因军工涉密原因无法提供部分关键的产品信息；海外项目因所在地安全因素无法开展部分现场工作；

（3）由于历史原因没有办理相关产权手续，无法核查验证到产权资料等。

3. 未决事项、法律纠纷等不确定因素。

应当列示在评估过程中发现的对评估结果产生重大影响的未决事项和法律纠纷。如：所有对评估结果产生重大影响的未决事项、所有对评估结果产生重大影响的法律纠纷、存在影响生产经营活动和财务状况的重大合同（诉讼）事项。

4. 重要的利用专家工作及相关报告情况。

根据《资产评估执业准则——利用专家工作及相关报告》的相关规定，

在检查中，可重点关注是否存在重要的利用专家工作及相关报告情况。

5. 重大期后事项。

根据监管部门或委托人要求，资产评估专业人员可以对评估基准日期后重大事项做出披露。具体包括：说明评估基准日之后出具评估报告前发生的重大事项；特别提示评估基准日的期后事项对评估结论的影响；说明发生评估基准日期后事项时，不能直接使用评估结论的事项。

6. 评估程序受限的有关情况、评估机构采取的弥补措施及对评估结论影响的情况。

根据《执业准则——资产评估报告》的相关规定，在检查中，可重点关注是否存在评估程序受限的有关情况、评估机构采取的弥补措施及对评估结论影响的情况。

7. 其他需要说明的事项。

除上述情况外，是否存在其他需要说明的事项。

（十六）资产评估报告使用限制说明

资产评估报告的使用限制说明应当载明：

1. 使用范围；

2. 委托人或者其他资产评估报告使用人未按照法律、行政法规规定和资产评估报告载明的使用范围使用资产评估报告的，资产评估机构及其资产评估专业人员不承担责任；

3. 除委托人、资产评估委托合同中约定的其他资产评估报告使用人和法律、行政法规规定的资产评估报告使用人之外，其他任何机构和个人不能成为资产评估报告的使用人；

4. 资产评估报告使用人应当正确理解和使用评估结论。评估结论不等同于评估对象可实现价格，评估结论不应当被认为是对评估对象可实现价格的保证。

（十七）资产评估报告日

1. 应当在资产评估报告中明确说明资产评估报告的日期；

2. 资产评估报告日是通常为评估结论形成的日期，可以不同于资产评估报告的签署日。

（十八）资产评估专业人员签名和资产评估机构印章

1. 资产评估报告应当由至少两名承办该项业务的资产评估专业人员签名，若为法定资产评估业务应当由至少两名承办该项业务的资产评估师签名；

2. 资产评估报告由资产评估机构盖章。

（十九）资产评估报告附件

资产评估报告附件通常包括：

1. 评估对象所涉及的主要权属证明资料；
2. 委托人和其他相关当事人的承诺函；
3. 资产评估机构及签名资产评估专业人员的备案文件或者资格证明文件；
4. 资产评估汇总表或者明细表；
5. 资产账面价值与评估结论存在较大差异的说明；
6. 资产评估项目所涉及的需要批准的经济行为有效批准文件。

（二十）资产评估明细表

1. 单项无形资产或者无形资产组合评估，应当编制资产评估明细表；
2. 资产评估明细表反映的信息应该完整可参考《企业国有资产评估报告指南》中对评估明细表格式和内容的要求、计算结果正确；
3. 资产评估明细表和各级汇总表的勾稽关系正确。

第二节 常见问题

一、共性问题

1. 无形资产评估对象辨识不清，如未区分所有权与使用权差异、未考虑单一无形资产和无形资产组的区别。

2. 现场调查中未关注无形资产存在的交易、对外许可、质押、权属有效性及权属共有等情况，对账外无形资产的清查核实出现遗漏。

3. 无形资产资料收集环节容易忽视下列情况：

（1）研发投入、外购取得时的历史财务核算信息。

（2）授权许可无形资产的授权许可协议。

（3）已投入使用无形资产所在公司的历史运营资料。

4. 成本法评估时容易忽视下列情况：

（1）重置成本以历史成本而非社会客观平均成本考虑，未剔除历史成本中不合理部分。

（2）重置成本的构成要素考虑不完整。如重置成本测算中仅考虑无形资产申请费用，而未考虑研发成本；未考虑合理的资金成本、利润等。

（3）未明确评估结论是否包含增值税。

5. 收益法评估时容易忽视下列情况：

（1）未结合经济行为具体情况，对无形资产的应用实施范围作出合理的假设。

（2）在确认无形资产收益时，未关注到：①企业收入不等同于无形资产应用产品收入；②无形资产产品实施过程中是否存在与其他无形资产共同发挥作用的情况。

（3）利用可行性研究报告时，未对引用数据的合理性进行必要的分析。

（4）仅考虑无形资产应用于产品经营的收入，遗漏无形资产已存在的许可协议收入。

（5）无形资产分成率的确定过程缺少分析和依据。

（6）同一业务或产品的相关无形资产分批次转让中，未关注总体层面分成率取值的合理性。

（7）对无形资产许可费收入与应用于产品经营的收入采用同样的分成率进行分成。

（8）未结合无形资产提成率的数据口径关注衰减率考虑的合理性。

（9）无形资产收益期限与委估无形资产的生命周期不匹配。

（10）无形资产收益口径与折现率口径不一致。

（11）不同类别的无形资产折现率未予以区分。如同一项目中商标和专利选择相同的折现率。

6. 市场法评估时容易忽视下列情况：

（1）在应用市场法时，被评估无形资产或者类似无形资产没有考虑是否存在活跃的市场，未考虑市场交易案例的充分性、可比性以及作出恰当调整；

(2）审核参照物与被评估对象不属于同一行业，或不受相同经济因素的影响，案例的适用性存在问题。

如在审核中发现，如果很少或根本没有相同或相似资产的交易价格，或者即使有交易和价格信息，也很难对交易价格或者价值乘数进行适当地调整从而反映出可比交易案例与被评估无形资产的不同特性，需谨慎使用市场法，但可以用作辅助方法，以交叉验证其他评估方法得出的结果。

7. 特别事项说明中未披露无形资产在权利共有人的利益分配以及评估处理方式。

二、特性问题

（一）专利

1. 专利每年度需要缴纳年费，未收集最近一期的专利缴费凭证。
2. 未结合专利的许可方式，对专利的实施范围与获利方式进行合理考量。
3. 未考虑专利可能存在的经济性和功能性贬值等因素。
4. 未区分并剔除与委托评估的专利资产无关的业务产生的收益。
5. 未关注专利产品或者服务所属行业的市场规模、市场地位及相关企业的经营情况。
6. 未合理确定专利资产收益期限，收益期限未通过分析专利资产的技术寿命、技术成熟度、专利法定寿命及与专利资产相关的合同约定期限等确定。
7. 收益法进行专利资产评估时，未合理确定折现率。折现率未通过分析评估基准日的利率、投资回报率，以及专利实施过程中的技术、经营、市场、资金等因素确定。

（二）著作权

1. 未考虑著作权中财产权的复杂性，如文学作品包含的出版权与改编权可能对应着不同的应用市场收入。当演绎出新作品并产生衍生收益的可能性，并具有充分证据证明该作品在可预见的未来可能会演绎出新作品并产生衍生收益时，未谨慎、恰当地考虑这种衍生收益对著作权资产价值的影响。
2. 未考虑软件著作权与数据资产、专利或专有技术等的差异，收益预测与对应软件著作权的口径不匹配；未合理确定资产的剩余经济寿命，剩余经济寿命未综合考虑法律保护期限、相关合同约定期限、作品类别、创作完成时间、首次发表时间以及作品的权利状况等因素。

3. 收益法进行著作权资产评估时，未合理确定折现率。折现率可以通过分析评估基准日的利率、投资回报率，以及著作权实施过程中的技术、经营、市场、生命周期等因素确定。

4. 未关注到软件著作权的代码数量、平均每行代码成本等信息不符合社会客观水平的情况。

（三）商标

1. 未考虑到商标到期能够续展，将其与专利等经济寿命有限的无形资产打包采用收益法评估。

2. 收益法评估商标中考虑分成率的衰减。

3. 以交易为目的评估中，未将商标注册人对其在同一种商品上注册的近似的商标，或者在类似商品上注册的相同或者近似的商标纳入评估范围。

4. 未合理确定商标资产收益期限。收益期限通常通过分析商标商品或者服务所属行业的发展趋势，通过综合考虑法律保护期限、相关合同约定期限、商标商品的产品寿命、商标商品或者服务的市场份额及发展潜力、商标未来维护费用、所属行业及企业的发展状况、商标注册人的经营年限等因素确定。

5. 未合理确定商标资产折现率。折现率可以通过分析评估基准日的利率、投资回报率，以及商标商品生产、销售实施过程中的技术、经营、市场等因素确定。商标资产折现率应当有别于企业或者其他资产折现率。

第三节　相关案例

一、行政处罚案例

1. 财政部行政处罚事项决定书（财监法〔202×〕××号）

当事人：重庆××房地产土地资产评估有限公司

地址：重庆市……

根据《中华人民共和国资产评估法》等法律的规定，我部组织检查组，于202×年×月对你公司202×年度相关执业质量等情况开展了检查。检查发现的主要问题和行政处罚决定如下：

一、检查发现的主要问题

检查发现，你公司出具的《重庆HS制药股份有限公司拟转让的四项创新药研发项目相关非专利技术评估项目资产评估报告》（××资评〔202×〕第0098号），存在折现期限算法错误、无形资产提成率计算错误等问题。

（一）折现期限算法错误。评估报告采用"二叉树模型"对无形资产"HS-01"和"HS-02"进行评估计算时，用于计算研发成功价值的折现期限、研发支出的折现期限与评估模型错配，导致评估差异1367.13万元（在其他条件不变的情况下，造成评估结论高估），差异率为43.69%。

（二）无形资产提成率计算错误。评估报告计算无形资产提成率时，共选取5家可比上市公司，其中君某生物2018年"HS-01"无形资产提成率计算结果为404.3%、"HS-02"无形资产提成率计算结果为413.68%，2019~2021年无形资产提成率计算结果均为负值。在未对可比公司明显不合理数据做必要分析、判断和处理的情况下，仍将君某生物作为可比公司参与计算确定无形资产提成率。剔除可比公司君某生物后，计算的评估结果与原评估结果差异为2075.03万元（在其他条件不变的情况下，造成评估结论高估），差异率为66.31%。

二、行政处罚决定

依据《资产评估行业财政监督管理办法》第四十六条，我部认定上述事项构成重大遗漏，违反了《中华人民共和国资产评估法》第二十条，《资产评估基本准则》第五条，《资产评估执业准则——无形资产》第六条等有关规定。

上述事实，有检查报告、检查工作底稿、当事人签证、反馈意见和听证笔录等证据予以证实。

依据《中华人民共和国资产评估法》第四十七条的规定，我部决定给予你公司警告的行政处罚。

财政部

2024年1月29日

2. 湖南省财政厅行政处罚决定书（湘财行罚〔202×〕××号）

当事人：湖南××资产评估事务所（普通合伙）

法定代表人：漆某某

地址：湖南省……

根据《湖南省财政厅关于组织开展全省2022年度会计和评估监督检查的通知》，我厅派出检查组，于202×年×月×日，对湖南××资产评估事务所（普通合伙）（以下简称：你单位）202×年度以来的机构内部治理、专业胜任能力、风险防范机制、质量控制体系及项目质量等情况进行了检查。检查过程中查明的问题和我厅作出的处罚决定如下：

一、检查中发现的问题

（一）（略）

（二）××公司拟专利权质押融资之事宜所涉及的无形资产项目资产评估报告（××评字〔202×〕第P11-002号）

1. 未关注委托对象的现状和法律归属，未采用与评估项目相适应的现场调查方式，如：缺少专利变更完整信息、现场未核实专利的实际持有人，发明专利证书。

上述问题，违反了《资产评估执业准则——无形资产》第十八条"执行无形资产评估业务，通常关注以下事项：（一）无形资产权利的法律文件、权属有效性文件或者其他证明资料"的规定。

2. 未根据资产评估业务具体情况收集资产评估业务需要的数据资料；未分析无形资产在未来收入的贡献形式，如：未收集与专利相关的销售收入情况、专利年费缴纳情况。

上述问题，违反了《资产评估执业准则——资产评估程序》第十二条"执行资产评估业务，应当对评估对象进行现场调查，获取评估业务需要的资料，了解评估对象现状，关注评估对象法律权属。现场调查手段通常包括询问、访谈、核对、监盘、勘查等"、《资产评估执业准则——无形资产》第十八条"执行无形资产评估业务，通常关注以下事项：（二）无形资产持续的可辨识经济利益"、第十九条"无形资产与其他资产共同发挥作用时，应当分析这些资产对无形资产价值的影响"的规定。

3. 参数选取缺少分析测算的依据和过程，如：未对历史财务数据的真实性进行分析、缺少预测期增长的合理依据；评估计算过程不严谨。

上述问题，违反了《资产评估执业准则——无形资产》第二十二条"采用收益法评估无形资产时应当：（一）在获取无形资产相关信息的基础上，根据该无形资产或者类似无形资产的历史实施情况及未来应用前景，结合无形资产实施或者拟实施企业经营状况，重点分析无形资产经济收益的可预测性，考虑收益法的适用性；（二）估算无形资产带来的预期收益，区分评估对象无形资产和其他无形资产与其他资产所获得的收益，分析与之有关的预期变动、收益期限、与收益有关的成本费用、配套资产、现金流量、风险因素；（三）保持预期收益口径与折现率口径一致；（四）根据无形资产实施过程中的风险因素及货币时间价值等因素估算折现率；（五）综合分析无形资产的剩余经济寿命、法定寿命及其他相关因素，确定收益期限"的规定。

……

以上事实，有你单位相关评估报告、评估工作底稿以及签字确认的财政检查报告、工作底稿，专家论证意见等资料作为证据。

二、作出的处罚决定和处罚依据

对于上述问题，我厅已于2023年8月17日向你单位送达行政处罚事项告知书，告知你单位的违法事实、我厅拟作出处罚种类及依据和你单位应享受的陈述、申辩及听证权利。

鉴于我厅2022年4月22日对你单位同类问题出具了《行政处罚决定书》（湘财行罚〔202×〕47号），在本次检查中你单位的3份报告仍出现同类问题。根据《中华人民共和国资产评估法》第四十七条"评估机构违反本法规定，有下列情形之一的，由有关评估行政管理部门予以警告，可以责令停业一个月以上六个月以下；有违法所得的，没收违法所得，并处违法所得一倍以上五倍以下罚款；情节严重的，由工商行政管理部门吊销营业执照；构成犯罪的，依法追究刑事责任……（六）出具有重大遗漏的评估报告的……"以及《湖南省财政厅行政处罚裁量权基准（2022年版）》"四、资产评估监督类"第13项以及《湖南省财政厅行政处罚裁量权基准实施办法》第十九条规定，我厅对你单位作出以下处罚：警告，没收违法所得0.6万元，并处违法所得3倍罚款1.8万元，责令停业3个月。同时责令你单位进行整改。

对于评估收费的问题。责令你单位在今后开展业务的过程中，严格区分评估服务与其他服务，分别签订合同，分别进行财务核算。

你单位应当在收到本决定书之日起 15 日内，填写缴款书，并将罚没款合计 2.4 万元缴纳至国家金库湖南省分库。到期不缴纳的，每日按罚款数额的 3% 加处罚款。你单位应对上述存在的问题进行认真整改，并自收到本决定书之日起 30 日内将整改落实情况及缴款凭证书面报送本厅。

如不服本决定，你单位可自收到本决定书之日起 60 日内，依法向财政部或湖南省人民政府申请行政复议；或者在收到本决定书之日起 6 个月内，依法向长沙铁路运输法院提起行政诉讼。复议和诉讼期间，上述决定不停止执行。

湖南省财政厅
2023 年 10 月 8 日

二、行政监管措施案例

行政监管措施决定书〔201×〕××号

四川××资产评估有限公司，刘某某、徐某某：

根据中国证监会统一部署，我局对你们执业的《无锡 MH 拟接收技术许可涉及的科某远现有能适配到云内动力柴油机以及某项目需要使用的专利和非专利专有技术使用权价值资产评估报告》（报告文号为××评报〔201×〕172 号）进行检查，发现存在以下问题：

一、无形资产收益期确定不合理

你们将无形资产收益期统一设定至专利组合中最后两项专利截止保护年限，未充分考虑专利陆续到期对无形资产收益期的影响，无形资产收益期确定不合理。上述事项不符合《资产评估执业准则——无形资产》第二十二条的规定。

二、产销量预测依据不充分

你们对产销量进行预测时，未进一步分析特定型号产品的细分市场容量及市场占有率，未充分披露可替代产品对混合动力汽车的影响。上述事项不符合《资产评估执业准则——无形资产》第十八条、第二十条的规定。

三、后续研发支出预测依据不充分

专利及非专利专有技术的后续研发支出预测依据不充分，未见相关支持性材料。上述事项不符合《资产评估准则——资产评估档案》第六条的规定。

上述行为违反了《上市公司信息披露管理办法》第五十二条及第五十四条的规定。根据《上市公司信息披露管理办法》第六十五条的规定，我局决定对你公司及评估报告签字资产评估师刘某某、徐某某采取出具警示函的监督管理措施。

如果对本监管措施不服，可在收到本决定之日起60日内向中国证监会提出行政复议申请，也可在收到本决定之日起6个月内向有管辖权的人民法院提起诉讼。复议与诉讼期间，上述监管措施不停止执行。

湖南证监局
2019年4月8日

三、自律惩戒案例

1. 自律惩戒决定书（中评协办〔202×〕××号）

××××（北京）资产评估有限公司：

根据《中华人民共和国资产评估法》，按照《加强资产评估行业联合监管若干措施》的规定，财政部监督评价局与中国资产评估协会（以下简称中评协）成立联合检查组，于202×年×月对你公司202×年执业质量等情况开展了检查。检查发现的主要问题和自律惩戒决定如下：

一、检查发现的主要问题

（一）《贵州JS窖酒酒业有限公司拟质押贷款涉及的"摘要"系列商标专用权价值无形资产评估报告》（××评报字〔202×〕276号）。

1. 在确定委托评估商标在总体无形资产中的价值比例时，评估说明描述"采用层次分析法计算委托评估商标所带来的收益在总体无形资产中的比重""通过对委托人的无形资产价值组合分割分析，确定委托评估商标的权重比例（即分成率）为11.98%"，但实际无分析和测算过程及相应记录。

2. 主商标和辅助商标组合的贡献率分别确定为90%、10%，无评估分析和计算过程及相应记录。

上述问题不符合《资产评估执业准则——资产评估程序》第十九条、《资产评估执业准则——无形资产》第二十八条、《资产评估执业准则——资产评估档案》第六条的规定。

以上事实，有签字资产评估师及被检查机构确认的评估检查工作底稿等证据证明。

……

二、自律惩戒决定

根据《中国资产评估协会会员执业行为自律惩戒办法》第三条、第二十五条的规定，经中评协惩戒委员会会议审议，决定：

对你公司予以警告的行业自律惩戒。

如不服本自律惩戒决定，可以在收到本决定书之日起 15 个工作日内向中评协提出书面申诉。申诉期间，本自律惩戒决定不停止执行。

中国资产评估协会

2023 年 12 月 28 日

2. 自律惩戒决定书（中评协办〔202×〕××号）

陕西××资产评估有限公司：

根据《中华人民共和国资产评估法》，按照《加强资产评估行业联合监管若干措施》的规定，财政部监督评价局与中国资产评估协会（以下简称中评协）成立联合检查组，于 202×年×月对你公司 202×年执业质量等情况开展了检查。检查发现的主要问题和自律惩戒决定如下：

一、检查发现的主要问题

（一）（略）

（二）《陕西 XL 停车设备集团有限公司拟质押贷款项目涉及的无形资产专利权价值资产评估报告》（××评报字〔202×〕060 号）。

1. 折现年期计算有误。该项目评估基准日 2021 年 9 月 30 日，2021 年 10～12 月至 2026 年折现期确定结果为 0.125、1.125、2.125、3.125、4.125、5.125，折现期确定结果与评估说明中载明的"本次收益折现考虑资金均匀回收"测算思路不符，正确的折现期为 0.125、0.75、1.75、2.75、

3.75、4.75，使 2022～2026 年折现期计算错误，导致评估差异 554 万元（在其他条件不变的情况下造成低估），差异率为 6.75%。

上述问题不符合《资产评估职业道德准则》第四条的规定。

2. 未对企业提供数据资料的合理性进行分析。

（1）资产评估工作底稿仅依据委托人的说明确定专利收入占总收入的 95%，无历史年度各项业务营业收入统计资料。

（2）资产评估报告第 7 页披露："根据企业提供的无形资产相关说明，企业目前已应用到专利产品中的无形资产专利权有 45 项，本次纳入评估范围的 20 项专利权为陕西 LX 停车设备集团有限公司核心技术，已充分应用于现有专利产品，对公司收入贡献超过全部无形资产贡献的 45%。"评估报告仅依据企业提供的说明确定无形资产贡献率，未进行必要的分析。

上述问题不符合《专利资产评估指导意见》第二十七条的规定。

以上事实，有签字资产评估师及被检查机构确认的评估检查工作底稿等证据证明。

……

二、自律惩戒决定

根据《中国资产评估协会会员执业行为自律惩戒办法》第二十七条的规定，经中评协惩戒委员会会议审议，决定：

对你公司予以通报批评的行业自律惩戒。

如不服本自律惩戒决定，可以在收到本决定书之日起 15 个工作日内向中评协提出书面申诉。申诉期间，本自律惩戒决定不停止执行。

中国资产评估协会
2023 年 12 月 28 日

3. 自律惩戒决定书（中评协办〔202×〕××号）

北京××资产评估有限责任公司：

根据《中华人民共和国资产评估法》《资产评估执业质量自律检查办法》《中国资产评估协会关于开展从事证券服务业务备案的资产评估机构首单证券业务专项检查的通知》，中国资产评估协会（以下简称中评协）检查组于 202×年×月，对你公司出具的《MY 食品股份有限公司拟转让持有的无形资产——商标专用权资产评估报告》（××评报字〔202×〕第 11309 号）进行了首单证券业务专项检查。检查发现的主要问题和自律惩戒决定如下：

一、检查发现的主要问题

（一）评估模型选用不恰当。

该报告采用倍加系数模型确定评估对象商标的重置成本，倍加系数法适用于投入智力比较多的技术型无形资产。但根据该报告披露，"对于本次评估的无形资产，没有过多无形资产研发中的物化劳动消耗和活劳动消耗"，不应适用倍加系数法。

上述问题违反了《商标资产评估指导意见》第二十三条的规定。

（二）未按照准则要求收集、披露商标的资料。

该报告评估档案中未收集商标商品或者服务的基本情况、商标资产产生收益的方式等重要资料，报告中也未披露相关信息。

上述问题违反了《商标资产评估指导意见》第十八条、第三十一条的规定。

（三）引用已废止的评估准则。

该评估报告引用了在评估基准日已废止的《商标资产评估指导意见》。

上述问题违反了《资产评估执业准则——资产评估报告》第四条的规定。

以上事实，有签字资产评估师及被检查机构确认的评估检查工作底稿等证据证明。

二、自律惩戒决定

根据《中国资产评估协会会员执业行为自律惩戒办法》第二十七条的规定，经中评协惩戒委员会会议审议，决定：

对你公司予以警告的行业自律惩戒。

如不服本自律惩戒决定，可以在收到本决定书之日起 15 个工作日内向中评协提出书面申诉。申诉期间，本自律惩戒决定不停止执行。

中国资产评估协会

2024 年 4 月 22 日

4. 自律惩戒决定书（中评协办〔202×〕××号）

广州××资产评估有限公司：

根据《中华人民共和国资产评估法》《资产评估执业质量自律检查办法》《中国资产评估协会关于开展从事证券服务业务备案的资产评估机构首单证券业务专项检查的通知》，中国资产评估协会（以下简称中评协）检查组于202×年×月，对你公司出具的《广州GL节能技术股份有限公司拟质押融资所涉及其持有的专利权专项资产评估报告》（××评报字〔202×〕第022号）进行了首单证券业务专项检查。检查发现的主要问题和自律惩戒决定如下：

一、检查发现的主要问题

（一）预测销售收入持续增长依据不充分。

该项目评估基准日为2022年3月31日。被评估单位的专利产品无形资产组合2019~2021年的历史年度销售收入分别为8.17亿元、12.28亿元、16.79亿元，年均增长率37.37%。采用收益法计算时，评估人员预测专利产品无形资产组合在预测期的销售收入，按照上述三年的年均增长率37.37%持续增长。按此增长方式，预测期最后一年（2027年）的销售收入已达106.06亿，与基准日前一年（2021年）对比增幅超过5.3倍。评估人员对此持续增长的预测缺少必要的分析判断和合理支撑依据。

上述问题违反了《专利资产评估指导意见》第二十七条的规定。

（二）专利评估资料收集不完整。

评估档案中缺少国家知识产权局出具的专利登记簿副本、专利检索报告、最近一期的专利缴费凭证、专利权利要求书、专利说明书及其附图，专利技术的研发过程及其技术实验报告等必要资料。

上述问题违反了《专利资产评估指导意见》第十六条、第十七条的规定。

（三）折现年限计算有误。

该报告底稿"无形资产组合技术评估计算表（税前）"中，2022年4~12月、2023~2027年的折现年限分别按照0.38、1.38、2.38、3.38、4.38、5.38计算。上述折现年限的计算与评估说明中记载的"预测收益在各年是均匀发生的，其年度收益实现时点为每年的年中时点"测算思路不符，应为0.38、1.25、2.25、3.25、4.25、5.25。折现年限的计算错误导致评估差异202.70万元（在其他条件不变的情况下，造成低估），差异率为 1.32%。

上述问题违反了《专利资产评估指导意见》第五条的规定。

（四）资产评估报告未明确评估对象权利属性。

根据该评估报告记载："评估对象：本次评估的对象是高澜股份持有的拟质押融资所涉及的专利权价值"，未明确评估对象的权利属性。

上述问题违反了《专利资产评估指导意见》第十一条的规定。

以上事实，有签字资产评估师及被检查机构确认的评估检查工作底稿等证据证明。

二、自律惩戒决定

根据《中国资产评估协会会员执业行为自律惩戒办法》第二十七条的规定，经中评协惩戒委员会会议审议，决定：

对你公司予以严重警告的行业自律惩戒。

如不服本自律惩戒决定，可以在收到本决定书之日起 15 个工作日内向中评协提出书面申诉。申诉期间，本自律惩戒决定不停止执行。

中国资产评估协会
2024 年 4 月 16 日

5. 自律惩戒决定书（渝评协〔202×〕×× 号）

当事人：重庆×××房地产土地资产评估有限公司

依据《重庆市财政局关于开展年度资产评估机构检查工作的通知》的要求，我会对你公司 202× 年 × 月至 202× 年 × 月期间的执业质量进行了检查，查出的主要问题及作出的惩戒决定如下：

一、报告名称：LJ 汽车商贸有限公司拟投资 JL 新能源汽车高端定制改装总部基地项目所涉及的非货币资产评估项目资产评估报告

报告文号：××〔202×〕评字第 101 号，评估价值：28309.53 万元，签字评估师：陈某某、张某某。

1. 评估对象和评估范围界定不清晰，权属核查不到位。

评估报告描述："评估对象为 JL 新能源汽车高端定制改装总部基地项目所涉及的非货币资产。评估范围：包括品牌授权使用、销售体系入场授权、TC 系统接入授权、两款改装车型技术。"

(1) 品牌授权使用。

根据评估说明描述,授权使用品牌系 JL、LK 注册商标,商标产权人系浙江 JL 控股集团有限公司。评估人员未获取上述商标的商标注册证及浙江 JL 控股集团有限公司授权许可给委托人 LJ 汽车商贸有限公司的商标使用许可合同并进行核查,未核实 LJ 汽车商贸有限公司是否拥有商标的使用权和转授权,亦未对商标转授权的使用期间、地域等权利范围和限制进行确认。

(2) 销售体系入场授权。

根据评估说明描述,销售体系入场授权的产权人系浙江 JL 控股集团有限公司,评估人员未获取浙江 JL 控股集团有限公司将该权利授权给委托人 LJ 汽车商贸有限公司并允许其转授权的相关资料并进行核查,未核实 LJ 汽车商贸有限公司是否拥有上述权利的转授权。

(3) TC 系统接入授权。

根据评估说明描述,TC 系统系 Teamcenter 系统,产权人系 JL 汽车研究院(宁波)有限公司,评估师未获取 JL 汽车研究院(宁波)有限公司将该系统授权给委托人 LJ 汽车商贸有限公司并允许其转授权的相关资料并进行核查,未核实 LJ 汽车商贸有限公司是否拥有上述权利的转授权,亦未对系统接入权利转授使用的功能、模块等范围和限制进行确认。

(4) 两款改装车型技术。

两款改装车型技术,评估报告描述为熊猫 Mini 和 LK03 车型改装技术,而评估说明描述为缤越和 LK02 车型改装技术,二者不一致。根据评估说明描述,上述技术的产权人分别系湖南 JL 汽车部件有限公司和 KR 汽车大部件制造(张家口)有限公司,评估师未获取湖南 JL 汽车部件有限公司和 KR 汽车大部件制造(张家口)有限公司将上述车型改装技术授权给委托人 LJ 汽车商贸有限公司并允许其进行转授的相关资料并进行核查,未核实 LJ 汽车商贸有限公司是否拥有上述技术的转授权,亦未对技术转授权的使用时间、地域等权利范围和限制进行确认。

2. 收益预测依据严重不足,评估师未对收益预测数据实施核查验证程序,工作底稿不能支撑评估结论。

(1) 未来收益的分析、判断程序执行不充分。

根据评估说明描述,未来收益的预测数据主要由委托人提供,但出于保密要求,委托人并未提供预测数据的来源和相关支撑资料。评估师未获取

JL集团类似车型、类似业务的历史经营数据等以对未来收益预测数据中产销量、销售单价、生产成本、各类费用的合理性进行分析，仅简单地将未来预测的产品毛利率与某上市公司半年报中披露的2022年上半年单车平均毛利率进行对比分析，未执行必要的分析、判断程序。

（2）评估说明中的关键内容没有底稿支撑。

说明中描述了全国汽车行业和JL集团的发展情况及未来趋势，但待投资公司主要业务系生产各类高端、新能源定制改装汽车、摩托车等，说明中缺少对该类型市场的调查和分析；未收集JL集团对上述业务板块的发展规划等相关资料。

（3）预测未来期间的各类科目明细数据没有底稿支撑或与底稿冲突。

①主营业务收入预测时，纳入评估范围的系两款改装车型技术，而预测时共预测了9款车型，超出了委估技术的范围；9款车型中，8款预测期内销售单价持续不变，1款（运动型轿车）销售单价于2022年7月至2025年逐年上升，2026年略微下降后保持不变，评估师并未对上述差异性预测进行分析和说明，且销售单价预测与市场价格变动趋势不符，未考虑产品更新换代导致的价格变化或研发费用的追加投入。

②主营业务成本预测时，"4-1生产成本原材料"显示原材料中包含整车，评估说明中未对待投资公司的主要业务模式及主营业务成本构成进行描述和说明，评估师未对整车采购成本进行合理性分析。

③制造费用预测时，测算表中"房屋折旧费"批注"来源折旧摊销表格"，但无摊销表相关链接，测算表中仅有"14折旧及摊销"，且表中数据与上述预测数据不符。

（4）采用"四分分成法"确定无形资产分成率依据不充分。

评估师采用"四分分成法"确定无形资产的分成率，未对资金、劳动力、技术和管理四项要素自身特点及贡献程度进行具体分析，直接赋予每项要素25%的分成率，从而确定无形资产的分成率为25%，依据不充分。

3. 对重要的资产项目实施的评估程序严重不到位，评估过程及底稿存在较多错漏、缺失。

（1）内部复核程序缺失。

底稿中缺失评估机构内部三级复核相关资料，无形资产评估工作程序表无评估人员和复核人签字，无相关底稿证明评估机构履行了内部复核程序。

(2) 委托人提供的重要底稿未盖章。

底稿中重庆市某区人民政府与浙江 JL 汽车有限公司于 2022 年 6 月签署的"JL 新能源汽车高端定制改装总部基地项目投资协议"及补充协议系重要底稿，无委托人盖章。

(3) 评估过程错漏。

折现率计算时，评估师根据中央国债登记结算公司（CCDC）所披露的 10 年、30 年期国债收益率采用内插法计算 15.5 年期国债收益率为 2.95%，而 iFind 同花顺中中国外汇交易中心暨全国银行间同业拆借中心披露的评估基准日 15 年期国债收益率为 3.12%，评估师直接假设国债收益率为线性关系用内插法计算不合理。

4. 评估报告、说明内容缺失、错误。

(1) 评估报告中摘要部分无评估目的、评估范围及对评估结论产生影响的特别事项。

(2) 评估对象中两款改装车型技术，评估报告中描述为熊猫 Mini 和 LK03 车型改装技术，而评估说明中描述为缤越和 LK02 车型改装技术，相互冲突。

(3) 评估报告-评估方法中适用性分析描述有误，成本法适用性分析中委估资产系权利所有人授予许可，并非评估报告描述委托人自创自建、购买及多年经营所形成的。

5. 未能识别并恰当处理评估项目重大风险。

依据资产评估准则相关规定，如果评估程序受限对评估结论产生重大影响或者无法判断其影响程度的，不得出具资产评估报告。该项目评估师在评估对象和范围界定不清楚，评估对象的权属情况无法核查，未来收益预测数据也无法实施核查验证程序的情况下依然出具了资产评估报告。

(1) 底稿中访谈记录显示，对委托人进行访谈工作时，委托人已明确提到，公司的保密制度非常严格，可能有许多资料无法评估，例如市场、产品产量等数据均无法提供，只能由评估机构自行通过公开渠道查询，而待投资公司涉及国资，评估师未识别其中可能发生的重大风险。

(2) 评估过程中，委托人仅提供了委估资产中 TC 系统的软件许可确认合同，其余资产的权属资料均未提供，仅出具了产权承诺函，未来收益预测也仅提供了盖章申报表，并未提供相关支撑资料，评估师无法对委估资产的权属进行核查，仅以委托人出具的产权承诺函和评估师在公开渠道收集的资料作为权属核查替代程序，但上述替代程序并不能证明委托人拥有委估资产的相应权利，评估师未识别到上述核查程序执行不到位可能发生的重大风险，或已识别但未进行恰当处理。

二、

……

你公司的上述行为违反了：

……

《资产评估执业准则——无形资产》第十六条"执行无形资产评估业务，通常关注评估对象的产权因素、获利能力、成本因素、市场因素、有效期限、法律保护、风险因素等相关因素。"

《资产评估执业准则——无形资产》第十八条"执行无形资产评估业务，通常关注以下事项：（一）无形资产权利的法律文件、权属有效性文件或者其他证明资料；（二）无形资产持续的可辨识经济利益；（三）无形资产的性质和特点，历史取得和目前的使用状况；……"

《资产评估执业准则——无形资产》第二十一条"确定无形资产价值的评估方法包括市场法、收益法和成本法三种基本方法及其衍生方法。执行无形资产评估业务，资产评估专业人员应当根据评估目的、评估对象、价值类型、资料收集等情况，分析上述三种基本方法的适用性，选择评估方法。"

《资产评估执业准则——资产评估程序》第七条"资产评估专业人员应当记录评估程序履行情况，形成工作底稿。"

《资产评估执业准则——资产评估程序》第八条"资产评估机构受理资产评估业务前，应当明确下列资产评估业务基本事项：（一）委托人、产权持有人和委托人以外的其他资产评估报告使用人；……"

《资产评估执业准则——资产评估程序》第九条"资产评估机构应当对专业能力、独立性和业务风险进行综合分析和评价。受理资产评估业务应当满足专业能力、独立性和业务风险控制要求，否则不得受理。"

《资产评估执业准则——资产评估程序》第十二条"执行资产评估业务，应当对评估对象进行现场调查，获取评估业务需要的资料，了解评估对象现状，关注评估对象法律权属。现场调查手段通常包括询问、访谈、核对、监盘、勘查等。资产评估专业人员可以根据重要性原则采用逐项或者抽样的方式进行现场调查。"

《资产评估执业准则——资产评估程序》第十四条"资产评估专业人员应当要求委托人或者其他相关当事人提供涉及评估对象和评估范围的必要资料。资产评估专业人员应当要求委托人或者其他相关当事人对其提供的资产评估明细表及其他重要资料进行确认,确认方式包括签字、盖章及法律允许的其他方式。"

《资产评估执业准则——资产评估程序》第十五条"资产评估专业人员应当依法对资产评估活动中使用的资料进行核查验证。核查验证的方式通常包括观察、询问、书面审查、实地调查、查询、函证、复核等。"

……

鉴于以上事实,依据《中国资产评估协会会员执业行为自律惩戒办法》第二十七条的有关规定,经 2023 年 12 月 7 日行业第五届惩戒委员会惩戒会议决定,给予你公司公开谴责的行业惩戒。

根据《中国资产评估协会会员执业行为自律惩戒办法》第三十五条的规定,你公司有申诉的权利。如你公司对我会作出的惩戒决定有异议,可在收到本决定书之日起 15 个工作日内,以书面方式向行业维权申诉委员会提出申诉,若未提出,将视作放弃申诉权利。提出申诉不影响惩戒决定的执行。

重庆市资产评估协会
2023 年 12 月 8 日

6. 自律惩戒决定书(沪评协惩〔202×〕××号)

上海××资产评估有限公司:

根据《上海市 2021 年资产评估行业执业质量自律检查工作方案》等文件要求,我会对你公司 201×年×月×日至 202×年×月×日的执业质量情况进行了检查。查出的主要问题经我会惩戒委员会集体审议,在听取你公司陈述后,通过投票方式作出处理决定。我会已于 2022 年 11 月 2 日将《拟惩戒告知书》告知你公司及相关资产评估师,你公司及相关资产评估师在规定时间内均未提出异议,现将最终惩戒决定通知如下。

一、存在的主要问题及违反的规定

1. （略）

2.《苏州 RHS 新能源科技有限公司拟投资专利、软件著作权无形资产价值资产评估报告》（××评报字（202×）第 1011 号），签字评估师董某某和沈某，存在：

资产评估业务基本事项洽谈记录表未见业务洽谈人签字和签署日期，未见评估机构相关负责人审核签字和签署日期。资产评估委托合同缺评估机构法人签字、双方签订时间、签订地点。不符合《资产评估执业准则——资产评估合同》第四条、第六条的规定。

未见除专利、软件著作权证书之外的调查资料，企业提供资料也未加盖公章。访谈记录未见被访谈人、时间、地点等信息。未见企业确认申报资料或者其他替代方式；未见目前无形资产使用状况等分析资料。未见专利说明书等资料。未见著作权投入成本取证等资料。未见对专利的保护性措施分析内容。未分析无形资产实施过程中所受到的法律、行政法规或其他限制。未对无形资产实施的地域限制范围、领域限制及法律法规限制条件进行说明；未对无形资产的历史、现实状况与发展前景进行说明。未见与收入、成本等相关的分析内容。不符合《资产评估执业准则资产评估程序》第十二条、第十四条、《资产评估执业准则——无形资产》第十八条、第二十二条的规定。

缺少权属等主要资料不完整或者存在瑕疵的情形；未决事项、法律纠纷等不确定因素；重要的利用专家工作及相关报告情况；重大期后事项；评估程序受限的有关情况、评估机构采取的弥补措施及对评估结论影响的情况的描述。不符合《资产评估执业准则——资产评估报告》第二十五条的规定。

二、处理意见

你公司签字资产评估师的上述问题违反了相关准则规定。现根据《中国资产评估协会会员执业行为自律惩戒办法》第十四条、第十五条、第十六条及第二十八条之规定，经上海市资产评估协会惩戒委员会议决议，决定对你公司和资产评估师董某某、沈某给予行业自律惩戒，具体为：

对资产评估师董某某和沈某予以警告。

本惩戒决定自送达之日起生效。你公司资产评估师董某某、沈某对惩戒决定不服的，可在收到本惩戒决定书之日起 15 个工作日内，向上海市资产评估协会申诉维权委员会提起申诉。当事人提起申诉的，不影响惩戒决定的执行。

上海市资产评估协会

2022 年 12 月 8 日

第六章

单项资产评估业务自查要点

第一节 自查要点

一、评估工作底稿自查要点

(一) 明确业务基本事项

1. 明确资产评估业务基本事项。

(1) 形成了资产评估业务基本事项洽谈记录文件,并且记录清晰、完整、准确。

(2) 资产评估业务基本事项洽谈记录文件内容包括:

①委托人、产权持有人和委托人以外的其他资产评估报告使用人;

②评估目的;

③评估对象和评估范围;

④价值类型;

⑤评估基准日;

⑥资产评估项目所涉及的需要批准的经济行为的审批情况(如需要);

⑦资产评估报告使用范围;

⑧资产评估报告提交期限及方式;

⑨评估服务费及支付方式;

⑩委托人、其他相关当事人与资产评估机构及其资产评估专业人员工作配合和协助等需要明确的重要事项。

(3) 资产评估业务基本事项洽谈记录文件应有洽谈人签字和签署日期。

2. 资产评估业务综合分析和评价。

(1) 针对专业胜任能力进行分析评价,并做出清晰的记录。

在决定承接评估业务之前,评估机构应当对自身专业能力进行分析和评价并做出清晰的记录;对自身专业能力进行分析和评价应当考虑以下事项:

①资产评估专业人员是否有与评估业务相关的专业知识及评估经验;

②当执行某项特定业务缺乏特定的专业知识和经验时,是否采用了弥补措施,如利用专家工作;

③当考虑利用专家工作时,是否采取必要程序,确信专家工作的合理性。

这些措施包括但不限于:对所聘请专家的能力进行了了解,如拟聘专家的专业特长、职称、专业资格、声望等因素;对专家的独立性进行了了解,专家与委托人或者其他相关当事人存在关联关系,专家工作的独立性可能受到影响;向专家介绍资产评估相关规定和评估业务相关情况,提出具体工作要求。

(2) 针对独立性进行分析评价,并做出清晰的记录。

评估机构在决定承接评估业务之前,应当对独立性进行分析和评价并做出清晰的记录。对自身独立性进行分析和评价应当考虑以下事项:

①资产评估机构不得受理与自身有利害关系的资产评估业务;

②资产评估机构及其资产评估专业人员开展资产评估业务,应当识别可能影响独立性的情形,合理判断其对独立性的影响。

可能影响独立性的情形通常包括资产评估机构及其资产评估专业人员或者其亲属与委托人或者其他相关当事人之间存在经济利益关联、人员关联或者业务关联;

③资产评估机构不得分别接受利益冲突双方的委托,对同一评估对象进行评估。

(3) 针对业务风险进行分析评价,并做出清晰的记录。

①在对资产评估基本事项有了初步的了解基础上,分析评价可能产生的业务风险并予以清晰记录。

②考虑可能出现的业务风险主要包括:

来自评估目的的风险:如以抵质押、出资为目的的业务,委托方对估值的预期是否合理;来自评估对象的风险:如评估对象的法律权属资料是否完整、清晰,是否存在法律纠纷等;评估报告出具的时间的要求是否合理。

（二）订立业务委托合同

1. 资产评估委托合同应当由评估机构的法定代表人（或者执行合伙事务合伙人）或其授权人签字并加盖资产评估机构印章。

2. 资产评估委托合同应当包括下列基本内容：
（1）资产评估机构和委托人的名称、联系人及联系方式；
（2）评估目的；
（3）评估对象和评估范围；
（4）评估基准日；
（5）评估报告使用范围；
（6）评估报告提交期限和方式；
（7）评估服务费总额或者支付标准、支付时间及支付方式；
（8）评估机构和委托人的其他权利和义务；
（9）违约责任和争议解决；
（10）合同当事人签字或者盖章的时间；
（11）合同当事人签字或者盖章的地点。

3. 资产评估委托合同订立后发现相关事项存在遗漏、约定不明确，或者在合同履行中约定内容发生变化的，资产评估机构可以要求与委托人订立补充合同或者重新订立资产评估委托合同，或者以法律允许的其他方式对资产评估委托合同的相关条款进行变更。

（三）编制资产评估计划

1. 资产评估专业人员应当根据资产评估业务具体情况编制资产评估计划，并合理确定资产评估计划的繁简程度。

2. 资产评估计划应当包括以下基本内容：
（1）资产评估业务实施的主要过程；
（2）时间进度；
（3）人员安排；

3. 资产评估计划应当由评估机构相关负责人审核、签字，并签署日期；应当符合机构内部关于评估计划审批流程及相应权限的规定。

(四) 进行评估现场调查

1. 获取委托人或者其他相关当事人提供的资产评估申报明细表等。

(1) 评估申报明细表填列的各资产科目完整;

(2) 各科目评估申报明细表的填列内容准确、完整、清晰;

(3) 评估申报明细表需要提供方盖章确认。

2. 核实评估对象的存在性和完整性。

(1) 资产评估专业人员需要根据委托人或者其他相关当事人提供的资产清单（评估申报明细表），对评估范围内资产的存在性和完整性进行现场调查，记录调查内容、调查结果及调查意见，并将调查结果与评估申报明细表、账面记录进行核对。

(2) 资产评估专业人员进行现场调查需要采用恰当的调查手段和方式。现场调查手段通常包括询问、访谈、核对、监盘、勘查等；资产评估专业人员可以根据重要性原则采用逐项或者抽样的方式进行现场调查，采用抽样方法进行现场调查的，应充分考虑抽样调查风险并做了相应的记录。

(3) 资产评估专业人员应当在形成的调查工作记录中签署名字和调查日期。

3. 调查评估对象的现状和使用状况的记录。

(1) 资产评估专业人员需要根据委托人或者其他相关当事人提供的资产清单（评估申报明细表），对评估范围内资产的现状和使用状况进行现场调查，并记录调查内容、调查结果及调查意见。

(2) 资产评估专业人员进行现场调查需要采用恰当的调查手段和方式。现场调查手段通常包括对资产相关技术资料进行核查、对主要资产进行现场勘察、对相关人员进行访谈等；评估专业人员可以根据重要性原则采用逐项或者抽样的方式进行现场调查，采用抽样方法进行现场调查的，应充分考虑抽样调查风险并做了相应的记录。

(3) 对超出资产评估专业人员胜任能力的技术鉴定，是否恰当地利用了专家工作。

(4) 资产评估专业人员应当在形成的调查工作记录中签署名字和签署日期。

4. 现场调查受到客观限制时采取的其他适用方法和记录。

因法律法规规定、客观条件限制，无法或者不能完全履行现场调查程序，需经采取措施弥补程序缺失，且未对评估结论产生重大影响时，资产评估机构及其资产评估专业人员可以继续开展业务。存在此情形，资产评估专业人员需要：

（1）分析受限情况，明确采取了恰当的措施，并确信经采取措施弥补程序缺失未对评估结论产生重大影响；

（2）记录采取的措施实施内容、结果；

（3）资产评估专业人员应当在形成的相应工作记录中签署名字和签署日期。

（五）收集整理评估资料并进行核查验证

适当性的判断标准和原则：检查人员应结合被检查评估项目的具体情况，判断以下收集的评估资料对于是否具有重要性和必须性，是否有助于评估人员对评估项目存在的风险识别方面、评估信息的完整有效方面、评估结果的真实准确方面提供依据；

可靠性的判断标准和原则：从资料的取得途径来看，外部途径取得的资料和信息可靠性高于被评估单位内部提供的，政府职能部门提供的资料和信息可靠性高于一般外部途径获取的，多途径获取的资料和信息可靠性高于唯一途径获取的。

1. 收集委托人或者其他相关当事人提供的资料并进行核查验证。

（1）资产评估专业人员应当要求委托人或者其他相关当事人提供涉及评估对象和评估范围的必要资料（根据业务情况判断必要资料范围）。必要资料一般包括：资产评估明细表，评估对象的权属证明资料，相关技术资料、检查报告、运行记录、设计概算、工程图纸、竣工决算资料等，以及相关说明、证明和承诺等。

①对于实行登记制度的评估对象的产权证明文件需要取得完整、有效的产权证明文件复印件；

②对于其他资产的法律证明文件进行关注，并取得重大资产的产权证明文件（合同、发票等）复印件；

③如果资产有产权瑕疵，应当取得委托人及相关当事人提供的说明、证

明和承诺。

(2) 资产评估专业人员应当要求委托人或者其他相关当事人对其提供的资产评估明细表及其他重要资料进行确认，确认方式包括签字、盖章及法律允许的其他方式。

(3) 资产评估专业人员应当依法对资产评估活动中使用的资料进行核查验证。核查验证的方式通常包括观察、询问、书面审查、实地调查、查询、函证、复核等。因法律法规规定、客观条件限制无法实施核查验证的事项，资产评估专业人员应当在工作底稿中予以说明，分析其对评估结论的影响程度。

(4) 资产评估专业人员应针对核查验证、分析、归纳和整理工作形成记录，明确意见。

2. 收集市场调查信息资料（市场法）并进行核查验证。

(1) 资产评估专业人员应当根据资产评估业务具体情况收集资产评估业务需要的外部资料（根据业务情况判断必要资料范围），一般包括：从政府部门、各类专业机构以及市场等渠道获取的其他资料。

①收集的交易案例的数量充分（3个以上），且符合比较条件；

②交易案例与评估对象的可比性较强，如实物状况和权益状况相似、成交基准日与评估基准日接近、交易类型与评估目的吻合、成交价格为正常价格或者可修正为正常价格；

③交易案例信息充分具体，如有交易案例的基本情况描述、成交日期、成交价格（总价、单价）、交易情况等内容。

(2) 资产评估专业人员应当依法对资产评估活动中使用的资料进行核查验证，以合理确信信息的真实性和可靠性。核查验证的方式通常包括观察、询问、书面审查、实地调查、查询、函证、复核等。因法律法规规定、客观条件限制无法实施核查验证的事项，资产评估专业人员应当在工作底稿中予以说明，分析其对评估结论的影响程度。

(3) 资产评估专业人员应针对核查验证工作形成记录，明确意见。

3. 收集预测数据资料（收益法）并进行核查验证。

(1) 资产评估专业人员应当根据资产评估业务具体情况收集资产评估业务需要的外部资料（根据业务情况判断必要资料范围），一般包括：从政府部门、各类专业机构以及市场等渠道获取的其他资料。

①反映与评估对象收益情况相关市场或行业资料信息；

②反映评估对象收益期情况的资料信息；

③与确定折现率等相关参数的资料信息。

（2）资产评估专业人员应当依法对资产评估活动中使用的资料进行核查验证，以合理确信信息的真实性和可靠性。核查验证的方式通常包括观察、询问、书面审查、实地调查、查询、函证、复核等。因法律法规规定、客观条件限制无法实施核查验证的事项，资产评估专业人员应当在工作底稿中予以说明，分析其对评估结论的影响程度。

（3）资产评估专业人员应针对核查验证工作形成记录，明确意见。

4. 收集询价记录和定价依据资料（成本法）并进行核查验证。

（1）资产评估专业人员应当根据资产评估业务具体情况收集资产评估业务需要的资料（根据业务情况判断必要资料范围），一般包括：

①主要资产的询价记录；

②与确定资产重置成本相关的取价依据、取费依据等资料；

③与确定资产成新率或各贬值因素相关的资料；

④从政府部门、各类专业机构以及市场等渠道获取的其他资料。

（2）资产评估专业人员应当依法对资产评估活动中使用的资料进行核查验证，以合理确信信息的真实性和可靠性。核查验证的方式通常包括观察、询问、书面审查、实地调查、查询、函证、复核等。因法律法规规定、客观条件限制无法实施核查验证的事项，资产评估专业人员应当在工作底稿中予以说明，分析其对评估结论的影响程度。

（3）资产评估专业人员应针对核查验证工作形成记录，明确意见。

5. 评估目的对应的经济行为文件。

（1）收集经济行为文件，如果经济行为需要批准的，应收集其有效批准文件；

（2）资产评估专业人员应当依法对资产评估活动中使用的资料进行核查验证。核查验证的方式通常包括观察、询问、书面审查、实地调查、查询、函证、复核等。因法律法规规定、客观条件限制无法实施核查验证的事项，资产评估专业人员应当在工作底稿中予以说明，分析其对评估结论的影响程度。

6. 委托人和产权持有人编写的《企业关于进行资产评估有关事项的说明》。

（1）若涉及国有资产评估项目，需收集委托人和产权持有人编写的《企业关于进行资产评估有关事项的说明》；

（2）资产评估专业人员应当依法对资产评估活动中使用的资料进行核查验证。核查验证的方式通常包括观察、询问、书面审查、实地调查、查询、函证、复核等。因法律法规规定、客观条件限制无法实施核查验证的事项，资产评估专业人员应当在工作底稿中予以说明，分析其对评估结论的影响程度。

7. 不动产评估业务需收集的其他资料并进行核查验证。

（1）不动产评估应当在评估对象符合规定用途要求的情况下进行。对于不动产使用的限制条件，应当以有关部门依法规定的用途、面积、高度、建筑密度、容积率、年限等技术指标为依据。

（2）不动产组成部分的价值存在相互影响关系。建筑物对于其所占有的土地使用权存在价值减损的可能。

（3）对于土建工程与机器设备安装为一体或者形成紧密关联的不动产，应当关注机器设备与不动产的关系，合理进行区分，并考虑机器设备等资产对不动产价值的影响。

8. 机器设备评估业务需收集的其他资料并进行核查验证。

（1）机器设备的评估对象分为单台机器设备和机器设备组合对应的全部或者部分权益。

（2）应当关注机器设备所依存资源的有限性、所生产产品的市场寿命、所依附土地和房屋建筑物的使用期限、法律、行政法规以及环境保护、能源等产业政策对机器设备价值的影响。

（六）评定估算形成结论

1. 评估方法选择合理、恰当。

应当根据评估目的、评估对象、价值类型、资料收集等情况，分析成本法、市场法和收益法三种资产评估基本方法的适用性，选择评估方法。

2. 采用成本法的，确定重置成本和成新率（各相关贬值因素）的过程和结果。

（1）确定重置成本构成要素。

①应当合理确定被评估资产重置成本的构成要素（如必要的、合理的

成本、利润和相关税费等），避免重复计算或者漏算；

②构成重置成本的取价（设备购置价、建筑工程直接费、工程造价等）、取费（设备安装费、运输费、基础费，建筑工程前期费等）准确、合理，依据充分。

（2）确定成新率，各项贬值因素考虑合理、完整，依据充分。

①应当全面考虑被评估资产的各种贬值因素；

②在确定实体性贬值时，应当综合考虑被评估资产的使用年限和实际使用状况等因素；

③在使用年限法考虑实体性贬值因素时，应当合理确定资产已使用年限、经济寿命年限等因素。

（3）主要资产（包括案例资产）评估计算过程和结果。

①重置成本确定过程清楚完整，计算结果正确；

②成新率确定过程清楚完整，计算结果正确；

③评估值确定（估值模型运用）过程清楚完整，估值计算正确；

④针对所有资产形成反映评估值计算过程计算表。

3. 采用市场法的，参照物与评估对象的可比性分析以及根据评估对象与参照物的差异进行必要调整的过程和结果。

（1）交易实例选择恰当、充分。

①收集足够的交易实例（3个以上）；

②交易实例和评估对象具有可比性和相似性：

在区位、用途、规模、建筑结构、档次、权利性质等方面与评估对象类似；成交日期与评估基准日接近；交易类型与评估目的相适合；成交价格为正常价格或者可以修正为正常价格。

（2）实例信息描述完整、真实、可靠。

①选做交易实例的信息应当完整、真实、可靠（交易实例的基本状况、成交日期、成交价格、付款方式、交易情况等）；

②交易实例的价格可信。

（3）各项修正因素考虑合理、充分，逻辑关系正确。

①比较因素体系能够合理、全面地反映影响资产价值的因素；

机器设备的比较因素有：个别因素、交易因素、地域因素和时间因素；

不动产的比较因素有：交易情况修正、交易日期修正和不动产状况修正，其中不动产状况修正可分为区域状况修正、权益状况修正和实物状况修正。

②对于不同用途的资产，各修正因素的影响因素和权重比例设置恰当，逻辑关系正确。

（4）评估计算过程和结果。

①各因素取值确定过程清楚完整，计算结果正确；

②各因素权重比例确定过程清楚完整，计算结果正确；

③评估值确定（估值模型运用）过程清楚完整，计算正确；

④针对所有资产形成了反映评估值计算过程工作表。

4. 采用收益法的，确定收益期限、预期收益和折现率等相关参数的过程和结果。

（1）确定收益期。

①结合资产的法定寿命年限和经济寿命年限，合理确定收益期；

②机器设备的收益期应根据该设备的剩余经济寿命年限、市场竞争情况、国家能源、环保政策、资源储量等因素合理确定；

③不动产收益期应当结合建筑物剩余经济寿命年限与土地使用权剩余年限等情况，并根据有关法律法规的规定，合理确定。

（2）量化预期收益。

①确定资产预期收益时应当考虑未来收益和风险的合理预期，资产未来净收益的界定准确，预测的可靠性依据充分；

②当未来收益预测趋势与被评估资产现实情况存在重大差异时，应对产生差异的原因及其合理性进行分析；

③运用收益法评估不动产时，有租约限制的，租约期内的租金宜采用租约所确定的租金，租约期外的租金应当采用正常客观的租金。

（3）确定折现率。

①合理完整地考虑折现率的各构成要素和影响因素，依据可靠、充分；

②折现率口径与收益口径保持一致。

（4）评估计算过程和结果。

①收益期运用过程清楚完整，计算结果正确；

②预期收益确定过程清楚完整，计算结果正确；

③折现率确定过程清楚完整，计算正确；

④评估值确定（估值模型运用）过程清楚完整，计算正确；

⑤针对所有资产形成了反映评估值计算过程工作表。

(5) 评定估算结果。

同时采用两种或两种以上评估方法进行估值的，最终选取定价方法的理由及依据是否充分；计算结果是否因评定估算过程中存在失误或错误而影响其准确性。

（七）评估机构内部复核工作

1. 复核记录所反映的复核程序应当与其质控制度保持一致；
2. 复核意见应真实反映机构内部审核工作开展情况；
3. 复核意见应清晰、具体，体现实质性复核内容；
4. 各级复核记录保存完整。

（八）整理归集评估档案

1. 各种形式的归档底稿内容是否完整、一致。

（1）资产评估报告包括初步资产评估报告和正式资产评估报告；

（2）归档的管理类工作底稿内容是否清晰、完整，包括：资产评估业务基本事项的记录、资产评估委托合同、资产评估计划、资产评估业务执行过程中重大问题处理记录、资产评估报告的审核意见等；

（3）归档的操作类工作底稿内容是否清晰、完整，包括：现场调查记录与相关资料、收集的评估资料、评定估算过程记录等；

（4）评估机构取得的需委托人或者其他相关当事人签字、盖章或者以法律允许的其他方式确认的资料（如资产评估明细表、关于进行资产评估有关事项说明及其他重要资料等）；

（5）资产评估项目所涉及的经济行为需要批准的，批准文件是否归档；

（6）各级审核记录（包括外审记录）是否归档；

（7）归档工作底稿记录的字迹是否清晰，是否编制了工作底稿目录，建立了必要的索引号。

2. 资产评估档案的归集。

（1）工作底稿归档时间是否符合《资产评估准则——资产评估档案》的相关规定；

（2）电子文档或者其他介质的评估业务档案信息是否一致、匹配；

(3) 归档目录中是否注明文档介质形式；

(4) 电子文档或者其他介质形式的重要工作底稿，如资产评估委托合同、资产评估报告应当同时形成纸质文档，评估明细表、评估说明可以是纸质文档、电子文档或者其他介质形式的文档。

3. 资产评估档案的管理。

(1) 在法定保存期内妥善保存资产评估档案；

(2) 资产评估档案由资产评估机构集中统一管理，不得由原制作人单独分散保存；

(3) 资产评估档案的管理应当严格执行保密制度，除国家机关、资产评估协会、其他依法调阅等情形外，资产评估档案不得对外提供。

二、资产评估报告自查要点

（一）资产评估报告主要内容完整性

1. 资产评估报告应当包括下列内容：①标题及文号；②目录；③声明；④摘要；⑤正文；⑥附件。

2. 重点关注评估报告构成的完备性，缺一不可。同时关注标题、声明、摘要内容的规范性、充分性和完整性。

3. 资产评估报告标题应当简明清晰，一般采用"企业名称+经济行为关键词+评估对象+评估报告"的形式。

4. 资产评估专业人员应当声明遵循法律法规，恪守资产评估准则，并对评估结论合理性承担相应的法律责任。评估报告声明应当提醒评估报告使用人关注评估报告特别事项和使用限制等内容。

5. 评估报告摘要应当简明扼要地反映经济行为、评估目的、评估对象和评估范围、价值类型、评估基准日、评估方法、评估结论及其使用有效期、对评估结论产生影响的特别事项等关键内容；评估报告摘要应当采用下述文字提醒评估报告使用人阅读全文："以上内容摘自评估报告正文，欲了解本评估项目的详细情况和正确理解评估结论，应当阅读评估报告正文。"

（二）资产评估报告正文的完整性

资产评估报告正文应当包括：

1. 委托人及其他资产评估报告使用人。

2. 评估目的。

3. 评估对象和评估范围。

4. 价值类型及其定义。

5. 评估基准日。

6. 评估依据。

7. 评估方法。

8. 评估程序实施过程和情况。

9. 评估假设。

10. 评估结论。

11. 特别事项说明。

12. 资产评估报告使用限制说明。

13. 资产评估报告日。

14. 资产评估专业人员签名和资产评估机构印章。

（三）委托人及其他资产评估报告使用人

1. 资产评估报告使用人包括委托人、资产评估委托合同中约定的其他资产评估报告使用人和法律、行政法规规定的资产评估报告使用人；

2. 资产评估报告应当明确阐述和介绍委托人、其他资产评估报告使用人；

3. 资产评估报告使用人为企业的，介绍一般包括名称、法定住所及经营场所、法定代表人、注册资本及主要经营范围等。

（四）评估目的

根据《资产评估执业准则——资产评估报告》等相关规定，评估报告应当说明本次资产评估的目的及其所对应的经济行为，经济行为需要批准的需说明该经济行为的审批情况。应当关注评估报告与资产评估委托合同中的评估目的是否一致。检查中，重点关注是否符合上述要求。

（五）评估对象和评估范围

1. 评估对象和评估范围表述清晰；

2. 资产评估报告中的评估对象和评估范围应与资产评估委托合同约定

的评估对象和评估范围一致；

3. 应当具体描述评估对象的基本情况，通常包括法律权属状况、经济状况和物理状况。

机器设备的描述应当包括：数量、类型、安装、存放地点、使用情况等。

不动产的描述应当包括：数量、类型、产权、结构和使用状况，以及是否存在抵押或其他受限情况。

（六）价值类型

根据《资产评估执业准则——资产评估报告》等相关规定，评估报告应当说明选择价值类型的理由及其定义。检查中，重点关注是否符合上述要求。

（七）评估基准日

根据《资产评估执业准则——资产评估报告》等相关规定，评估报告应当载明评估基准日，并与资产评估委托合同的评估基准日保持一致。关注评估报告与资产评估委托合同中的评估基准日是否一致。检查中，可重点关注是否符合上述要求。

（八）评估依据

1. 评估报告应当说明评估遵循的法律法规依据、准则依据、权属依据及取价依据等；
2. 评估依据的表述应当明确、具体；
3. 评估依据应当满足相关性、合理性、可靠性和有效性；
4. 评估依据不存在引用错误。

（九）评估方法

1. 评估报告应当说明所选用的评估方法；
2. 应当针对基本评估方法进行适用性分析，并具体充分地表述选择所选评估方法的理由。

对具有独立运营能力或者独立获利能力的机器设备组合进行评估时，成本法一般不应当作为唯一使用的评估方法。

（十）评估程序实施过程和情况

1. 评估实施的主要程序。

评估报告披露的评估程序实施过程至少包括以下内容：

（1）进行现场调查、收集评估资料的过程；

（2）分析、验证、整理评估资料的过程；

（3）评估相关参数的选取以及运用评估方法对各类资产价值进行计算、分析、判断过程；

（4）对初步评估结论进行综合分析，形成最终评估结论的过程。

2. 评估方法运用实施过程。

（1）评估方法的运用和逻辑推理计算过程。

①资产评估专业人员应当根据评估目的、评估假设、资料收集情况，恰当选用一种或一种以上评估方法；

②评估报告应当披露资产评估专业人员采用的各种信息、数据，经演算而推导出评估结果的思路与过程；

③采用的思路与演算过程应当符合公认的评估方法和计算模式，以使评估结果具有合理性。

（2）资本化率、折现率、价值比率、成新率等重要参数的获取来源和形成过程。

①采用成本法的，确定重置成本和成新率（各相关贬值因素）等重要参数的获取来源和形成过程。

a. 确定重置成本，构成要素、取值依据分析及形成过程阐述。

（a）根据工作底稿中反映的考虑重置成本要素构成情况，加以全面、准确、清晰地表述；

（b）根据工作底稿中反映的相关参数的来源和形成过程，加以全面、准确、清晰地表述。

b. 确定成新率，各项贬值因素考虑、取值依据分析及形成过程阐述。

（a）根据工作底稿中反映的考虑各种贬值因素情况，加以全面、准确、清晰地表述；

（b）根据工作底稿中反映的相关参数的来源和形成过程，加以全面、准确、清晰地表述。

c. 计算分析过程及计算结果阐述。

（a）根据工作底稿中反映的选取的计算公式或估值模型，加以准确、清晰地表述；

（b）根据工作底稿中反映的计算过程及评估结果，加以准确地披露。

②采用市场法的，确定价值比率等重要参数的获取来源和形成过程。

a. 选择案例的依据或理由阐述；

根据工作底稿中反映的选取案例的依据情况，加以准确、清晰地表述；

b. 案例信息披露。

根据工作底稿中反映的案例信息情况，加以准确、清晰、恰当地表述；

c. 各项修正因素考虑、逻辑关系分析，取值依据分析、因素比较修正情况阐述。

根据工作底稿中反映的各项修正因素考虑、逻辑关系情况以及取值依据情况，加以准确、清晰、恰当地表述。

d. 评估计算过程和结果阐述。

（a）根据工作底稿中反映的选取的计算公式或估值模型，加以准确、清晰地表述；

（b）根据工作底稿中反映的计算过程及评估结果，加以准确地披露。

③采用收益法的，确定收益期限、预期收益和折现率等重要参数的获取来源和形成过程。

a. 确定收益期考虑因素、依据分析及形成过程阐述。

根据工作底稿中反映的确定收益期考虑因素、依据分析及形成情况，加以准确、清晰、恰当地表述；

b. 预期收益考虑因素、取值依据分析及形成过程阐述。

根据工作底稿中反映的确定预期收益考虑因素、依据分析及形成情况，加以准确、清晰、恰当地表述；

c. 确定折现率考虑因素、取值依据分析及形成过程阐述；折现率口径与收益口径一致性。

根据工作底稿中反映的确定折现率考虑因素、依据分析及形成情况，以及对折现率口径的设定情况，加以准确、清晰、恰当地表述；

d. 评估计算过程和结果阐述。

（a）根据工作底稿中反映的选取的计算公式或估值模型，加以准确、

清晰地表述;

(b) 根据工作底稿中反映的计算过程及评估结果,加以准确地披露。

3. 对初步评估结果进行综合分析,形成最终评估结论的过程。

(1) 由于对评估对象可能采用一种以上的评估方法而得出不同的评估价值,资产评估专业人员应就不同的评估结果所具有的含义、调整的理由和方法以及最终评估值的合理性进行说明;

(2) 根据工作底稿中反映的分析情况,加以准确、清晰、恰当地表述。

(十一) 评估假设

1. 应当合理、恰当、充分地使用和披露必要的评估假设(如资产使用状态的假设、交易的假设、评估外部环境的假设、评估对象的假设、收集资料真实性的假设等)及其对评估结论的影响;

2. 关键评估假设与现实情况是否相符且有合理解释;

3. 评估方法的选择和评估假设是否匹配。

(十二) 评估结论

1. 评估结论计算正确。

(1) 在使用成本法、市场法和收益法评估资产的过程中,各项公式、模型应用正确,各项参数、比率确定正确,各种逻辑关系勾稽正确;

(2) 数学计算过程和结果正确。

2. 评估结论披露充分、准确。

(1) 形成的评估结论应披露充分、准确。

(2) 应当在评估报告中以文字和数字形式清晰表述评估结论。根据需要说明账面价值、评估价值及其增减幅度。

(3) 应明确评估结论的使用有效期。

(4) 如果针对评估对象采用两种以上方法进行资产评估,应当说明两种以上评估方法结果的差异及其原因和最终确定评估结论的理由。

(十三) 特别事项说明

1. 权属等主要资料不完整或者存在瑕疵的情形。

(1) 列示在评估过程中发现的主要资产存在的产权瑕疵问题。如:权证缺失；权证证载资产状况与实际勘查资产状况存在不一致；权证证载所有权人与实际所有权人不一致；融资租赁的机器设备货款未付清等。

（2）恰当披露该情形对评估结论的影响。

2. 委托人未提供的其他关键资料情况。

（1）列示在评估过程中存在的委托人未提供的关键资料情况；

（2）恰当披露该情形对评估结论的影响。

3. 未决事项、法律纠纷等不确定因素。

（1）列示在评估过程中发现的对评估结果产生重大影响的未决事项和法律纠纷。如：所有对评估结果产生重大影响的未决事项；所有对评估结果产生重大影响的法律纠纷；存在影响生产经营活动和财务状况的重大合同、重大诉讼事项。

（2）恰当披露该情形对评估结论的影响。

4. 重要的利用专家工作及相关报告情况。

（1）说明重要的利用专家工作及相关报告情况；

（2）利用相关专业机构出具的专业报告作为资产评估依据，应当在资产评估报告中披露以下内容：

①专业机构名称、专业报告名称、专业报告编号以及出具日期；

②专业报告结论及其相关补充性或者解释性说明；

③其他需要披露的重要事项。

（3）引用单项资产评估报告作为资产评估报告的组成部分，应当在资产评估报告中披露以下内容：

①引用单项资产评估报告的评估机构名称、报告名称、报告编号、出具日期等；

②引用单项资产评估报告的资产、数量、产权权属等；

③引用单项资产评估报告的评估方法、假设前提、使用限制以及相关事项；

④引用单项资产评估报告的评估结论；

⑤其他需要披露的重要事项。

5. 重大期后事项。

（1）表述在评估过程中发现的重大期后事项概况；

（2）恰当披露评估专业人员对该事项的考虑情况。

6. 评估程序受限的有关情况、评估机构采取的弥补措施及对评估结论影响的情况。

披露评估程序受限的有关情况、评估机构采取的弥补措施情况及资产评估专业人员判断的对评估结论影响的情况。

(十四) 资产评估报告使用限制说明

评估报告的使用限制说明应当载明：

1. 使用范围。

2. 委托人或者其他资产评估报告使用人未按照法律、行政法规规定和资产评估报告载明的使用范围使用资产评估报告的，资产评估机构及其资产评估专业人员不承担责任。

3. 除委托人、资产评估委托合同中约定的其他资产评估报告使用人和法律、行政法规规定的资产评估报告使用人之外，其他任何机构和个人不能成为资产评估报告的使用人。

4. 资产评估报告使用人应当正确理解和使用评估结论。评估结论不等同于评估对象可实现价格，评估结论不应当被认为是对评估对象可实现价格的保证。

(十五) 资产评估报告日

根据《资产评估执业准则——资产评估报告》等相关规定，资产评估报告载明的资产评估报告日通常为评估结论形成的日期，可以不同于资产评估报告的签署日。检查中，重点关注是否符合上述要求。

(十六) 资产评估专业人员签名和资产评估机构印章

根据《资产评估执业准则——资产评估报告》、等相关规定，资产评估报告应当由至少两名承办该项业务的资产评估专业人员签名并加盖资产评估机构印章。

法定资产评估业务的资产评估报告应当由至少两名承办该项业务的资产评估师签名并加盖资产评估机构印章。检查中，重点关注是否符合上述要求。

（十七）资产评估报告附件

1. 评估报告附件通常包括：
（1）评估对象所涉及的主要权属证明资料；
（2）委托人和相关当事人的承诺函；
（3）资产评估机构及签名资产评估专业人员的备案文件或者资格证明文件；
（4）资产评估汇总表或者明细表；
（5）资产账面价值与评估结论存在较大差异的说明。
2. 涉及国有资产评估项目，见《企业国有资产评估报告指南》相关要求。

（十八）评估明细表

1. 单项资产或者资产组合评估，应当编制评估明细表；
2. 评估明细表应当包括各被评估资产科目的评估明细表和各级汇总表；
3. 各科目评估明细表的格式和内容应当符合基本要求（非国有资产评估项目可参考《企业国有资产评估报告指南》中对评估明细表格式和内容的要求）；
4. 各科目评估明细表反映的信息应该完整、数据准确；
5. 各科目评估明细表和各级汇总表的勾稽关系正确。

第二节 常见问题

1. 评估对象的权属证明资料不完整、资产有产权瑕疵，未取得委托人及相关当事人提供的说明、证明和承诺；
2. 评估对象的现场勘察不具备代表性；
3. 缺少勘察照片；
4. 部分参数、指标、计算过程无记录；
5. 构成重置成本的取价（设备购置价、建筑工程直接费、工程造价等）、取费（设备安装费、运输费、基础费，建筑工程前期费等）不准确、不合理，依据不充分。

6. 主要设备无询价记录；

7. 交易案例与评估对象的可比性不强，如实物状况和权益状况不相关、成交基准日与评估基准日较远、交易类型与评估目的不吻合、可比价格为非成交价格且没有修正为正常价格；

8. 案例资产的评估计算过程和结果出现差错；

9. 关键评估假设与现实情况不相符且没有合理解释。

第三节　相关案例

一、行政处罚案例

（一）财政部门行政处罚

1. 山西省财政厅行政处罚决定书晋财会罚决〔202×〕××号

山西××资产评估有限公司：

依据《中华人民共和国资产评估法》《资产评估行业财政监督管理办法》和《山西省财政厅关于开展2023年度会计师事务所和资产评估机构监督检查工作的通知》要求，我厅联合省资产评估协会组织检查组对你机构的执业质量、人员勤勉尽责、履行评估程序、工作底稿反映评估过程实施情况以及202×年×月×日至202×年×月×日期间出具的资产评估报告进行了检查。查出的主要问题和我厅作出的处罚决定如下：

一、查出的主要问题

（一）你机构为山西HDYZ有限公司拟抵押贷款出具了资产评估报告（××评报字〔202×〕015号），存在的问题如下：

1. 评估参数和评估依据选取不当，评估结论不合理。

（1）重置成本确定不合理：重置成本计算时直接以设备购置发票金额作为设备购置价，未考虑评估基准日与设备购置日的时间差异；重置成本中未考虑前期及其他费用和资金成本，重置成本内涵不完整。对于不需要安装的实验室设备电子天平、分析仪及叉车等机器设备计取了安装费。

（2）综合成新率的确定不合理：工作底稿中缺少勘察成新率的确定过程；部分报废设备未按照报废设备进行评估；部分机器设备耐用年限、尚可使用年限取值有误。

2. 评估程序履行不到位，缺少必要的核查验证资料。

工作底稿中缺少对机器设备的现状和使用状况的调查记录。缺少主要机器设备购置价的询价依据；缺少评估机构内部三级复核记录。

3. 评估报告部分内容违反评估准则。

评估对象和评估范围中缺少对机器设备的法律权属状况、经济状况和物理状况等描述。部分评估假设不合理；评估报告附件不完整；评估明细表中缺少关键参数，如生产厂家，规格型号等。

（二）你机构为山西 XNJM 集团某煤业有限公司拟核实资产价值所涉及库存商品、建筑物及机器设备出具了资产评估报告（×××评报字〔202×〕008 号），存在的问题如下：

1. 评估参数和评估依据选取不当，评估结论不合理。

建筑物重置全价确定缺少直接费计算过程；建安造价增值税率取值错误，重置全价取费依据错误；资金成本计算时未考虑资金的均匀投入错误；机器设备重置全价未考虑运杂费、安装调试费、前期及其他费用和资金成本，重置全价内涵错误。追溯性评估项目采用勘察成新率不合理。

2. 评估程序履行不到位，缺少必要的核查验证资料。

（1）工作底稿缺少对存货、机器设备、房屋建筑物的现状和使用状况的调查记录；

（2）存货盘点表缺少关键参数数量；盖章单位与被评估单位不一致。缺少现场盘点时无实物资产的替代程序底稿资料；缺少评估对象的权属证明资料，相关技术资料。库存商品和机器设备询价单位均为临汾市埠瑞联特煤机有限公司，询价来源单一且询价单位未盖章。部分库存商品名称同型不同价，单价差异 1~2 倍。

（3）缺少评估机构内部三级复核记录。

3. 评估报告部分内容违反评估准则。

评估目的披露不明确；评估对象和评估范围中缺少对房屋建筑物的法律权属状况、经济状况和物理状况等描述。评估报告中未说明选择价值类型理由。部分评估假设不合理；对于评估程序受限采取的弥补措施不合理；评估报告附件不完整。评估明细表缺少关键参数，如，机器设备中缺少生产厂家，存货缺少数量。

上述行为违反了《中华人民共和国资产评估法》第十七条第一款、第二十条第（六）项、第二十五条，《资产评估行业财政监督管理办法》第十四条第一款，《资产评估准则——基本准则》第五条、第九条、第十三条，《资产评估执业准则——资产评估程序》第十二条、第十五条、第十九条、第二十一条、第二十三条，《资产评估执业准则——企业价值》第五条、第十七条、第十八条，《资产评估执业准则——资产评估档案》第十三条，《资产评估执业准则——资产评估报告》第二十条的有关规定。

二、我厅作出的处罚决定

对于上述问题，我厅已于202×年12月14日向你机构送达行政处罚事项告知书，告知你机构的违法违规事实并我厅拟作出的处罚种类及依据和你机构应享受的陈述、申辩权利，你机构在规定期限内未提出异议。

根据《中华人民共和国资产评估法》第四十七条第一款第（六）项的有关规定，我厅决定给予你机构停业2个月的行政处罚。停业期限自被处罚机构收到本决定书后次日开始起算。

根据《中华人民共和国行政复议法》第九条、第十二条之规定，如不服本处罚决定，可以在收到本决定书之日起六十日内向山西省人民政府或财政部申请行政复议。

根据《资产评估行业财政监督管理办法》第四十七条第二款的规定，当事人对本处罚决定不服的，可以依法提起行政诉讼。

对本处罚决定不服申请行政复议或者提起行政诉讼的，复议或诉讼期间行政处罚不停止执行。

山西省财政厅
2023年12月29日

2. 上海市财政局行政处罚决定书（沪财督〔202×〕××号）

上海××资产评估有限责任公司：

根据《中华人民共和国资产评估法》《资产评估行业财政监督管理办

法》的要求，我局对你公司201×年资产评估执业质量情况进行了检查。查出的主要问题如下（涉及行政处理事项的通知另发）：

经抽查，发现你公司在对上海奉贤区庄行镇某经济合作社拟实施对上海XY村农业资源经营专业合作社股权投资事宜涉及其拥有的部分实物资产价值进行评估时，未获取该房产的权属证明，也未取得委托人关于房屋权属的书面承诺或说明；报告中确认的评估对象面积与实际面积不一致。经论证，你公司出具的《上海奉贤区庄行镇某经济合作社拟实施对上海XY村农业资源经营专业合作社股权投资事宜涉及其拥有的部分实物资产价值资产评估报告》（××评报字（201×）第0049-1号）属于《资产评估法》所规范的重大遗漏评估报告。

你公司的上述行为违反了《资产评估法》第二十条第六项，《资产评估基本准则》第十三条，《资产评估执业准则——不动产》第十条的规定。

根据《资产评估法》第四十七条第一款第六项的规定，我局决定对你公司予以警告。

你公司对本处罚决定如有异议，可在接到本决定之日起60日内，依法向上海市人民政府或者中华人民共和国财政部申请行政复议，或在接到本决定之日起6个月内向人民法院提起行政诉讼。

上海市财政局
2021年9月16日

（二）证监会行政处罚

1. 中国证监会行政处罚决定书〔202×〕××号

当事人：××资产评估有限公司（以下简称某评估所），注册地址：北京市……。

李某某，评估师，住址：湖南省长沙市……。

钟某某，评估师，住址：北京市……。

依据2005年修订的《中华人民共和国证券法》（以下简称2005年《证券法》）的有关规定，我会对某评估所违法违规行为进行了立案调查、审理，并依法向当事人告知了作出行政处罚的事实、理由、依据及当事人依法享有的权利。某评估所、李某某、钟某某均提交了陈述申辩意见,但未申请听证。本案现已调查、审理终结。

经查明,某评估所存在以下违法事实:

一、某评估所接受LS股份有限公司评估委托情况

2019年5月或6月,LS股份有限公司(以下简称LS股份)拟出售一批设备,委托某评估所为资产处置提供评估服务。某评估所指定钟某某为项目负责人,某评估所副总经理李某某邀请齐某某作为外聘人员参与项目,担任现场负责人。

2019年8月,某评估所对设备进行了预评估,只对设备进行了简单查看,没有核对设备清单,也未对机器设备的具体数量进行盘点;未进行逐项调查或抽样调查,也未具体询问设备的使用情况和生产状况。

2019年11月28日、12月16日,LS股份及其子公司ZJZB有限公司(以下简称ZJZB公司)分别与YPZS电子设备有限公司(以下简称YPZS公司)签订《销货合同》,将相关设备出售给YPZS公司,不含税价格为3878.92万元(含税价格4383.18万元,账面净值为3960.89万元)。

2020年1月2日,LS股份与某评估所签定《资产评估委托合同》,某评估所为本评估项目提供价值评估,评估目的是为资产处置提供价值参考。

2020年1月3日至6日,某评估所从LS股份、ZJZB公司获取了评估设备销售相关合同和发票、经理办公会决议等作为评估底稿,正式启动评估流程。1月8日,某评估所的评估报告经过内部审批流程后,形成了最终专业意见,得出了评估结论。

2020年3月,LS股份索要评估报告,某评估所在3月19日向中国资产评估协会进行报备后,向LS股份出具了《LS股份拟处置资产涉及的其部分设备市场价值资产评估报告》(××评报字〔202×〕121号,以下简称《资产评估报告》),签字资产评估师为李某某、钟某某。

2020年3月26日,某评估所收到LS股份××万元评估费。

2020年4月29日,LS股份在其公告的《向不特定合格投资者公开发行股票说明书(申报稿)》(以下简称《公开发行股票说明书》)中对该《资产评估报告》结论进行了披露:"2020年1月8日,某评估所就本次资产处置出具了《资产评估报告》(××评报字〔202×〕121号),根据上述《资产评估报告》,本次评估基准日为2019年11月30日,评估采用成本法,处

置的机器设备评估值总额为3803.93万元"。

二、某评估所出具的《资产评估报告》存在虚假记载的情况

（一）"评估方法"部分的虚假记载

《资产评估报告》第七部分"评估方法"第（三）部分"本次评估技术思路及重要评估参数的确定"记载，设备购置价根据以下方法确定"凡能查询到基准日市场价格的设备，以此价格为准确定设备的购置价格；对于无法从市场获得设备价格的设备，向设备原生产厂家或代理公司进行查询；或通过查阅《2019年机电产品报价手册》所列价格，综合考虑确定设备的购置价"。该表述与事实不符。评估时，某评估所通过网络和《2019年机电产品报价手册》（以下简称《手册》）并没有查询到主要设备的报价，自称通过机电产品价格信息查询系统付费人工查询获得主要设备购置价格。经查，某评估所并未向机电产品价格查询系统付费人工询价相关设备价格，设备购置价确定方式存在虚假记载。

《资产评估报告》第七部分"评估方法"第（三）部分"本次评估技术思路及重要评估参数的确定"记载，成新率的确定方式为"评估人员在现场分类抽查和观察了解设备的运行情况，核查各类型机器设备的运行技术状态（包括性能、精度、磨损、外观成色、电器仪表配套等情况）；了解其历史情况（包括大修次数、更换主要零部件、运行记录及故障原因等）以及目前使用运行中的情况；了解各类型设备规定使用年限"。该表述与事实不符。2020年1月正式评估期间，因设备已出售且买方不同意现场盘点，某评估所未能对设备进行现场调查和盘点，而是实施了包括查询买方信息及收集委估设备销售合同和发票在内的替代程序。但上述情况未在《资产评估报告》中予以披露和说明，成新率的确定方式存在虚假记载。

（二）"特别事项说明"部分的虚假记载

《资产评估报告》第十一部分"特别事项说明"第（二）部分"权属资料不全面或者存在瑕疵的情形"的结论为"无"。该表述与事实不符。2017年9月12日，LS股份将相关设备以售后回租形式进行融资，评估基准日（2019年11月30日）LS股份对委估的售后回租设备不拥有产权，但《资产评估报告》未披露该售后回租事项。

（三）"评估结论"部分的虚假记载

《资产评估报告》第十部分"评估结论"记载，"截至评估基准日2019年11月30日，经评估，LS股份拟处置的部分设备资产市场价值评估值为3803.93万元，较申报评估的设备资产账面价值3960.90万元，减值156.97万元，减值率3.96%"。该记载与事实不符。首先，该评估值是在委估资产无产权瑕疵的假设条件下得出，而委估资产所涉售后回租事项可能导致上述数据不成立，从而影响评估结论的有效性，但《资产评估报告》未予说明。其次，本次评估采用成本法，评估值＝重置全价×综合成新率。重置全价根据向第三方询价获得的设备购置价格结合运费、安装费等费用调整来计算确定，综合成新率由年限成新率和现场勘察成新率加权计算得出。鉴于《资产评估报告》中的设备购置价格和成新率的确定方式均存在虚假记载，故以此为基础计算得出的重置全价和综合成新率也不真实、不可靠，并进而导致《资产评估报告》中的评估值存在虚假记载。

三、某评估所评估执业过程中的未勤勉尽责情况

某评估所在评估过程中，违反《资产评估执业准则》的有关规定，访谈记录存在虚假，使用替代程序未披露且编制虚假底稿，未按规定对设备进行询价，以预先设定的价值作为评估结论，对售后回租设备未获取充分资料且未恰当披露，未勤勉尽责。

（一）违反《资产评估执业准则——资产评估档案》第七条的规定，访谈记录存在虚假记载

评估底稿中的《评估项目基本情况表（初次访谈记录）》显示，2020年1月2日，李某某、钟某某在LS股份的会议室对LS股份财务经理迟某进行了访谈。但实际上李某某和钟某某都未去LS股份公司现场，初次访谈记录是钟某某通过电话联系迟某的情况记录。该访谈记录存在虚假记载，不符合准则规定。

（二）违反《资产评估执业准则——机器设备》第十四条的规定，采取替代程序未披露，编制虚假的机器设备状况调查表和固定资产盘点表

2019年8月预评估期间，某评估所只对设备进行了简单的查看，没有核对设备清单，未对机器设备的具体数量进行盘点，也未进行逐项调查或抽样调查，未具体询问设备的使用情况和生产状况。查看时，仅有20余台设

备处于启动状态，不是正常生产状态。2020年1月正式评估期间，某评估所被告知相关设备已经出售，买方不同意评估人员去盘点设备。于是，某评估所没有对机器设备进行调查和盘点，而是实施了替代程序。一是在企信网上查询买方信息，确认公开信息显示买方与LS股份没有关联；二是收集委估设备的销售合同和发票，并就评估基准日委估设备基本情况取得LS股份提供的《设备情况说明》。

正式评估阶段，某评估所在未对设备进行现场勘查的情况下，根据2019年8月预估时去现场查看设备时的印象、相关技术参数和LS股份介绍的设备使用状况，填写了21份《机器设备状况调查表》，注明调查日期为2020年1月4日，设备的工作状态为正常运转，并交由LS股份签字、盖章；某评估所还在LS股份提供的《固定资产盘点表》上签字，并签署盘点日期为2020年1月4日，制作虚假工作底稿。

（三）违反《资产评估执业准则——机器设备》第十八条的规定，未按规定对设备询价，虚构设备询价过程和结果

某评估所称，2020年1月，其在通过互联网和《手册》查找贴片机、焊机、印刷机等主要设备报价未果的情况下，微信联系机电产品价格信息查询系统的工作人员进行了付费人工询价。底稿中的询价结果就是机电产品价格信息查询系统工作人员反馈的结果，结果通过微信反馈。经查，某评估所并未向机电产品价格查询系统付费人工询价相关设备价格，询价过程及询价结果皆为虚构。涉人工询价设备的评估净值为2444万元，占设备评估总净值的64%。

（四）违反《资产评估基本准则》第六条的规定，以预先设定的价值作为评估结论

2019年11月28日、12月16日，LS股份、ZJZB公司分别与YPZS公司签订《销货合同》，将相关设备出售给YPZS公司。2019年12月30日、2020年1月6日和7日，LS股份、ZJZB公司开具增值税专用发票给YPZS公司。某评估所获取了上述销货合同和发票作为评估底稿。

某评估所在设备处置价格已确定的前提下，未对主要设备进行询价，未开展有效的现场勘察，在无法确定主要设备重置全价和现场勘察成新率的情况下，得出了"评估值3803.93万元，较申报评估的设备资产账面价值3960.90万元，减值156.97万元，减值率3.96%"的评估结论，评估

结论与资产处置价格仅偏差1.94%。某评估所确定评估价值的依据不充分，直接以资产处置价格这一预先设定的价值作为评估结论，不符合准则规定。

（五）违反《资产评估执业准则——资产评估报告》第二十五条第一项的规定，遗漏部分评估设备所涉售后回租事项

因部分委估设备存在售后回租事宜，LS股份对该部分设备不拥有产权，并不得将其迁离租赁合同约定地点。2019年，LS股份将上述售后回租设备从约定的存放地点北京市昌平区沙河镇窦各庄村×号院，搬到了河北某厂区，并于租赁期限内将部分售后回租设备出售给YPZS公司。上述设备的搬迁和出售均未取得出租人的书面同意。

2020年1月，在正式评估阶段，某评估所关注到部分委估设备涉及售后回租事项，并询问LS股份工作人员，对方答复称设备迁移、出售都已取得出租人同意，但未取得书面许可。现场负责人遂要求LS股份在其出具的《设备情况说明》中加入出租人同意LS股份出售设备的相关内容，并将上述情况口头告知钟某某。但在写《资产评估说明》时，现场负责人忘记写售后回租对于设备产权影响的内容，最终的资产《资产评估报告》也未体现上述售后回租情况。

上述违法事实，有《资产评估报告》、工作底稿、询问笔录、合同协议等证据，足以证明。

某评估所在向LS股份提供资产评估服务过程中，违反了《非上市公众公司监督管理办法》（以下简称《监督管理办法》）第七十六条、《资产评估执业准则——资产评估档案》第七条、《资产评估执业准则——机器设备》第十四条、第十八条、《资产评估基本准则》第六条、《资产评估执业准则——资产评估报告》第二十五条第一项的规定，未勤勉尽责，所出具的《资产评估报告》存在虚假记载，根据《非上市公众公司信息披露管理办法》（以下简称《信息披露管理办法》）第五十七条的规定，某评估所的上述行为违反了2005年《证券法》第二十条第二款、第一百七十三条的规定，构成2005年《证券法》第二百二十三条所述情形，李某某、钟某某为直接负责的主管人员。

当事人向我会提交书面陈述申辩意见，请求免于处罚，具体情况如下：

第一，涉案评估与《监督管理办法》第七十六条规定不符。涉案评估

目的是为委托人拟处置设备资产提供价值参考依据，且正式评估时资产已经处置，评估目的实质更符合"事后为相关方验证其处置价格的公允性提供参考"，而非《监督管理办法》第七十六条规定的为股票转让、发行等活动出具资产评估报告。而且，LS股份未在《公开发行股票说明书》中披露某评估所的相关信息，未将资产评估报告作为备查文件予以披露，某评估所及签字评估师也没在申报文件配套声明、承诺函等文件上签章。

第二，涉案评估与《信息披露管理办法》第五十七条规定不符。某评估所及其签字评估师不是为挂牌公司履行信息披露义务出具专项文件的证券服务机构及人员。在LS股份就其调整公司生产模式所发布的一系列临时公告中，均未提及本次设备处置和评估情况，故设备处置事项不属于《信息披露管理办法》下应当履行信息披露义务的信息，涉案评估项目亦不属于《信息披露管理办法》第五十七条规定的情形。

经复核，我会认为，本案事实清楚，证据充分，法律适用准确，对当事人的申辩意见均不予采纳。

第一，某评估所是专业性资产评估机构，保证评估报告的真实、准确、完整是其基本的法定义务。

第二，LS股份是全国中小企业股份转让系统的挂牌公司，并计划向不特定合股投资者公开发行股票，某评估所接受LS股份委托开展资产评估业务客观上属于为LS股份公开发行股票出具资产评估报告文件的行为。事实上，2020年4月29日LS股份在其公告的《公开发行股票说明书》明确指出："2020年1月8日，某评估所就本次资产处置出具了《资产评估报告》（××评报字〔202×〕121号）。"

同时，LS股份公告《公开发行股票说明书》是依法履行信息披露义务的行为，因此，某评估所制作资产评估报告事实上也是为挂牌公司履行信息披露义务提供服务，相关法律适用并无不当。

根据当事人违法行为的事实、性质、情节与社会危害程度，依据2005年《证券法》第二百二十三条的规定，我会决定：

一、对某评估所责令改正，没收业务收入10万元，并处以20万元罚款；

二、对李某某、钟某某给予警告，并分别处以5万元罚款。

上述当事人应自收到本处罚决定书之日起15日内，将罚没款汇交中国证券监督管理委员会，当事人如果对本处罚决定不服，可在收到本处罚决定书之日起60日内向中国证券监督管理委员会申请行政复议，也可在收到本处罚决定书之日起6个月内直接向有管辖权的人民法院提起行政诉讼。复议和诉讼期间，上述决定不停止执行。

中国证监会

2021年11月26日

2. 中国证监会行政处罚决定书〔201×〕××号

当事人：××资产评估有限公司（以下简称某评估所），住所：北京市海淀区……

孟某某，住址：安徽省……。

张某，住址：安徽省……。

依据《中华人民共和国证券法》（以下简称《证券法》）的有关规定，我会依法对某评估所未勤勉尽责行为进行了立案调查、审理，并向当事人告知了作出行政处罚的事实、理由、依据及当事人依法享有的权利。当事人某评估所、孟某某、张某要求陈述申辩，并要求举行听证。2015年11月17日我会依法举行听证会，听取了当事人某评估所、孟某某、张某的陈述申辩。本案现已调查、审理终结。

经查明，某评估所存在以下违法事实：

一、某评估所对某岛海域使用权评估的假设不合理

2012年12月，山东HDJ海洋发展股份有限公司（以下简称HDJ股份）决定以公司拥有的海域使用权及其围堰造礁工程等配套设施和一宗土地使用权作为抵押物发行10亿元公司债券，并于2013年5月1日决定在本次拟发债抵押担保资产的范围中增加5宗土地使用权和7幢房屋建筑物。2013年9月18日，证监会发行审核委员会审核通过了HDJ股份本次公开发行公司债券的申请。

为配合本次债券发行工作，某评估所对HDJ股份拟发债抵押担保资产进行了两次评估，并于2012年12月24日出具了××（京）评报字〔2012〕第150号评估报告；于2013年5月16日出具了××评报字〔2013〕023号评估报告，两份评估报告签字注册评估师均为孟某某和张某。

涉案两份评估报告中某岛海域评估价值均为 55554.23 万元，该价值占 ××（京）评报字〔2012〕第 150 号评估报告评估总价值的 24.5%，占 ×× 评报字〔2013〕023 号评估报告评估总价值的 21.34%。两份评估报告对某岛海域使用收益法预测的重要前提是：某岛约 89603.55 亩全部采用人工鱼礁养殖方式，每亩*年投放参苗（秋苗）4000 头。在收入预测时，假设 HDJ 股份从 2012 年 10 月开始投苗，每亩每年投放参苗（秋苗）4000 头，养殖时间满 2 年，可全部收获。采用人工鱼礁养殖方式进行养殖，从 2015 年起即可获得全面达产的稳定收益，并按每亩的年产量 70 公斤预测收入。某评估所采用收益法对某岛海域使用权进行评估。在以上假设前提下，按照收益法的计算方式，得出某岛海域的海域使用权评估价值为 55554.23 万元。

经调查，某评估所对某岛海域使用权评估的假设不合理。第一，2012 上半年 HDJ 股份在某岛海域进行了实验性投苗，共投放参苗 1117266.00 头，占评估假设投苗量的 0.31%。此外，在评估基准日（2012 年 9 月 30 日）至评估报告出具日（2012 年报告的出具日为 2012 年 12 月 24 日，2013 年报告的出具日为 2013 年 5 月 16 日）期间，HDJ 股份未继续在某岛海域投放海参苗；第二，HDJ 股份在某岛海域拟采用的海参养殖方式为深海网箱或者是深海网箱与人工鱼礁相结合的方式，而非单纯的人工鱼礁养殖方式，在不同养殖方式下海参的投苗量及成活率不同，会对海参预测产量产生较大影响；第三，在纳入评估范围的近 10 万亩海域中全面投放海参苗需要一个较长的过程，因此，实现全面达产收益也需要一个过程。因此，我会认为，某评估所关于被评估海域能够自 2015 年起即可持续获得亩产量 70 公斤稳定收益的假设不合理。

二、某评估所未能勤勉尽责，及时关注期后事项

经调查，自评估基准日至评估报告出具日，HDJ 股份没有在某岛海域投放海参苗。某评估所在进行评估时，没有关注到该重大期后事项，存在未勤勉尽责行为，导致出具的评估报告存在重大遗漏。

综上，在本次评估中，某评估所未根据评估业务实施过程中的情况变化及时补充收集评估资料，未考虑上述重要事实对 2015 年即可获得稳定收益假设产生的重大影响，未合理估算某岛海域海参的预测产量及收益产生的起始时间，在对被评估资产的未来收益产生的起始点及预测产量不能确定的情

况下，选用收益法进行评估，违背了收益法应用的重要前提即被评估资产的未来预测收益和预测期限是可以预测的，导致形成的评估结论不合理，评估报告存在误导性陈述和重大遗漏。某评估所未勤勉尽责行为违反了《证券法》第一百七十三条的规定，构成《证券法》第二百二十三条所述"证券服务机构未勤勉尽责，所制作、出具的文件有虚假记载、误导性陈述或者重大遗漏"的情形。某评估所出具上述两项评估报告的业务收入为20万元，直接负责的主管人员为孟某某和张某。

以上事实，有相关评估报告、工作底稿、当事人询问笔录和相关说明等证据证明，足以认定。

听证会上，当事人对《事先告知书》认定的事实予以承认，但认为该事实不构成未勤勉尽责情形。当事人辩称，本案中对某岛海域使用权的评估属于对单项资产的评估。在对单项资产进行评估时，评估机构不需对该资产实际所有人、使用人的生产经营条件和能力进行调查、核实。因此，尽管当事人存在《事先告知书》中认定的情形，但不属于未勤勉尽责情形。我会认为，评估师在实际执业过程中，其未勤勉尽责的情形包括（但不限于）未按相关业务规则执业、未进行必要的现场调查、未收集充分的评估资料、未确定合理的评估假设，因此，相关当事人陈述申辩意见不成立。

根据当事人违法行为的事实、性质、情节与社会危害程度，依据《证券法》第二百二十三条的规定，我会决定：

一、责令某评估所改正违法行为，没收两次评估业务收入共20万元，并处以40万元罚款。

二、对孟某某、张某给予警告，并分别处以5万元罚款。

上述当事人应自收到本处罚决定书之日起15日内，将罚没款汇交中国证券监督管理委员会。当事人如果对本处罚决定不服，可在收到本处罚决定书之日起60日内向中国证券监督管理委员会申请行政复议，也可以在收到本处罚决定书之日起6个月内直接向有管辖权的人民法院提起行政诉讼。复议和诉讼期间，上述决定不停止执行。

中国证监会

2016年2月24日

二、行政监管措施案例

行政监管措施决定书〔201×〕××号

北京××资产评估有限公司、焦某、全某：

依据《中华人民共和国证券法》（以下简称《证券法》）的有关规定，我局对你们执行的贵阳HY房开有限责任公司拟发行公司债券涉及的评估项目（北京××评字〔201×〕第A096号，签字注册评估师：焦某、全某）进行检查。经检查，你们在执业过程中存在如下问题。

一、评估部分资产时选取的实例与具体修正时采取的实例前后不一致，数据来源不详。评估楼房只选取了花某园C区15-19栋进行评估测算，采用的实例为：山水某城一期、金某小区二期、中某花园小区，分别取其中某个车位的成交价格作为评估参考，未说明数据来源及数据是否恰当（只选取其中1个车位的成交价不具有实际参考价值）；具体修正时，采取的实例又变为山水某城、观某北路（市政府）、财富中心（世纪某源）车位。

二、评估车位按照统一均价计算。评估报告中未对HY房开公司楼盘分布较广，车位实际位置存在较大差异等情况进行评估分析。在对HY房开公司90213个车位进行评估过程中，除G区购物中心1392个车位外，其他车位均按照15.4万/个计算。

三、评估报告中未对机械车位个数及现状进行表述，也未区分两者差异，统一按普通车位价值评估。

上述行为不符合《资产评估准则——基本准则》第二十条、《资产评估准则——评估报告》第五条、第六条规定。

我局认定，你们的上述行为不符合《资产评估准则》的有关要求，违反了《公司债券发行与交易管理办法》第七条的规定。按照《公司债券发行与交易管理办法》第五十八条的规定，我局决定对你公司及签字注册评估师采取出具警示函的监督管理措施。

按照《证券法》的有关规定，现提醒你们关注以下事项：（一）请你公司严格遵照相关法律法规和《资产评估准则》的规定，及时采取措施加强内部管理，建立健全质量控制制度，确保评估执业质量；（二）相关注册资产评估师须加强对证券期货相关法律法规的学习、勤勉尽责地履行评估工作义务。

你公司应当在 2016 年 10 月 20 日前对上述问题提出整改措施，形成书面报告提交我局，我局将组织检查验收。

如果对本监督管理措施不服，可以在收到本决定书之日起 60 日内向我局提出行政复议申请，也可以在收到本决定书之日起 6 个月内向有管辖权的人民法院提起诉讼。复议与诉讼期间，上述监督管理措施不停止执行。

贵州证监局
2016 年 9 月 22 日

三、自律惩戒案例

1. 自律惩戒决定书（中评协办〔202×〕××号）

江苏××房地产土地资产评估测绘有限公司：

根据《中华人民共和国资产评估法》《资产评估执业质量自律检查办法》《中国资产评估协会关于开展从事证券服务业务备案的资产评估机构首单证券业务专项检查的通知》，中国资产评估协会（以下简称中评协）检查组于 202×年×月，对你公司出具的《××有限公司拟发债涉及的投资性房地产市场价值评估项目资产评估报告》（××评报字〔202×〕第 005 号）进行了首单证券业务专项检查。检查发现的主要问题和自律惩戒决定如下。

一、检查发现的主要问题

评估范围内的车位包含××园、××区、其他地下建筑三部分。评估人员通过选取可比案例，并考虑××园、××区总面积体量较大，分别按基准单价的 90%、95% 作为评估单价，其他的以基准单价为评估单价。最终按照建筑物地下总建筑面积乘以评估单价得出评估值。

评估人员在评估过程中已收集到了××事务所出具的《房产测绘成果报告》，该测绘报告清晰记载了评估对象地下建筑中人防、设备间、消防等面积。采用市场法评估车位价值时，评估人员未考虑上述不能作为车位出售的面积，直接按照总建筑面积乘以评估单价得出评估结果。该错误导致××园车位评估值差异 26903.51 万元、××区评估值差异 5609.39 万元，合计 32512.90 万元（在其他条件不变的情况下，造成高估），差异率为 4.83%。

上述问题违反了《资产评估执业准则——不动产》第七条的规定。

以上事实，有签字资产评估师及被检查机构确认的评估检查工作底稿等证据证明。

二、自律惩戒决定

根据《中国资产评估协会会员执业行为自律惩戒办法》第二十七条的规定，经中评协惩戒委员会会议审议，决定：

对你公司予以警告的行业自律惩戒。

如不服本自律惩戒决定，可以在收到本决定书之日起15个工作日内向中评协提出书面申诉。申诉期间，本自律惩戒决定不停止执行。

中国资产评估协会

2024年4月16日

2. 自律惩戒决定书（云评协〔202×〕××号）

当事人：丽江××房地产土地资产评估有限公司

统一社会信用代码：×××

评估机构代码：×××

法定代表人：舒某某

地址：丽江市……

根据《中华人民共和国资产评估法》《资产评估行业财政监督管理办法》《财政部办公厅关于印发〈加强资产评估行业联合监管若干措施〉的通知》《财政部关于组织地方财政部门开展2023年度会计和评估监督检查工作的通知》《云南省财政厅关于开展2023年度资产评估机构执业质量联合检查的通知》，云南省财政厅和云南省资产评估协会（以下简称省评协）联合检查了你公司202×年×月至202×年×月的资产评估业务执业质量等情况进行了检查。经查，你公司业务项目存在的问题和省评协惩戒委员会作出的惩戒决定如下：

一、业务项目检查发现的问题

资产评估师毛某某、白某某签字出具的《国家税务总局某县税务局拟处置闲置办公用房资产评估项目》（YH评报字（202×）第006号）存在的问题：

（一）明确业务基本事项方面

1. 利用专家工作未进行分析和评价。对于建筑物使用成本法进行评估的专业胜任能力不足，需要使用外部专家意见，不具备分析复核专家意见质量的能力和措施。不符合《资产评估执业准则——资产评估程序》第九条的规定。

2. 风险分析不恰当。风险分析的底稿与项目特点不符，使用企业的经营风险项目来分析行政单位的风险因素不恰当。不符合《资产评估执业准则——资产评估委托合同》第五条的规定。

（二）进行评估现场调查方面

3. 未正确记录现场调查情况。现场勘查时对于建筑结构、装修等情况没有正确记录，影响评估结果的合理性。不符合《资产评估执业准则——资产评估程序》第七条的规定。

4. 未关注委托对象的现状和法律归属。报告中未对存在于评估对象房屋之上的加层房屋、存在于评估对象土地上的其他房屋进行记录，未分析其产权情况及为何不列入评估范围，未披露是否影响其他房地产处置等事项。不符合《资产评估执业准则——资产评估程序》第十三条的规定。

（三）收集整理评估资料方面

5. 未根据业务具体情况收集需要的数据资料，包括历史数据、行业数据等收集不完备。未对商铺进行市场价格调查、市场租金调查、现存租约调查。不符合《资产评估执业准则——资产评估程序》第十五条的规定。

（四）评定估算形成结论方面

6. 参数选取缺少分析测算的依据和过程，公式或参数等计算错误。建筑物重置成本中缺乏造价部分的取价依据，造价计算过程缺失，未分析使用专家意见的合理性，使用专家意见但未取得专家签署的确认文件也未取得专家的计算过程底稿；不同结构装修配套条件的房屋使用相同的建安单价，造价取值不合理；土地市场法修正系数中出让地价修正为划拨地价的修正值与商服用地修正到公服用地的修正值计算无依据；其他因素修正幅度无体系依据。不符合《资产评估执业准则——资产评估程序》第十九条的规定。

7. 参数选取与可比案例差异较大，理由不充分。土地市场法采用出让、商业地作为评估划拨、公服土地的可比案例，可比性差。上述情况不符合《资产评估执业准则——资产评估程序》第十九条的规定。

（五）编制出具评估报告方面

8. 未进行评估方法适用性分析。未对划拨土地采用成本法、临街商铺采用市场法、收益法的适用性进行分析。不符合《资产评估执业准则——资产评估程序》第十八条的规定。

二、惩戒决定

依据上述事实和情节，你公司从业人员未严格遵守《中华人民共和国资产评估法》《资产评估行业财政监督管理办法》《资产评估准则》《资产评估职业道德准则》的有关规定，在执行资产评估业务过程中没有做到勤勉尽责，未能严格遵守相关法律、法规和资产评估准则的相关规定。

根据《中国资产评估协会会员执业行为自律惩戒办法》《云南省资产评估协会惩戒委员会工作规程（试行）》的有关规定，你公司违反了《中国资产评估协会会员执业行为自律惩戒办法》第二十七条规定。经省评协惩戒委员会2023年第三次会议审议，给予你公司警告的惩戒。

如你公司对省评协惩戒委员会作出的惩戒有异议，可自接到本惩戒决定书之日起15个工作日内向省评协提出书面申诉。逾期未提出的，视为无异议且放弃该权利的行使。

云南省资产评估协会
2024年1月3日

3. 自律惩戒决定书（浙评协〔202×〕××号）

当事人：温州××土地房地产资产评估咨询有限公司

资产评估机构代码：×××

地址：温州市……

根据《浙江省财政厅关于开展2023年度会计和评估监督检查工作的通知》和《浙江省资产评估协会关于开展2023年全省资产评估行业执业质量检查工作的通知》，省财政厅、省资产评估协会组成联合检查组于202×年×月对温州××土地房地产资产评估咨询有限公司进行了执业质量检查。检查发现以下问题：

一、（略）

二、××区人民法院执行案件涉及的××科技有限公司机器设备资产评估报告（报告文号：××资评报字〔202×〕第0801号，签字资产评估师：喻某某，卢某某）。项目存在的主要问题：

（一）部分设备无取值测算依据。如：压痕机询价1.89万元，但三台压痕机评估重置价却分别为2万元、1.8万元、1.5万元。不符合《资产评估执业准则——资产评估程序》第十九条的规定。

（二）部分机器设备成新率的确定缺少依据和分析过程。如：覆膜机、压痕机等11台机器设备成新率均取值80%或85%，未对机器设备的实体性贬值、功能性贬值和经济性贬值等进行分析。不符合《资产评估执业准则——资产评估程序》第十九条的规定。

（三）未对专业能力、独立性进行分析和评价。不符合《资产评估执业准则——资产评估程序》第九条的规定。

（四）该项目属于司法委托评估报告，封面缺少"人民法院委托司法执行财产处置参考价目的资产评估报告"描述。不符合《人民法院委托司法执行财产处置资产评估指导意见》第二条的规定。

（五）在评估报告中说明了评估对象的型号、数量，但未说明物理特征、技术特征和经济特征等。不符合《资产评估执业准则——资产评估报告》第十七条的规定。

（六）在评估报告中对评估程序实施过程和情况的描述不完整，未对设备的现场及市场调查、评定估算过程进行描述；未对设备的使用情况、维护保养情况、贬值情况等进行描述。不符合《资产评估执业准则——机器设备》第二十四条的规定。

（七）评估假设不完整，缺少是否改变用途、改变使用地点假设，缺少"本次评估假设评估对象没有查封、未设立担保物权和其他优先受偿权"假设。不符合《资产评估执业准则——机器设备》第十一条、《人民法院委托司法执行财产处置资产评估指导意见》第十七条的规定。

（八）评估报告披露信息不完整，未对现场调查、材料缺失情况进行披露。不符合《人民法院委托司法执行财产处置资产评估指导意见》第二十七条的规定。

经浙江省资产评估协会惩戒委员会审议，决定给予你司严重警告的行业自律惩戒。

本惩戒决定书自送达之日起生效，如对上述惩戒决定有异议，可以在

第六章 单项资产评估业务自查要点

收到本惩戒决定书之日起 15 个工作日内向浙江省资产评估协会申诉委员会提起申诉，提交书面申诉理由与相关证据材料。提起申诉不影响惩戒决定的执行。

浙江省资产评估协会
2024 年 1 月 16 日

附录

法律法规制度一览表

一、法律文件

序号	名称	发布日期	实施日期	发文机构
1	中华人民共和国资产评估法	2016年7月2日	2016年12月1日	第十二届全国人民代表大会常务委员会
2	中华人民共和国行政处罚法	2021年1月22日	2021年7月15日	第十三届全国人民代表大会常务委员会
3	中华人民共和国证券法	2019年12月28日	2020年3月1日	第十三届全国人民代表大会常务委员会
4	中华人民共和国公司法	2023年12月29日	2024年7月1日	第十四届全国人民代表大会常务委员会
5	中华人民共和国合伙企业法	2006年8月27日	2007年6月1日	第十届全国人民代表大会常务委员会
6	中华人民共和国企业国有资产法	2008年10月28日	2009年5月1日	第十一届全国人民代表大会常务委员会

二、行政法规文件

序号	名称	发布日期	实施日期	发文机构
1	财政违法行为处罚处分条例	2004年11月30日	2005年2月1日	国务院
2	国有资产评估管理办法	2020年11月29日	2020年11月29日	国务院
3	国有资产评估管理办法施行细则	1992年7月18日	1992年7月18日	国家国有资产管理局
4	企业国有资产监督管理暂行条例	2019年3月2日	2019年3月2日	国务院
5	关于进一步加强财会监督工作的意见	2023年2月8日		中共中央办公厅、国务院办公厅
6	关于改革国有资产评估行政管理方式加强资产评估监督管理工作的意见	2001年12月31日		国务院办公厅
7	国务院办公厅转发财政部关于加强和规范评估业管理意见的通知	2003年12月19日		国务院办公厅

三、部门规章及规范性文件

序号	名称	发布日期	实施日期	发文机构
1	国有资产评估管理若干问题的规定	2001年12月31日	2002年1月1日	财政部
2	国有资产评估违法行为处罚办法	2001年12月31日	2002年1月1日	财政部

续表

序号	名称	发布日期	实施日期	发文机构
3	企业国有资产评估管理暂行办法	2005年8月25日	2005年9月1日	国务院国有资产监督管理委员会
4	金融企业国有资产评估管理暂行办法	2007年10月12日	2008年1月1日	财政部
5	最高人民法院关于人民法院确定财产处置参考价若干问题的规定	2018年8月28日	2018年9月1日	最高人民法院
6	资产评估行业财政监督管理办法	2019年1月2日	2019年1月2日	财政部
7	资产评估检查工作办法	2006年1月26日	2006年3月1日	财政部
8	资产评估机构从事证券服务业务备案办法	2020年10月21日	2020年11月9日	财政部、证监会
9	资产评估机构职业风险基金管理办法	2009年2月24日	2009年2月24日	财政部
10	资产评估行业随机抽查工作细则	2016年9月30日	2016年9月30日	财政部
11	加强资产评估行业联合监管若干措施	2021年2月3日		财政部办公厅
12	关于开展资产评估行业专项整治工作的通知	2021年10月21日		财政部
13	财政部关于中央企业破产资产评估项目管理有关问题的通知	2000年9月29日	2000年9月29日	财政部
14	财政部、国家知识产权局关于加强知识产权资产评估管理工作的通知	2006年4月19日		财政部 国家知识产权局发布
15	关于做好资产评估机构备案管理工作的通知	2017年7月14日	2017年7月14日	财政部
16	金融企业国有资产转让管理办法	2009年3月17日	2009年5月1日	财政部
17	中央文化企业国有资产评估管理暂行办法	2012年12月22日	2013年1月1日	财政部

续表

序号	名称	发布日期	实施日期	发文机构
18	中央文化企业国有资产监督管理暂行办法	2017年1月22日	2017年1月22日	中共中央宣传部 财政部
19	关于中央文化企业国有资产评估管理的补充通知	2017年7月19日	2017年7月19日	财政部
20	企业国有资产交易监督管理办法	2016年6月24日	2016年6月24日	国务院国资委、财政部
21	中央企业资产评估项目核准工作指引	2010年5月25日	2010年5月25日	国务院国有资产监督管理委员会
22	企业国有资产评估项目备案工作指引	2013年5月10日	2013年5月10日	国资委
23	关于加强企业国有资产评估管理工作有关问题的通知	2006年12月12日	无	国务院国有资产监督管理委员会
24	关于金融企业国有资产评估监督管理有关问题的通知	2011年6月16日	2011年6月16日	财政部
25	关于优化中央企业资产评估管理有关事项的通知	2024年1月12日	2024年1月12日	国务院国有资产监督管理委员会
26	证券服务机构从事证券服务业务备案管理规定	2020年7月24日	2020年8月24日	中国证监会 工业和信息化部 司法部 财政部
27	资产评估机构从事证券服务业务备案指南（2021年修订）	2021年10月22日		证监会

四、行业规范性文件

序号	名称	发布日期	实施日期	发文机构
1	中国资产评估协会章程	2023年8月29日	2023年10月24日	中国资产评估协会
2	资产评估执业质量自律检查办法	2023年10月24日	2023年10月24日	中国资产评估协会
3	资产评估机构内部治理指引	2024年6月26日	2024年6月26日	中国资产评估协会
4	中国资产评估协会会员执业行为自律惩戒办法	2024年8月5日	2024年8月5日	中国资产评估协会
5	资产评估行业谈话提醒办法	2023年10月24日	2023年10月24日	中国资产评估协会
6	中国资产评估协会申诉管理办法	2024年8月5日	2024年8月5日	中国资产评估协会
7	中国资产评估协会会员资产评估业务报备管理办法	2021年12月23日	2022年1月1日	中国资产评估协会
8	中国资产评估协会会员管理办法	2023年6月18日	2023年7月1日	中国资产评估协会
9	中国资产评估协会会员信用档案管理办法	2023年12月21日	2023年12月21日	中国资产评估协会
10	中国资产评估协会会员继续教育管理办法	2019年7月5日	2020年1月1日	中国资产评估协会
11	资产评估机构首席评估师管理办法	2021年7月1日	2021年7月1日	中国资产评估协会

五、评估准则

序号	名称	发布日期	实施日期	发文机构
1	资产评估基本准则	2017 年 8 月 23 日	2017 年 10 月 1 日	财政部
2	资产评估职业道德准则	2017 年 9 月 8 日	2017 年 10 月 1 日	中国资产评估协会
3	资产评估执业准则——资产评估程序	2018 年 10 月 29 日	2019 年 1 月 1 日	中国资产评估协会
4	资产评估执业准则——资产评估报告	2018 年 10 月 29 日	2019 年 1 月 1 日	中国资产评估协会
5	资产评估执业准则——资产评估委托合同	2017 年 9 月 8 日	2017 年 10 月 1 日	中国资产评估协会
6	资产评估执业准则——资产评估档案	2018 年 10 月 29 日	2019 年 1 月 1 日	中国资产评估协会
7	资产评估执业准则——资产评估方法	2019 年 12 月 4 日	2020 年 3 月 1 日	中国资产评估协会
8	资产评估执业准则——利用专家工作及相关报告	2018 年 10 月 29 日	2019 年 1 月 1 日	中国资产评估协会
9	资产评估执业准则——企业价值	2017 年 9 月 8 日	2017 年 10 月 1 日	中国资产评估协会
10	资产评估执业准则——无形资产	2017 年 9 月 8 日	2017 年 10 月 1 日	中国资产评估协会
11	资产评估执业准则——不动产	2017 年 9 月 8 日	2017 年 10 月 1 日	中国资产评估协会
12	资产评估执业准则——机器设备	2017 年 9 月 8 日	2017 年 10 月 1 日	中国资产评估协会
13	资产评估执业准则——珠宝首饰	2017 年 9 月 8 日	2017 年 10 月 1 日	中国资产评估协会
14	资产评估执业准则——森林资源资产	2017 年 9 月 8 日	2017 年 10 月 1 日	中国资产评估协会
15	资产评估执业准则——知识产权	2023 年 8 月 21 日	2023 年 9 月 1 日	中国资产评估协会
16	企业国有资产评估报告指南	2017 年 9 月 8 日	2017 年 10 月 1 日	中国资产评估协会

续表

序号	名称	发布日期	实施日期	发文机构
17	金融企业国有资产评估报告指南	2017年9月8日	2017年10月1日	中国资产评估协会
18	以财务报告为目的的评估指南	2017年9月8日	2017年10月1日	中国资产评估协会
19	资产评估机构业务质量控制指南	2017年9月8日	2017年10月1日	中国资产评估协会
20	文化企业无形资产评估指导意见	2016年3月30日	2016年7月1日	中国资产评估协会
21	资产评估价值类型指导意见	2017年9月8日	2017年10月1日	中国资产评估协会
22	资产评估对象法律权属指导意见	2017年9月8日	2017年10月1日	中国资产评估协会
23	专利资产评估指导意见	2017年9月8日	2017年10月1日	中国资产评估协会
24	著作权资产评估指导意见	2017年9月8日	2017年10月1日	中国资产评估协会
25	商标资产评估指导意见	2017年9月8日	2017年10月1日	中国资产评估协会
26	金融不良资产评估指导意见	2017年9月8日	2017年10月1日	中国资产评估协会
27	投资性房地产评估指导意见	2017年9月8日	2017年10月1日	中国资产评估协会
28	实物期权评估指导意见	2017年9月8日	2017年10月1日	中国资产评估协会
29	人民法院委托司法执行财产处置资产评估指导意见	2019年5月6日	2019年7月1日	中国资产评估协会
30	珠宝首饰评估程序指导意见	2019年12月4日	2020年3月1日	中国资产评估协会
31	企业并购投资价值评估指导意见	2020年11月25日	2021年3月1日	中国资产评估协会
32	体育无形资产评估指导意见	2022年1月12日	2022年3月1日	中国资产评估协会
33	数据资产评估指导意见	2023年9月8日	2023年10月1日	中国资产评估协会